島薗進
末木文美士
大谷栄一
西村明 編

近代日本宗教史 第1巻

維新の衝撃

幕末～明治前期

春秋社

巻頭言

時代はどこに向かっていくのだろうか。近代的価値観が疑われ、「戦後」の理念は大きく揺らいでいる。災害や新たな感染症といった、人類史上幾度となく経験したはずのことがらが、しかし未知の事態を伴って、現代の人々の生活を脅かしてもいる。歴史の進歩という夢は潰え、混迷と模索が続いている。こうした状況の中で早急に解決を求めることは危険であり、遠回りであってももう一度過去を確かめ、我々の歩んできた道を問い直すことこそ、真になさねばならぬことである。近年、近代史の見直しが進められつつあるのも、そのような時代を反映するものである。

近代史の中で、もっとも研究の遅れていたのは宗教史の分野であった。近代社会において、宗教はともすれば前近代の名残として否定的に捉えられ、社会の合理化、近代化の中でやがて消え去るべき運命のものと見られてきた。それ故、宗教の問題を正面に据えること自体が時代錯誤的であるかのように見られ、はばかられた。これまで信頼できる近代日本宗教の通史が一つもなかったことは、我々関連研究者の怠慢という面もあるが、いかにこの分野が軽視されてきたかをありありと物語っている。

しかし、今日の世界情勢を見るならば、もはや何人も宗教を軽視することはできなくなっている。プラス面であれ、マイナス面であれ、宗教こそが世界を動かす原動力のひとつとして認識されつつある。日本においても、今日の政治や社会の動向に宗教が大きく関わっていることが明らかになっている。翻って日本の近代史を見直せば、そこにも終始宗教の力が大きく働いていて、宗教を抜きにして日本の近代を語ることはできない。そうした問題意識が共有されはじめたためであろうか、さいわい、最近この分野の研究は急速に進展して、従来の常識を逆転するような新たな成果が積み重ねられつつある。宗教から見た近代や近代史の問い直しも提起されている。

そのような情勢に鑑み、ここに関連研究者の総力を挙げて、はじめての本格的な近代日本宗教史を企画し、刊行することにした。その際、以下のような方針を採ることとした。

1、オーソドックスな時代順を採用し、幕末・明治維新期から平成期までカバーする。近代日本の宗教史を知ろうとするならば、まず手に取らなければならない必読書となることを目指す。

2、一面的な価値観や特定の宗教への偏りを避け、神道・仏教・キリスト教・新宗教など、多様な動向に広く目配りし、宗教界全体の動きが分かるようにする。

3、国家政策・制度、思想・信仰、社会活動など、宗教をめぐる様々な問題を複合的な視点から読み解くようにする。そのために、宗教学研究者を中心にしながら、日本史学・政治学・思想史学・社会学など、関連諸学の研究者の協力を仰ぎ、学際的な成果を目指す。

4、本文では、主要な動向を筋道立てて論ずるようにするが、それで十分に論じきれない特定の問題をコラムとして取り上げ、異なった視点から光を当てる。

以上のような方針のもとに、最新の研究成果を生かしつつ、しかも関心のある人には誰にも読めるような平易な通史を目指したい。それにより、日本の近代の履歴を見直すとともに、混迷の現代を照らし出し、よりよい未来へ向かっての一つの指針となることを期待したい。

編集委員　島薗　進　大谷栄一
末木文美士　西村　明

近代日本宗教史　第一巻　維新の衝撃——幕末〜明治前期　目次

近代日本宗教史　第一巻　維新の衝撃——幕末〜明治前期

第一章　総論——近世から近代へ

末木文美士

一　近代日本宗教史の困難と課題

曖昧な諸概念

本シリーズは、近代日本宗教史を全六巻で展望する。このようなシリーズは従来なかったものであり、野心的ではあるが、いささか臆するところがないわけではない。そもそも「近代日本宗教史」といっても、「近代」「日本」「宗教」のそれぞれの概念が今日疑問を呈されていて、それほど輪郭がはっきりしているわけではない。「近代」とはいつを言うのか、「日本」というのはどの範囲を言うのか、「宗教」には何が含まれるのか。いずれをとっても議論のあるところであり、はっきりとした共通理解があるわけではない。本シリーズとしては、それらを必ずしも厳密に定義することなく、常識的に想定される範囲である程度の幅をもって使い、その周縁の問題まで含めて扱うことにしたい。

時代の枠としては、明治から平成までカバーする。「近代」と「現代」を厳密に区別して、戦後まで含む場合、「近現代」という用語も用いられるが、ここでは「近代」で現在にまでつながる時代を全体として含める。明治という元号の転換で、はっきり時代が区切れるかと言うと、それも必ずしも絶対的な断絶とは言えない。本巻では、近世からの連続と断絶という面から、近世についても多少取り上げる。「近代」という概念は、単純に時代区分の用語に留まらず、価値的な判断が含まれる。それ故、「近代の超克」や「近代の終焉」が大きな問題とされる。今日、それは切実な問題であり、その面からも「近代」を振り返ることが不可避の課題として要請される。最近、日本の近代化を追いつき型として捉えた苅谷剛彦の研究によれば、その目標は一九八〇年代に達成され、それによって近代は「消えた」とされる（苅谷、二〇〇〇）。そうとすれば、「近代」は一九八〇年代（ほぼ昭和の終わり）までと捉えることもできる。

ちなみに、シリーズ六巻の区分は大まかに元号を目安としたが、元号ではっきり区切れるわけではない。だいたい一冊が二〇〜三〇年間を含むことになるが、あくまでも便宜的なものであり、それぞれの章で扱う問題は、その期間に限られず、前後に亘って展開している場合が多い。

「日本」の範囲も難しい。近代の国民国家としての「日本」は、一見輪郭が明確のように見える。しかし、一民族国家という神話の誤りが明らかになった以上、「日本」が何を意味するか、それほど明快ではない。朝鮮や台湾という植民地はもちろん、移民や海外布教など、国境の壁はやすやすと超えられていく。グローバル化した中で、海外に広まり、欧米化された禅を「日本宗教」と呼んでよいのかどうか。逆に、日本の中の地域差も問題になる。沖縄や北海道はもちろんだが、明治初期を見れば、旧藩による地域差はその後の宗教のあり方に大きな影響を与えていることが知られる。

「宗教」の定義はきわめて厄介だ。「宗教」がもともと仏教語に由来しながらも、実質的には近代の翻訳語であることはよく知られている。それまでなかった用語を持ち込んで、それまでの伝統に適用する時、伝統そのものの理解を変えてしまう。仏法や仏道は、神仏分離を経て仏教として再編されることになる。キリスト教は、もともと西洋に由来し、「宗教」の定義のモデルになるものであるから、それが妥当するのは当然として、仏教も何とか「宗教」に合わせて自己改造をしていく。いわゆる「近代仏教」であるが、そこでは葬式仏教の要素に蓋をすることになる。もっとも深刻な影響を受けたのは神道であり、そもそも神道が宗教か非宗教かということ自体が大きな問題となった。それについては、後ほどもう少し考えてみたい。

近代日本宗教史研究の困難

ところで、近代日本宗教史は個々の研究成果は少なからずあるものの、総体として見る時、きわめて遅れている研究分野であり、全体を通観できる信頼できる通史的なものはほとんどないのが現状である。その理由を考えてみよう。

第一に、近代史に関しては長い間政治・経済史が中心であり、宗教史はごく周縁の小さな分野としてしか見られてこなかった。とりわけ戦後の歴史学を牽引したマルクス主義の唯物史観においては、階級闘争が歴史の本質とされ、宗教はその本質を隠蔽するイデオロギーとして批判され、有害な「アヘン」としてしか見られなかった。それ故、宗教が近代史のなかで核心的な役割を果たしたなどということは、想像だにされなかった。日本史の中で宗教が大きく取り上げられたのは古代・中世の仏教のみであり、それ以後の時代に関しては、まったく問題にもされなかった。高校の日本史の教科書で名前の出てくる近代の宗教者は内村鑑三くらいであった。それも日露戦争の非戦論者としてであって、キリスト者としてではない。近代史の中で宗教が重要な問題として浮上したのは、唯物史観が後退した一九九〇年代以後のことである。

ただ、日本の近代がきわめて政治性の強い時代であり、宗教もそれに巻き込まれたことも事実である。それはある意味では国民国家が成立する近代という時代に、ナショナリズムが擬似宗教化するという世界的な現象の一形態とも言える。しかし、単に個別性を一般論に還元して法則化し、批判するだけでは済まないことが、今日明らかになっている。宗教が世俗化し、政治の中に取り込まれる中で、実際にどのような機能を果たしたのか、改めて具体的な場に即して問い直されなければならない。

第二に、近代の宗教は神道、仏教、キリスト教、それ以外の諸教とで事情が異なり、同一位相では論じにくい。その多様性が近代日本の特徴とも言える。そこで、それぞれで個別的に歴史的な研究がなされても、全体を総合する歴史観を形成することは容易でない。キリスト教は西洋文明とともに齎された文明開化の象徴であり、信教の自由のバロメーターとされた。それと同時に、キリシタン禁教以来、西洋の侵略と一体視され、非日本的、あるいは反国家的な宗教として警戒され続けた。キリスト教と「日本」の関係は、今日なお未解決な問題であり続けている。神道はもっとも政治の中に深く搦め取られ、いわゆる「国家神道」の問題として、かえって今日になって以前にもまして大きな議論の主題となっている。仏教は、国家と切り離された一宗教となり、急速な組織と思想の近代化がはかられる中で、国家と緊密な関係の中に置かれ続ける。新宗教とか民衆宗教と呼ばれるものは、それらの大宗教のはざまに噴出し、近世末に形成されて教派神道に組み入れられたものから今日に至るまで、さまざまな形態をとって展開している。そこには戦前の大本教弾圧や二十世紀末のオウム真理教の地下鉄サリン事件など、しばしば国家・政治に大きく関わる問題が生まれている。

このように、それぞれの宗教によって置かれた状況が異なり、時代への対応も全く異なるので、それらを統一的に見る視点はなかなか確立しにくい。かと言って、ばらばらに並列させるだけでは、総合的な宗教史にはならない。戦後の早い時期に著された『明治文化史』第六巻「宗教編」(岸本編、一九五四)は、明治期の宗教の全体を扱った先駆的な業績であるが、明治神道史・明治仏教史・明治基督教史をそれぞれ別の筆者が個別的に論じており、基本的にはその寄せ集めであった。ただ、最後に「明治宗教社会史」として、時代の変遷の中での宗教の位置づけや、宗教と政治、思想・文化との関連を扱ったところに、総合的な視点へ向けての意欲を見ることができた。

今日、研究の進展とともに、個別の問題はますます細分化していく傾向がある。その中で、本シリーズは、できるだけそれらの問題の有機的な連関を捉えるように工夫するとともに、各巻の第一章に編者による総論を入れ、全体の大きな流れを理解できるように図った。それによって、単なる諸宗教の寄せ集めでない、総合的でダイナミックな宗教界の動きが明らかになればと願っている。

神道をめぐる問題

近代日本の宗教史を難しくしている大きな理由として、さらに神道をめぐる問題がある。戦前において、神道は国家神道として国家と緊密に関係して展開した。その為に、戦争を招いた中心的なイデオロギーとみなされ、神道について論ずること自体がほとんどタブーとなってしまった。そこで神道研究はきわめて遅れることになった。一九七〇年になって村上重良『国家神道』（村上、一九七〇）が出版され、ようやくはじめて一般読者が近代神道の大まかな歴史を知ることができるようになった。村上の著書はコンパクトに近代神道史の全容を収め、その後の神道研究のスタンダードとなった。ただ、その立場は戦後の進歩的な言論・学術界の動向に則り、「国家神道」並びに戦後の「時代錯誤の国家神道復活」（同書、二二二頁）に警鐘を鳴らすものであったから、神道界から強い反発を招くことになった。

もっとも、神道界のほうから学術的な批判に耐えうるだけのしっかりした論著が出されるには、一九八〇年代の後半を待たなければならなかった。この立場から村上の著書と対抗しうるだけの内実をもって「国家神道」の歴史を描き出したのは、葦津珍彦『国家神道とは何だったのか』（葦津、一九八七）であった。また、同年出版された井上順孝・阪本是丸編『日本型政教関係の誕生』（井上・阪本編、一九八七）は、実証的な近代神道研究の端緒となったものであり、その後、阪本やその薫陶を受けた若い研究者たちによって、次々と精力的に近代神道の実証研究が進められて、成果を上げている。それらの研究が基本的に神道と国家の結びつきを肯定的に見るのに対して、島薗進『国家神道と日本人』（島薗、二〇一〇）は、村上を受け継ぎながら批判的な立場を表明し、再び大きな論争を引き起こした。近年、『戦後史の中の「国家神道」』（山口編、二〇一八）のように、研究史を整理しようという試みも始まっている。国家神道研究は一つのステージを終えて、次のステージに向かおうとしているようである。

このように、国家神道はもともと国家・政治と緊密に結びついていたものだけに、その研究もまた、単純に実証的な研究に留まることができず、研究者の価値観と密接に結びつくことになる。しかも単に宗教の範囲に収まらず、同時に政治的立場と関わるだけに、問題は複雑化する。これまでのところ、国家神道の研究はあたかも政治的な右対左の二項対立のような外見を示し、両者の溝が埋まらないかのようである。しかし、そのような対立の硬直化は非生産的なものであり、次の段階では両者を見据えて、立場の固定化を超える動きが出てくることが期待される。

ここでは、その評価は別として、近代の神道が国家・政治と不可分であったことが、既成の宗教や宗教学の概念の枠で捉えきれない問題を提起していることを指摘しておきたい。戦後の「国家神道」の議論は、GHQによるいわゆる「神道指令」（一九四五年）を出発点として展開されてきた。しかし、よく知られているように、この指令は国家神道の規定に関して自己矛盾的である。そこでは、

（二—イ）本指令ノ目的ハ宗教ヲ国家ヨリ分離スルニアル、マタ宗教ヲ政治的目的ニ誤用スルコトヲ妨止シ、正確ニ同ジ機会ト保護ヲ与ヘラレル権利ヲ有スルアラユル宗教、信仰、信条ヲ正確ニ同ジ法的根拠ノ上ニ立タシメルニアル、

と、その目的を「宗教ヲ国家ヨリ分離スル」ことに置いている。ところが、その際に具体的に対象とされる「国家神道」は次のように定義される。

（二—ハ）本指令ノ中ニテ意味スル国家神道ナル用語ハ、日本政府ノ法令ニ依テ宗派神道或ハ教派神道ト区別セラレタル神道ノ一派即チ国家神道乃至神社神道トシテ一般ニ知ラレタル非宗教的ナル国家的祭祀トシテ類別セラレタル神道ノ一派（国家神道或ハ神社神道）ヲ指スモノデアル（傍点、引用者）

このように、ここでは「国家神道」を「非宗教的ナル国家的祭祀」と定義づけている。宗教でないならば、「宗教ヲ国家ヨリ分離スル」対象に入らないことになってしまう。もちろん指令の文脈では、国家神道の非宗教性を詭弁として、実際は宗教だと解釈しているのであろう。しかし、国家神道の非宗教性を単なる詭弁や偽装と決めつけられるであろうか。

神道が宗教か非宗教化については、論争の末に非宗教という立場が基本となり、そこから神道の国家的性格は明治憲法の第二十八条の信教の自由に抵触しないものとされてきた。それを支える論理は、宗教と祭祀の分離である。その上で神道界が目指したのは、政教を分離させながら、祭政一致を実現させるという道であった（神社新報社編、一九七六）。その構造は次頁の図のように示すことができるであろう。それはそれで一貫した論理として筋が通っていて、単なる詭弁とは言い切れない。

近代的宗教観の確立者の一人であり、仏教側を代表する島地黙雷は、「政ハ人事也、形ヲ制スルノミ。而

シテ邦域ヲ局レル也。教ハ神為ナリ、心ヲ制ス。而万国ニ通スル也」（「三条教則批判建白書」）として、政教分離を訴えた。その定義によれば、宗教はあくまでも心の問題であり、信仰の問題であって、儀礼から切り離される。そこから、島地の論は神道非宗教論の創唱へとつながっていく（葦津、一九八七他）。この立場からすれば、祭教分離は必ずしも不自然ではない。

ところが、神道指令のほうでは、「本指令ノ各条項ハ同ジ効力ヲ以テ神道ニ関連スルアラユル祭式、慣例、儀式、礼式、信仰、教ヘ、神話、伝説、哲学、神社、物的象徴ニ適用サレルモノデアル」（二―ロ）と規定していて、その枠の中に儀礼的な要素をも含めている。指令の冒頭は、「国家指定ノ宗教乃至祭式ニ対スル信仰或ハ信仰告白ノ（直接的或ハ間接的）強制ヨリ日本国民ヲ解放スル」（一）ことを目的として掲げ、「宗教乃至祭式」と両者を並列させているから、その枠に国家神道が入ってくるのは確かである。ただし、そこでわざわざ並列したことは、両者が単純に一体化できないことを示しているとも言える。指令の宗教概念に揺らぎがあったように思われる。

神道非宗教論の構造

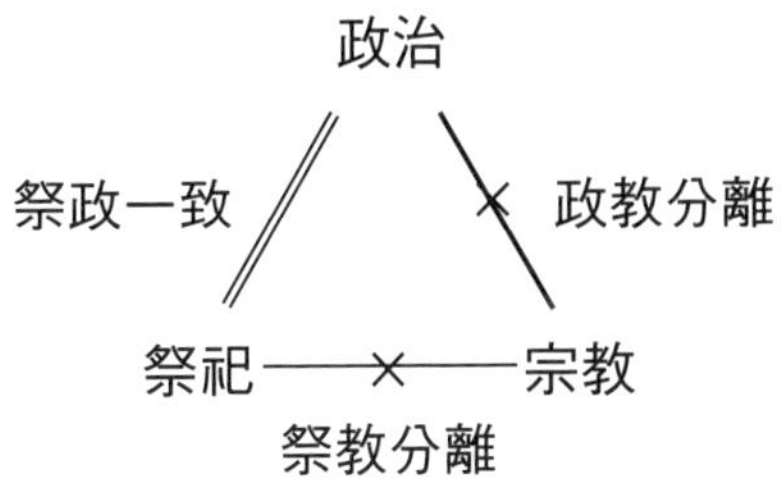

逆に、神道側の宗教と儀礼の分離の主張も、はたして十分に説得力を持つものかどうかが問われなければならない。両者はそれほどはっきりと分離できるものであろうか。儀礼は当然教義的な裏付けを持たなければならない。神社での礼拝が単なる儀礼であって、何の教義的な意味も持たないとすれば、それは儀礼とも言えないナンセンスな行為であろう。国家神道の政教分離・祭教分離・祭政一致の論理はやはりかなり無理がありそうである。

ここでは、これ以上この問題を追究することはしない。しかし、神道をどう捉えるかは、そのまま宗教の定義に関わる問題でもあり、その曖昧さは津の地鎮祭訴訟をはじめ、戦後にも続いている。神道とは何か、もう一度きちんと問い直さなければならないであろう。今日の「国家神道」の定義をめぐる対立が、単に党派的な対立に収束するとすれば不毛なことである。そうではなく、もう一度近代の原点に戻って、そのあり方を問うことは不可欠と思われる。

二　前近代の宗教と王権

前近代の重層構造

本巻は、第一巻として、近代日本の出発点である幕末から明治維新、その後の明治十年代頃までを中心に扱う。それは近世から近代への過渡期であり、近代的体制形成の試行錯誤の期間であった。それがひとまず安定した構造は憲法の制定（一八八九年）によって築かれる。それは第二巻の課題となる。ここでは、そもそも近代の前提となる近世をどう位置付けたらよいか、考えてみたい。

近世に関しては、もともと封建体制ということから否定的に捉えられることが多かった。それを打倒して近代が生まれたと見ることになる。他方、近代的な思惟の源流を近世に見る見方も広く見られた。近世をearly modern と捉えるのは、まさにこのような見方による。さらに遡ると、中世と近世の関係もまた、連続と見るか、断絶と見るか、両面の見方があり得る。

思惟構造の展開という点から見ると、中世から近世へは一貫した構造があるのではないかと考えられる。その構造に関しては、拙著『日本思想史』（末木、二〇一九）に試論的に論じたが、一方の極に王権があり、他方の極に神仏の領域があり、二つの強力な極の緊張関係の間に、さまざまな文化や生活世界が展開すると考えられる。ここでごく大まかにその構造を論じておきたい。

中世において、世俗権力である王権と宗教権力である仏教とはしばしば車の両輪に譬えられるように、相互に対抗しつつ依存しあう関係を維持した。王法仏法相依論と呼ばれるものである。王法は仏法の宗教的な加護があってはじめて成り立ち、逆に仏法は王法の世俗的な庇護があってはじめて維持される。それと同時に、仏教寺院は強大な経済力を基盤としてそれ自体権門として世俗的な軍事力、政治力をもって王権に対峙した。

中世に関してもう一つ重要な点は、王権も宗教権力の側も重層性を持っていたということである。宗教側は本地垂迹の理論の完成により、少なくとも形式的には仏が上位に立ち、神はその垂迹として下位に立つ秩序が形成された。中世後期には、その中から次第に神の地位の向上が目指される。他方、王権の側も、武士によって将軍権力が確立することにより、朝廷と幕府の重層的構造が成立する。さらに朝廷には院や摂関がいて複合的な構造を持ち、幕府側も執権などにより重層化する。このような複雑な構造を持つ。権力が分散することは、一見権力が弱体化するようであるが、相互に牽制しあうことによってバランスを取ることができる。後醍醐による朝政はこの権力を一元的に統合し、さらに宗教的な権威をも自らの内に体現しようとするが、かえって混乱を招き、失敗した。

こうした基本的な構造は、近世になっても大きく変わるわけではない。近世もまた、王権と神仏の二元構造は維持される。かつての近世仏教堕落論は今日では通用しなくなっている。確かに江戸期の幕藩体制下で、寺院は宗門改めによって幕府の行政的な下部組織の役割を果たす。しかし、それが純粋な行政機関ではなく、寺院でなければ機能しなかったところに、宗教勢力の力がなお大きかったことが知られる。そもそも天海の主導下に、家康が東照宮として祀られることによって、徳川の治世は守られるという構造になっていた。それ故、徳川の治世には神仏の力が不可欠であった。

また、朝廷と幕府の重層構造も近世に維持される。近世においては、朝廷の権力は著しく弱まり、幕府の統制下に置かれる。しかし、それによって朝廷が滅びるわけではなく、弱体化しながらもその力は継承され、幕末に至って朝廷権力が次第に力を増して、尊王攘夷の運動によって明治維新が実現することになる。

このような中世から近世へと続く王権と宗教の多重構造は、中国の場合と較べると、日本の特徴がはっきりする。中国では秦・漢時代に皇帝の絶対権力が確立して、清朝が打倒されるまで続く。南北朝から唐代へかけては、仏教や道教が朝廷で崇拝されるが、宋・明代の漢族国家で儒教主義が確立する。そこでは、皇帝権は儒教的な天の承認によって保証されるが、悪政が続くと天から見放され、易姓革命によって王朝が交替する。

ここでは、皇帝の一元支配が成り立ち、日本のような複雑な構造を持たない。皇帝の絶対権力のもとで、科挙によって選ばれた優秀な官僚が政治の実務を担当する。統治の原理は儒教に基づき、仏教や道教は私的な信仰としてはあり得ても、公的な機能は有しない。ただ、異民族支配においては仏教が有効に使われることもあった。広大な中国の支配には、複雑な体系が必要そうだが、逆に広大であるだけに、はっきりした名分論に基づく絶対権力の一元支配が必要であり、権力の重層化はかえって危険であった。また、宗教が独自の力を持つことも危険であり、権力構造からは排除される必要があった。

日本でも、明治になると、それまでの複合的な重層構造が崩壊して、天皇を頂点とする一元構造に転換する。天皇は世俗の国家権力の頂点に立つとともに、国家の最高神アマテラスの直系子孫として神と同格の位置づけを与えられるようになる。その一元構造は、まさに欧米の侵略の危機に曝され、急速な近代化によって対抗しなければならない時代にふさわしいものであった。このように、日本では前近代と近代との間で、その支配構造並びに政教関係に、重層構造から一元構造へと大きな断絶と転換があると考えられる。この近代の一元構造は明治憲法によって完成される。それについては、第二巻の課題となる。幕末から明治前期は、このように大きな支配構造、思惟構造の転換のための試行錯誤の準備期間であったと見ることができる。

天皇はどう位置づけられるか

中国の皇帝の支配の正当性は天から与えられる。天から承認されるためには、有徳でなければならない。そうでなければ、天から見放されて、易姓革命により他の王朝に支配権が移る。それに対して、日本には易姓革命がなく、後に「万世一系」と定式化されることになる天皇の血統的一貫性が特徴とされた。このことはすでに、慈円の『愚管抄』に、「漢家ノ事ハタヾ詮ニハソノ器量ノ一事キハマレルヲトリテ、ソレガウチカチテ国王トハナルコトヽ定メタリ。コノ日本国ハ初ヨリ王胤ハホカヘウツル事ナシ」（岩波文庫本、三一七頁）と、中国との対比において指摘されている。また、「日本国ノナラヒハ国王種姓ノ人ナラヌスヂヲ国王トハスマジト、神ノ代ヨリ定メタル国也」（同、二九七頁）とも言われている。

しかし、『愚管抄』では、この血統の一貫性には、いくつかの制約がある。第一に、百王説により、百代で終わることが予測されていて、未来永劫に続くわけではない。順徳ですでに八十四代となっている。残りは十六代である。その寿命を延ばすには、それだけの努力が必要とされる。第二に、血統の一貫性は天皇家だけではない。アマテラスとアマノコヤネの一諾によって、天皇を藤原家が摂関として補佐することも同時に決められたことになっている。『新撰姓氏録』には、多数の貴族の祖先神が示されていて、神の子孫であることは、天皇に限らない。ただ、それらの貴族の間の序列が決められていて、「国王種姓」、即ち皇統に属する人だけが国王（天皇）となることができるのである。いわば、天皇は貴族の中の貴族、貴種中の貴種であるが、貴族から断絶した絶対的存在ではない。第三に、その血統の中での皇位継承の規則が決まっているわけではない。天皇はいわば皇統の中での家長的存在であり、その役目を果たせなければ、他に代る可能性もある。「国王モアマリニワロクナラセ給ヌレバ、世ト人トノ果報ニヲサレテ、ヱタモタセ給ハヌ也」（同、二九八頁）というところに、儒教的な有徳説が生きる可能性が出る。

このように、王統の一貫性は日本の特徴とされたが、それは超絶的なものではなく、あくまでも貴族の中のトップという性格のものであった。その後、この一貫性は『神皇正統記』を経て、近世には日本の王権の特徴として次第に浮上して、「国体」の根幹をなすようになる。その中で、他の貴族と異なる天皇の超絶的な性格が次第に形成されていく。しかし、近世においても基本的には貴族（公家）集団のトップという性格は変わらなかった。

このことは、近世における天皇の位置づけを考える上で重要である。近世において、なぜ幕府は朝廷をつぶすことができなかったのか。それは、天皇個人ではなく、天皇を中核に置く公家文化の役割という点から考えなければならない。武士がいかに武力に勝れ、勝ち上がって天下を統一したとしても、そこには秩序ある古典文化の素養が欠けていた。武士は戦時の知恵はあっても、平和な時代を持続的に治める文明の秩序を持たなかった。持続する秩序は強権的な法によっては維持しきれない。そこに必要とされるのは、伝統に根差した豊かな文化の力である。戦国の大名たちが憧れたのは京の公家たちの古典的な文化であり、その感覚はそのまま江戸期にも持ち越される。江戸は殺伐とした新興都市であり、そこに京の文化が移植されなければならなかった。

平時を治める文明は何よりも礼法が基準となる。中国で中華と野蛮を分けるものは礼の秩序であり、その礼を摂取することで、異民族も中華支配の権限を有することになる。儒教で重んじられたのは、礼の規範に従うことであり、そこで、『周礼』『儀礼』『礼記』という古典の研究が重視され、朱子学にしても、『朱子家礼』の確立が核心に置かれた。それに対して、日本の儒学は礼を欠くところに特徴があるとされる。しかし、そのことは日本には礼がないというわけではない。日本の礼は、儒学の聖典に基づくのではなく、公家世界の中で形成され、有職故実として継承されてきた。それを中核として公家の古典文化が築かれる。天皇はその公家世界の中心的存在としての役割を果たしていた。幕府がどれほど力をもって朝廷を圧倒しても、このような有職故実を継承する公家文化を抹消することはできなかった。

それ故、武士たちもまた、朝廷から受ける官位を有難がり、それによって大名の格付けがなされた。炯眼な新井白石や荻生徂徠は、そのまま朝廷を残存させることが危険であることを、いち早く見抜いていた。徂徠は、将軍も大名たちも同じように朝廷から官位を受ける危険性を指摘する。「天下の諸大名皆々御家来なれども、官位は上方より綸旨・位記を下さるる事なる故に、下心には禁裡（＝天皇）を誠の君と存ずる輩もあるべし」（『政談』）と、朝廷から官位を受けることが続くと、将軍ではなく、天皇を「誠の君」と思う輩が出てくると、懸念を表明している。「世の末になりたらん時に安心なりがたき筋もあるなり」という懸念は、実際に幕末になって実現する。このように、徂徠らがその危険性を指摘したにもかかわらず、幕府は朝廷の存在そのものに手を付けることができなかった。このように、近世にも中世の王法・仏法の緊張関係と、王法内の重層性とは基本的に維持される。ただ、次第にそのバランスが崩れて不安定になっていき、最終的に崩壊することになる。

このように、全体の構造から見ると、天皇の位置づけは公家文化の中核という点にあった。そもそも「天皇」という称号自体が長く用いられず、諡号には「院」が付されていたが、「院」は広く一般の戒名にも用いられるようになり、天皇だけ特別視されるものではなかった。そのような状況の中で、近世後期になると次第に天皇の位置づけが上昇し、公家文化から切り離されて、単独で日本の優越性を示す存在へと転換してゆく。それが、近代の天皇の地位を決めることになる。近代の天皇は、西洋的な絶対君主としての皇帝の要素を取り入れながら、「一君万民」の体制を築き、「万世一系」としての独自性を主張する。

そのような天皇の独自性を確立するのに、水戸学派の儒学と平田篤胤とその弟子たちの国学・神道が大きな役割を果たしたことが知られている。それに関しては、本書第四章で詳しく論じられる。中でも、平田派神道は神話的な世界創造論を展開して、アマテラス神から天皇に続く系譜を強調することで日本優越論を主張し、幕末・維新期の天皇観を確立した。次にその点を中心にいささか考察してみたい。

三　幕末・維新期の神道と国家

神道国家から国家神道へ

最終的に国家神道は祭教分離することで祭政一致を確保し、それによって神道界は教理思想的な議論を排除することになった。しかし、幕末・明治初期の神道は多くの思想家が自由にそれぞれの思想を展開し、歴史的に見てももっとも活発に議論が交わされ、豊かな成果が遺された時期である。葦津珍彦は明治神道史を顧みて、維新直後の時期を高く評価するとともに、それが次第に衰退したという見方を示した。即ち、その時代を「神道の雄飛から難関への十年」と呼んで、こう総括している。

明治維新にさいし「祭政一致」「神仏分離」「大教宣布」の国策決定に大きな働きをした主要人物や活動家は、明治三年には、早くも政府の中枢と対決を生じて、その後十年の激流時代に、ほぼ追放されたり、刑死したり、戦歿したりしている。その神道勢力は、決して全滅したわけではないが、明治十年代以後においては「残党なお未だ亡びず」という状況となったのが事実である。(葦津、一九八七)

一八七七（明治一〇）年は、教部省が廃止されて、内務省の神社局に実務が移された年である。この後、祭神論争において出雲派が敗れて教理論争は終結を迎えた（一八七九年）。神社行政の中核を担った内務卿山田顕義によって神道非宗教化が推し進められ、神官の教導職兼補並びに葬儀への関与が禁止されて（一八八二年）、祭教分離が完成された。それは、王政復古・大教宣布による神祇官復活から、神祇省（太政官下）→教部省→内務省神社局と目まぐるしく変転してきた神道並びに神社・神官の位置づけの一応の最終的な確定ということができる。

このような展開は、葦津の指摘のように、当初の祭政教一致による壮大な神道国教政策から次第に神道勢力が後退していくように見える。それに対しては、神祇官が廃止され、太政官下の神祇省になったのは、単純な格下げではなく、むしろ神道家たちの望むところであったとも言われる。即ち、形式だけは太政官と同等でも実際の力を有しない神祇官を廃して、太政官の中に入ることで実権を得ようとしたというのである。神祇省時代には、もと神祇官・神祇省に祀っていた皇霊や八神・天神地祇の宮中への遷座を進め、教部省時代になると、宣教関係を教部省、宮中祭祀を式部省が担当する形で、祭政分離を推し進めた。天皇の祭祀ということが目的であれば、確かにそれが実現したことで十分な成果が得られたことになる。この点に関しては、第二章で詳しく論じられる。

しかし、はたして当初から神道家たちが目指したのは、そのようなことだったのだろうか。国の中枢にあって神道行政を指揮し、天皇親祭を推し進めた福羽美静もまた、その開明的な姿勢が批判されて、結局第一線を退くことになった（一八七二年）。福羽は後に振り返って、王政復古の大改革の偉業に対して、その後の神道界が西洋文明の摂取に消極的で、実力を発揮できなかったことを歎いている（『一夢の記』）。幕末から維新当初に神道家たちがさまざまに思い描いていた壮大な理想は、いずれも現実と乖離して挫折した。そして神社行政は思想を排除し、神道家たちが関与できないところで官僚たちによって進められることになった。

それは、我が国の古の道である神道が国家をリードすることを理想として進んできた時代から、神道が国家のイデオロギーとして、国家に従属する時代への転換ということができよう。あえて言えば、祭政教一致の「神道国家」から、政教分離・祭政一致の「国家神道」への転換と言ってもよいであろう。明治一〇年代で神道と国家の関係が大きく変質したことは間違いない。

幽界と国家

明治一二年の祭神論争は、伊勢対出雲の対立という視点から、アマテラスとスサノオ―大国主という、文字通り祭神というところに焦点が当てられる（原、一九九六）。しかし、それとともに重要なことは、幽界の主スサノオあるいは大国主を拒否することで、幽界論を国家的な神道の場から排除したことである。死者の世界は政治から排除される。

もっとも維新当初から、幽界論は必ずしも国家の中枢的なところで議論されてきたものではなかった。神祇官の中核となったのは、亀井茲監の率いる津和野派であり、その理論的な支柱は大国隆正であった。隆正は、「大日本国は地球上万国の総本国にして、わが天皇は地球上万国の総帝にておはします」（『新真万国公法論附録』、『日本思想大系・平田篤胤・伴信友・大国隆正』による）という雄大な天皇絶対論で知られ、幽界論よりも顕界中心の立場を取った。

その隆正も、「支那・西洋の窮理家は、人間界に反して鬼神界のあることをしらず」（『本学挙要』下）と、「鬼神界」（＝幽界）を認めるところに、日本の優越性を見る。しかし、幽界を認めればよいというものでもない。「本居流・平田流の国学者は、幽界のあることをしりて、幽・顕のへだてをしらず」（同）と、「本居流・平田流の国学者」を批判する。「幽顕のへだて」とは、「顕露《アラハニ》・幽界《カクリヨ》のへだてをおごそかにして通はしたまはぬ」ことであり、それは「人の道をつとめざらんことをおそれて」のことである。即ち、幽界を認めながらも、その議論に深入りすることによって、「人の道」がおろそかになることを恐れ、幽界と顕露の別を厳密にして、あくまでも生者は顕露の世界で生きることが重要だというのである。このように、隆正は幽界を認めながらも、どこまでも顕露の世界で生きることに重点を置く。隆正自身は直接政府に関わった期間は短かったが、その門下の福羽美静らによって、その思想は現実化され国家の政策に生かされていく。

しかし、津和野派がすべて幽界の問題に消極的だったわけではない。それに正面から取り組んだのが、岡熊臣であった。熊臣は『霊の梁』（阪本、二〇〇七所収）などで、篤胤の『霊能真柱』を受け継いで世界生成と幽顕の問題を正面から扱う。このような幽界論は、遡ると服部中庸の『三大考』にその源流がある。熊臣には『三大考追考』のように、直接『三大考』を受けた著作もある。そこで、『三大考』から見ておく必要がある。

服部中庸は、宣長門下でありながら天文に通じ、その知識を生かして書かれたのが、天・地・泉《よみ》の成立を論じた『三大考』である（金沢、二〇〇五）。中庸はそこで、図を用いながら、虚空からアメノミナカヌシ・タカミムスビ・カミムスビの三神の力で、天・地・泉が形成される過程を十段階に分けて論じている。天（タカマガハラ）は日（太陽）であって、アマテラスが支配し、泉（ヨミ）は月でツクヨミが支配する。地はこの大地であるが、平面ではなく、地球として認識されている。さらには、「遙なる西の国の説に、此の大地も、恒に旋転ると云説もありとかや」と、地動説を紹介して、たとえそうだとしても「古への伝へ」は成り立つとしている。地は、スメミマ（皇御孫）が支配するところであり、皇国がもっとも天に近いところにあるとされる。この世で死ぬと、屍は此の世に留まるが、魂は泉に行くとする。

宣長は、神々は人のはからいを超えたものであるから、『古事記』に書かれたままを受け取るしかない、という立場を取り、古代神話を体系化することを拒否した。それに対して本書は、宣長が『古事記』から取り出した古代神話を体系的に理論化し、はじめて明快に国学的・神道的世界観を図式化した。その際、次のような点が注目される。

①天・地・泉という三元的な世界観を、太陽・月・地球という具体的、可視的な天体と結びつけ、それによって最新知識である西洋天文学との結合を可能とした。また、神話による世界形成論はユダヤ・キリスト教の神による世界創造説と対抗しうる可能性を持っていた。

②死後の魂の行き場としての泉を明確化して、従来の国学・神道で曖昧であった来世観の問題を提起した。これは仏教と対抗するための重要な理論的武器となった。

③皇孫を地上の支配者とするとともに、皇国が世界の最も天に近い位置にあることを説いて、尊王論に基づく日本優越論を理論的に根拠づけようとした。これは、その後の神道の尊王論の展開に大きな役割

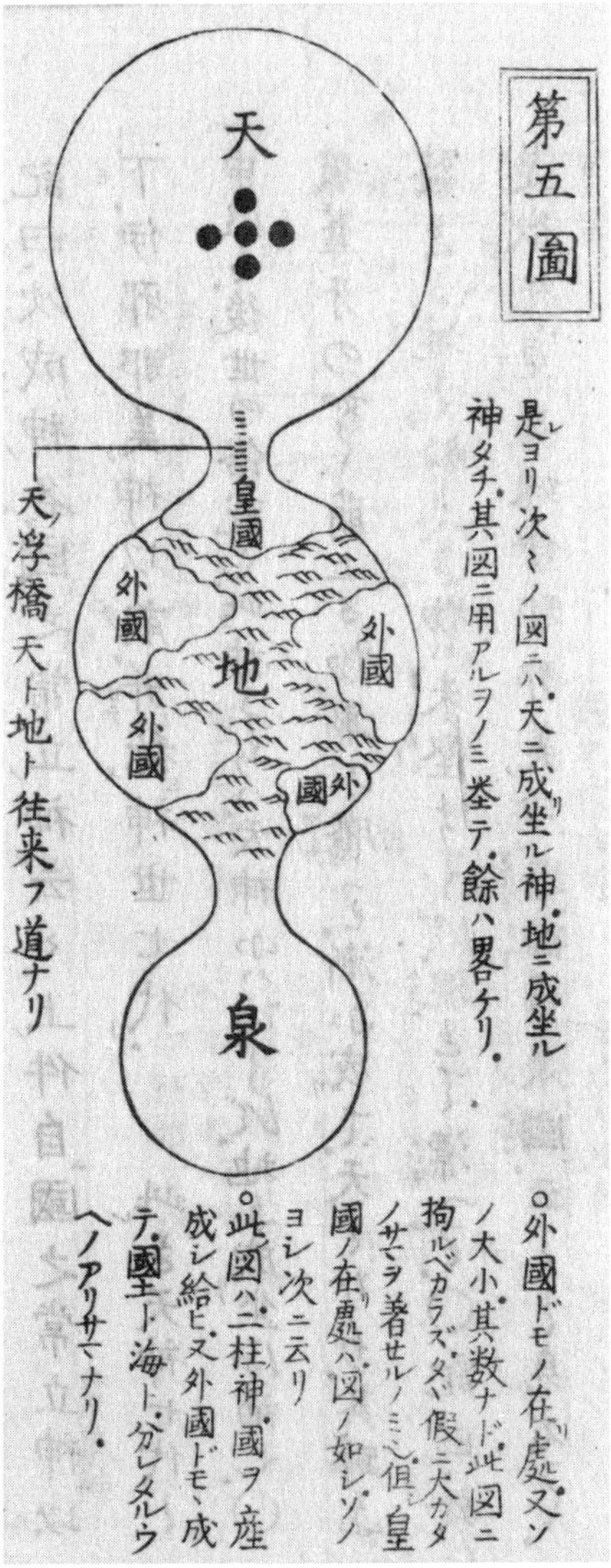

服部中庸『三大考』第五図
(国立国会図書館デジタルコレクションより)

を果たした。
このように、本書はその後の幕末維新期の神道の思想的展開の大本をなす要素が籠められている。しかし、本書の出版がまずセンセーションを引き起こしたのは、それが宣長の承認を得て『古事記伝』巻末に付されて刊行されたことであった。即ち、宣長は自ら世界観を体系化しなかったが、中庸の説を自著に入れたということは、それを自説と同格と認めたことになる。いわば宣長のお墨付きを得たのである。それは、宣長の方法を忠実に守ろうとする弟子たちに大きな衝撃を与えた。そこで、宣長没後、養子の大平が批判を展開するなど、本書をめぐって様々な激しい論争が交わされることになった（金沢、二〇〇五）。

その中で、本書を継承しながら、それを修正して新たな来世観・幽冥観の発展を示したのが平田篤胤の『霊能真柱』であり、そこから篤胤門下やその影響を受けた神道家の中で新たな議論を引き起こすことになった。篤胤が中庸の説を大きく修正したのは、その来世観に関するところである。篤胤は、死者の魂が黄泉に行くという説を否定する。それでは、死者の魂はどこに行くのか。篤胤は、「常磐《とこと》にこの国土に居る」とする。即ち、「その冥府と云ふは、此顕国をおきて、別に一処あるにもあらず、直ちにこの顕国の内いづこにも有なれども、幽冥にして、現世とは隔たり見えず」（岩波文庫『霊の真柱』、一六六頁）と、死者の居場所はこの現世と同じところであるが、ただ、生者からは見えない幽冥の世界だというのである。具体的な死者の居場所として、「社、また祠などを建て祭りたるは、其処に鎮まり坐れ度も、然在ぬは、其墓の上に鎮まり居り」（同、一七二頁）とする。

篤胤の論は抽象的な議論や古典解釈に留まらず、篤胤の亡き妻や師の宣長に対する思慕の情に裏づけられている。死者との交流ということは、少なくとも近世後期の社会においては共感を得やすく、十万億土の遠くの極楽世界という仏教の説よりも納得がいきやすい説明であっただろう。これまで死者の世界を一手に引き受けてきた仏教に対して、日本の古代神話に基づく神道説の優位を証拠立てるものとなる。そこから、この後の神道の幽冥論は一気に活発化することになった。この幽冥論は、同時に神話世界の世界創造説と結びつき、それが顕界における天皇中心の日本優越論とセットとなるのである。

それと共に、死者との関わりにおいて、墓と葬式儀礼が重要な意味を持つことになり、それが神葬祭運動の活発化に繋がることになった（加藤隆久編、二〇〇八、神社新報社編、二〇一七）。岡熊臣は津和野藩において、この面での理論と実践の両方にわたって先頭に立った。熊臣の説は、篤胤の説に対して、人の魂は一つではなく、本つ霊と幸魂・奇魂・和魂・荒魂などと呼ばれるはたらく霊に分かれるというものである（『霊の梁』など）。そのうち、本つ霊はこの世界の底にある根底国に行き、そこから月の世界に行くのに対して、はたらく霊はこの世に留まるというのである。そこで、本つ霊に対しては祭る意味がないが、はたらく霊に対しては祭る必要があることになる。

篤胤の論の大きな問題は、黄泉（＝月）が成立しても、そこに死者の霊が行かないのであれば、何の役も果たさないことになってしまう点である。熊臣の説はその点に配慮を加えている。死者の霊を二分化する説は、もともと中国において魂と魄を分ける説などに先蹤があり、それは日本でも中世以来受容されてきた。それを新たに神道の側に組み込んで、篤胤説の欠点を乗り越えようとしたのである。ただ、霊魂の二分化はいささか中途半端な感は否めない。

いずれにしても、熊臣はこのような幽界説に立って、津和野藩の神葬祭運動を率いることになった。すでに隣藩浜田藩で神職の離檀と神葬祭の運動が興されていたが、それを参考として津和野藩でも神職の神葬祭を実現させた。神葬祭は、神道が仏教から自立し、仏教を不要とするために不可欠であった。維新の際には熊臣はすでに亡くなっていたが、神祇官の実権を握った津和野派系の神道家は神葬祭の実現を目指して働きかけ、明治三年には神葬祭墓地として青山墓地を取得した。しかし、必ずしも神葬祭の普及は順調ではなく、政府も積極的ではなかった。その後、火葬禁止などの動きもあったものの、結局最終的には、祭政一致の国家神道の確立過程で神官の葬儀への関与が禁止され、神葬祭運動は挫折することになった。

このように見てくると、確かに近代の神道は皇居に三殿を設け、天皇親祭を実現して、祭政一致という目標は達成したものの、その為の犠牲はあまりに大きかった。祭政一致と言いながら、一般の臣民の祭祀である神葬祭は禁止され、上からの国家祭祀のみを強要されることになった。また、祭教分離して、教義の展開は民間の教派神道に任されることになったため、神社系の神道は教義の自由な研究も許されないことになった。幕末維新期に盛り上がりを見せた幽界論は、祭神論争とともに終焉することになった。産須那（産土）に拠点を置いて、地域への定着を図ろうとする六人部是香の説のように、多くの可能性を秘めた議論は中途半端なままに断ち切られることになった。消えた神道理論の可能性は、今後の発掘を待たなければならないところが大きい。

四　幕末維新と仏教

討幕と仏教

維新期の仏教と言うと、かつては神仏分離・廃仏毀釈による被害者とされてきたが、近年ようやくそのような一面的な見方が反省されるようになってきた（岩田・桐原編、二〇一八）。もっとも幕末維新期の宗教情勢は、藩により、また宗派によって大きく異なり、一概に言えない。真宗が薩摩で禁止され、また、三河で大浜騒動になったことは間違いないが、他方で長州では討幕勢力の一翼を担い、新政府とも緊密な関係にあった。そもそも西本願寺派は、本山からして勤皇の立場を明確にして、宗主広如は一八六三（文久三）年朝廷に金一万両を献じ、さらに同年、「後生安堵之思より、報国之忠意尽さるべく候様希事に候也」という直諭を発して、勤皇の立場を明確化させた（『本願寺史』三、八〜九頁）。

討幕の中核となった長州藩はもともと西本願寺の勢力の強いところであり、月性の活動もあって、西本願寺派の僧侶が多く武器を取って討幕活動に加わった。その中心が大洲鉄然であり、また、赤松連城、島地黙雷らもそれに同調した。彼らが維新後の本山改革の中核となるとともに、新政府の宗教政策にも影響を及ぼすことになる。このことは、隣の津和野藩が国学者・神道家を輩出し、廃仏的な動きが高まったのと対照的である。長州でも廃仏の動きはあったが、大きな潮流とはならなかった。

長州の西本願寺派の討幕活動をリードした月性の思想は、『仏法護国論』に纏められている。その根本は、「ソレ仏法無上トイヘドモ、独立スルコトアタハズ、国存スルニ因テ、法モ亦建立スルナリ」（『日本近代思想大系』七による）という国家と仏法の関係から、「今ノ時、国家ヲモツテ中興スベシ、今ノ勢、仏法モツテ再ビ隆ナルベシ」というところにある。その大本は、「欽明天皇ノ御宇、我仏法始テ西天ヨリ至リ、王公コレニ帰依シテ、遂ニ天下ニ蔓延し、八宗、国ト共ニ繁栄スルモノ、今ニ千三百余年」という歴史に根拠が求められる。

ここで注目されるのはまず、中世以来の王法仏法相依関係が継承されていることである。「八宗」には真宗は入らないが、ここでは特に疑問も持たずに、それで仏教界全体を意味している。ただし、中世的な王法仏法相依論とは異なるところもある。中世では両者は対等か、例えば、一向一揆のような場合には、仏法のほうが優先される。それに対して、ここではまず国が優先されていて、両者は対等とは言えない。まず国家を中興することがめざされなければならない。国あっての仏法である。

このように、繁栄してきた日本の国家と仏教が今や危機に曝されている。野蛮な諸夷が日本を狙っている。それに対抗しなければならない。「海防ノ急務」を説く月性は、「海防僧」の異名をとるまでに激烈な論を展開していた。しかし、本書ではそれを仏法の問題に引き寄せる。即ち、「彼諸夷人」が国を取るのには、二つの方法がある。「曰ク、教ナリ戦ナリ」と言われるように、その侵略は戦だけでなく、教、即ちキリスト教の布教によるものが大きい。それに対抗するのは武力ではできない。そこで、仏教が必要になるという論法である。実際、幕末の仏教界は須弥山説の再興や反キリスト教的言説でその存在意義を示そうとする。それは、近世初期のキリスト教禁教に当って、仏教側の排耶書が大きな役割を果たしたのを継承しようというのである。

ここで注目されるのは、「我神州、大海ノ表ニ独立シ、天祖天ニ継テ極ヲ建、地祖コレヲ承、神武天皇、其統ヲツギ、今ニ至リ二千五百余年」ということが当然の前提とされて、皇統の一貫性はまったく疑われていないことである。ところが、この論の中には、神道は出てこないし、それ以上の神話への言及もない。当時、仏教が神道から攻撃され、各地で離檀や神葬祭など廃仏的活動が起っていた中で、ここでは神道の問題は頬被りして、仏教と日本との親和的関係が強調される。それ故、理論としてはきわめて不十分である。仏教は当時、神道側からも、また啓蒙的な合理主義者からも批判の対象になっていた。その中で仏教の存在意義をどのように示すかは、死活問題であった。西本願寺の尊王勢力への肩入れは、そのような状況の中での大きな賭けであった。

維新と仏教

西本願寺の賭けは成功し、討幕勢力の中心である長州の中で、西本願寺派は大きな力を発揮して、存在意義を示した。にもかかわらず、神道が国家の中核に入り込んだのに対して、仏教はあくまでも民間に留まる。仏教が国家機関の中に入るのは、教部省の大教院政策を待たなければならなかった。それも短期間に留まり、結局真宗系の諸派が大教院を離脱することで、あくまでも民間の宗教としての立場を鮮明にする。こうして、神道とまったく対照的な行程を進むことになった。

近世までの寺院は、宗門改めによって、実質上国家機関的な役割を果たし、寺社奉行の管轄下にあって、僧侶が士農工商の枠外に位置づけられた。真宗（一向宗）を除く僧侶の妻帯が禁じられたのは、その超世俗性の故であった。ところが、維新後は、宗門改めの役割は廃止されるとともに、肉食妻帯が自由化され、僧侶も一般の戸籍に編入されることで、その特権は失われた。僧侶も世俗の一職業ということになる。徴兵に関しても、宗教者としての特権は認められない。

それでは、討幕に積極的に関わった仏教としては、割の合わないことになるが、そうであろうか。じつは真宗にとっては、必ずしも新政府の宗教政策は都合の悪いものとは言えなかった。そもそも廃仏毀釈は民間で起こったことであって、政府としては抑えようとしていた。神仏分離は、修験道や神仏習合の強い諸派にとっては打撃であったが、もともと神祇不拝的な方向を持ち、神仏習合的な性格の少ない真宗にとっては、むしろ望ましいところであった。島地黙雷も、「宗教ハ尚ホ女ニ一夫アルガ如ク、其ニヲ並ブベキ者ニ非ズ」(「三条弁疑」)として神仏習合を排し、仏教の純粋化を図ろうとした。そこから、神道をどう位置付けるかという問題が生じ、神道非宗教論の道を開くことになった。

神道が神祇官―神祇省を拠点として国家の宗教政策を動かそうとしたとき、神葬祭の場合のように、必ずしも新政府の中枢は神道側の政策を積極的に進めたわけではなかった。その大きな理由は、欧米諸国がキリスト教公認を含む信教の自由を求めている状況で、国として神道主義を強く推進することができなかったところにある。しかし、同時に長州と結びついた真宗勢力を無視することができなかったことも挙げられる。

真宗系は、もとから妻帯していたのであるから、肉食妻帯許可に当っても大きな影響を受けなかった。それどころか、これまでは仏教の中でも戒律無視の異端のように見られていたのが、逆に真宗が新時代の世俗主義時代の仏教のモデルとなり、仏教界をリードすることになった。真宗寺院は、大規模な土地の収入に頼らずに、門徒の強い信心を基盤に経済を維持してきたところが多いので、上地令によっても影響を蒙ることが少なかった。

島地らが政府派遣の岩倉使節団と同行できたこと(一八七一年)、教部省設立の際も、大教院からの真宗系の離脱の際も、大きな抵抗がなく実現できたこと、悲願であった「真宗」の呼称が認められたこと(一八七三年)、道元や日蓮に先立って親鸞に対して見真大師の大師号が下賜されたこと(一八七七年)などを考えると、真宗が新政府と結びついて優遇されていたことは明らかである。

神道は国教化を目指して国家の中核に入ろうとして挫折し、結局国家神道として国家に主導権を奪われることになった。それに対して、真宗を中心とする仏教界は、中世以来の王法仏法相依論の系譜を引く真俗二諦説をもとに、国家と距離を取りながら、在野に留まることを選んだ。しかし、国家の政策と無関係ではなかった。神道が祭政一致政策によって国家＝天皇の祖先祭祀を引き受けたのに対して、仏教は国家から離れることによって、民間の祖先祭祀を引き受けた。それが葬式仏教であり、そのことによって経済的基盤を確立しながら、それを隠して表層的には近代宗教としての体制を整えた。それが最終的に近代日本国家の安定構造を作ることになるのである。それは第二巻で検討されるべき問題である。

五　本巻の構成

以上、やや粗すぎるかもしれないが、総論として、日本宗教の大きな転変の中に幕末明治期の神道と仏教を位置づけてみた。第二章以下、幕末維新期の宗教の状況をそれぞれ個別的な問題に即して具体的に解明していく。

第二章「天皇、神話、宗教」（ジョン・ブリーン）は、神道を核として新しい国家を形成しようとした明治初期の宗教政策とその影響を具体的な事例から論ずる。その中核となる宮廷儀礼は福羽美静らによって創造され、それが近代天皇のあり方を決定する。その過程を見た上で、近代天皇を支える場としての伊勢、徹底的な神仏分離と廃仏毀釈がなされた日吉について、その経緯を考察する。

第三章「国体論の形成とその行方」（桐原健真）は、近代日本国家の大きな軸となる国体論を検討する。筆者自身の勤務先である金城学院大学で起こった地久節事件から、国体論の「魔術的な力」を見定め、その源流に遡って尊攘志士から水戸学へと検討を進める。その中で、儒学的な普遍主義と国体論の折り合いの悪さから、神道教説が注目され、そこに「包容主義」的でハイブリッドな国体論が形成されると説く。

第四章「宗教が宗教になるとき」(桂島宣弘)は、そのような「国体」の中で、西洋の religion の概念を摂取して近代的な「宗教」概念が形成される過程を検討する。岩倉使節団によって西洋の宗教観に目が開かれ、森有礼らの啓蒙知識人によって政教分離・信教自由論が形成される。それは知識人の世界に留まらない。例えば、もともと「病気直し」によって広まった金光教は、その活動が迷信と見られる中で、新たな「宗教」へと自己変貌を遂げる。

第五章「近代神道の形成」(三ツ松誠)は、複雑な経緯を辿って展開した幕末・維新期の神道を、西川須賀雄という一人の人物に焦点を当てて論ずる。西川は神祇官や大教院に関わり、とりわけ出羽三山を担当して、その神道化を実現した。しかし、スサノオ重視の立場に立ち、晩年は不二道を継ぐ実行教と関わった。幕末・維新期の激動の中を真摯に生き抜いた神道家の姿から、この時期の神道のあり方が新しい視点から問い直される。

第六章「新宗教の誕生と教派神道」(幡鎌一弘)は、「新宗教」「教派神道」「民衆宗教」などと呼ばれる教団の動向を論ずる。これらの教団は近世後期に形成され、近代になって組織化が完成される、井上順孝に従って、(A)教派神道(高坏モデル)、(B)神道系新宗教(樹木モデル)、(AB)両面の要素を持つ教団に分け、さらに(C)講・講社(高坏モデル)を加えて、そのダイナミズムを解明する。

第七章「胎動する近代仏教」(近藤俊太郎)は、仏教の近代化を扱う。従来、改革運動のみがクローズアップされてきたのに対して、ここでは伝統教団の近代化に注目する。西本願寺教団に焦点を当てて、組織改革、教育制度改革などの動向や国家との協調体制を検証する。他方、改革運動に関しては、特に結社の形成という点に着目する。反省会・仏教青年会・海外宣教会などの結社が、通仏教的な立場から活動した状況を論ずる。

第八章「キリスト教をめぐるポリティクス」（星野靖二）は、キリスト教の問題を扱う。明治初期の宗教問題は、一方で神道、他方でキリスト教を中心に展開する。キリスト教は一方で排撃対象でありつつも、他方で西洋文明の核心として希求された。本章はキリスト教をめぐる政治情勢から、キリスト教自体の展開とその解釈上の問題、最大のライバルとなった仏教との交渉にまでわたり、明治前期のキリスト教の全貌を明らかにする。

以上の諸章によって、本巻では大きな時代の変革期である幕末から明治前期に至る諸宗教のあり方が解明される。やがて憲法制定、日清・日露戦争を通して、近代日本は「大日本帝国」へと飛躍する。その中で宗教も新たな変貌を遂げることになる。それについては、第二巻で論じられる。

参考文献

葦津珍彦（一九八七、新版二〇〇六）『新版国家神道とは何だったのか』神社新報社
磯前順一（二〇〇三）『近代日本の宗教言説とその系譜――宗教・国家・神道――』岩波書店
井上順孝・阪本是丸編（一九八七）『日本型政教関係の誕生』第一書房
岩田真美・桐原健真編（二〇一八）『カミとホトケの幕末維新』法藏館
遠藤潤（二〇〇八）『平田国学と近世社会』ぺりかん社

加藤隆久編（二〇〇三）『神葬祭大事典』戎光祥出版
金沢英之（二〇〇五）『宣長と『三大考』』笠間書院
苅谷剛彦（二〇〇〇）『追いついた近代　消えた近代』岩波書店
岸本英夫編（一九五四）『明治文化史・六・宗教編』洋々社
ケテラー、ジェームス、岡田正彦訳（二〇〇六）『邪教／殉教の明治』ぺりかん社
阪本是丸（二〇〇七）『近世・近代神道論考』弘文堂
島薗進（二〇一〇）『国家神道と日本人』岩波新書
神社新報社編（一九七六、増補改訂版一九八六）『近代神社神道史』神社新報社
――（二〇一七）『神葬祭』神社新報社
末木文美士（二〇二〇）『日本思想史』岩波新書
原武史（公人社一九九六、講談社学術文庫二〇〇一）『〈出雲〉という思想』
藤田大誠（二〇一七）『近代国学の研究』弘文堂
ブリーン、ジョン（二〇一一）『儀礼と権力　天皇の明治維新』平凡社
村上重良（一九七〇）『国家神道』岩波新書
山口輝臣編（二〇一八）『戦後史のなかの「国家神道」』山川出版社

第二章　天皇、神話、宗教——明治初期の宗教政策

ジョン・ブリーン

一　はじめに

標題の「明治初期の宗教政策」とは、新政府が一八六八（明治元）年から一八七八（明治一〇）年までの間に繰り広げた諸宗教を射程にした政策を指す。祭政一致、神仏判然やそれを受けた数々の神社・寺院に関する法令、そしてキリスト教対策を主眼とした教化運動が主なものである。中でも祭政一致と神仏判然は多大な遺産を残した。それは、宮中の天皇から末端の民衆までを巻き込み、二一世紀の今にまで波及している革命的とでもいうべきものであった。この宗教政策の力学を探るべく三つのケーススタディを提供する。（1）天皇を中軸とする宮中（京都と東京）、（2）近世では最も繁盛した巡礼地であったが、近代では国家の最重要聖地となった伊勢神宮（度会県・三重県）、そして（3）比叡山延暦寺と日吉神社（京都府・滋賀県）を順番に取り上げる。これらの作業の前提として、祭政一致、神仏判然、教化運動などの特徴を述べておこう。

一八六八（明治元）年三月一三日の祭政一致の太政官布告は、実に画期的なものであった。それは近世的な天皇のあり方を抜本的に変えたからに他ならない。布告に「王政復古神武創業の始に被為基諸事御一新・祭政一致之御制度に御回復」とあるように、近代の天皇は神話の神武天皇に倣い、国家の政治を行うが、同時に国家の祭祀＝儀礼も執行するものとされた。布告は明記しないが、その儀礼はすべて天照大神、歴代天皇の「皇霊」を主な対象とする。こうした儀礼は、つまり万世一系の神話を語る装置であり、近代天皇の存在の権威づけを目的としたものである。布告はさらに神祇官を再興して、全国の神社・神職を神祇官に付属させるものとした。これまで宮中と神社の儀礼を司ってきた吉田家・白川家神職の廃止の宣言でもあった。

「諸祭奠」を「興」すともあり、それは、天皇が宮中で行う儀礼を神職が神社でも行う、という空前の全国的儀礼システムの構想である。この祭政一致は後期水戸学・国学などにその輪郭がすでに見えていた。

一方で新政府が三月から閏四月にかけて発した一連の神仏判然令は、祭政一致を前提とするものだった。判然令は、(1)これまで神社に勤めていた僧侶(「社僧・別当」)を排斥し、(2)神社における「権現」などの仏語の使用を禁じ、(3)神々の「本地」とされる仏像や梵鐘などの仏具を除却するように命じるものだった。つまり、公的地位を今に獲得した神社から仏教的な人や文物を全て「一洗」するという。古代以来神仏習合的宗教文化を具現していた神社は、もはや存在しない。政府は明治四年にこれらの神社に対し祭政一致に見合った新たな改革を施した。神社を全て「国家の宗祀」とし、世襲神職を廃止して、神社を官社と諸社に大きく区分けし、伊勢神宮をその天辺に位置付ける近代的社格制度を敷いた。神仏判然令は寺院にも多大なショックを与えた。寺院は、権現としての神々をまず奪われたが、その後旧幕府が与えたあらゆる社会的、経済的特権を同時に剥奪された。地方によっては寺院の破壊、僧侶の強制的還俗など苛烈な廃仏も展開された。神仏判然的構想の輪郭もすでに後期水戸学・津和野藩などの国学にも見えていた。

新政府が試行錯誤しつつ実施した教化運動については本章で詳細に述べる余裕はないが、「神道」神学を柱とする教化も、祭政一致の必然的な延長であった。神祇官は、まず一八六九(明治二)年に一部の神職を動員し、キリスト教の宣教師が活躍する長崎に派遣した。一八七二(明治五)年に新設された教部省は神職及び僧侶を「教導職」として総動員して、キリスト教の布教を防ごうと、「大教」を全国津々浦々に広めようとした。大教は、「敬神愛国」、「天理人道」、「皇上奉戴・朝旨遵守」の三条教則を母体とする新興宗教に他ならなかった。

二　近代天皇の宮中儀礼

即位礼と大嘗祭に見る祭政一致

祭政一致及び神仏判然は、天皇の近世的あり方に強い衝撃を与え、大きな変化をもたらした。それを探るのには、まず一八六八（慶応四）年の即位礼とそれに続く一八七一（明治四）年の大嘗祭を検討したい。近代の天皇は神武天皇に倣って、政治と儀礼を行う存在でなければならない。即位礼はそのような天皇を新しく作る劇的な場となった。図1は、即位当日の京都御所紫宸殿の様子を示すが、ここで注目したいのは、人物である。太政官首座にあたる輔相の岩倉具視（一八二五〜一八八三）、外国・海陸軍務・会計・民部などの高級官僚、新政府の議定、参与も、その他の在京諸侯も皆紫宸殿前庭にいる。天皇・皇族・公家だけが列席した前近代の即位礼は、こうして政治性に満ち溢れるものへと変わったのである。御帳台に立つ天皇も、従って政治的君主である。

前近代の天皇は即位礼当日、清涼殿から紫宸殿に進みつつ両手で大日如来を表す智拳印を結び、また真言を心中で唱え、大日如来と同一化する。近代初の即位礼はこの「即位灌頂」などあらゆる仏教的要素を排斥し、天皇が天照大神と歴代皇霊と全く新しい特権的な関係を構築する場となった。そこでまず気づくのは、内侍所の新たな役割である。紫宸殿東側に位置する内侍所は、天照大神を祀るが、前近代の天皇は参拝せず、前近代の即位礼とは全く無縁の場であった。明治天皇が即位礼当日の一八六八年八月二七日の朝内侍所で礼

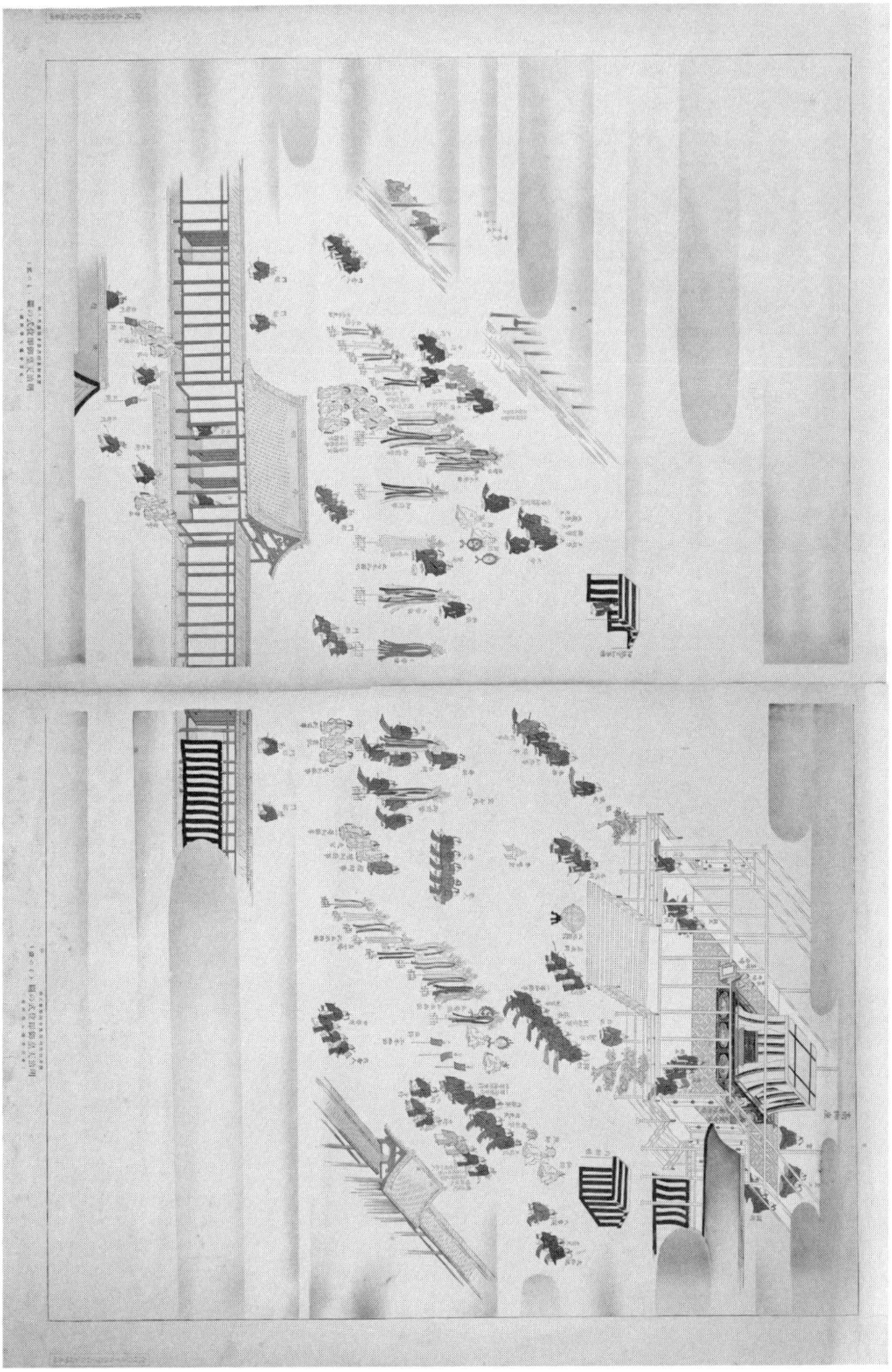

図1　明治天皇御即位式の図（皇學館大学 佐川記念神道博物館所蔵）

拝したのは画期的であったとすべきだろう。天皇が前もって派遣していた勅使は同じタイミングで伊勢神宮、神武天皇陵、孝明天皇陵などで奉納を行った。勅祭神社や諸国府藩県内の特定神社でも、神事の開催があった。即位礼に合わせたこの一連の儀礼的営みは、全く空前である。万世一系の神話を語る儀礼がその中心であることに留意したい。

明治天皇の即位は、演出の上でも新しい要素があった。御帳台に立つ天皇に対し、太政官職員の弁事が御幣を奉り、その御幣を神祇官知事が受け取り、天神地祇に奉奠する。明治天皇は、神武天皇に倣って神々に奉幣を奉ったのである。次に別の官吏が宣命を大声で読み上げる。天皇の言葉である宣命に「天皇御創業の古に基き、大御世を彌益々吉き御代と固成《かためなせ》賜わい云々」とあるように、ここでも神武天皇をモデルに掲げる。弁事はそれに対し寿詞を読み上げる。国生みから天孫降臨の神話まで語ることに寿詞の革新性がある。その朗読をもって近代初の即位礼は終わった。

即位礼の青写真を作ったのは、津和野藩士の福羽美静（一八三一～一九〇七）である。当時神祇官を牛耳っていた福羽は、祭政一致の布告、神仏判然令にも深く関わっていた。即位礼三年後の大嘗祭の企画も福羽は全面的に引き受けた。大嘗祭は、天皇が大嘗宮で新穀の米と粟と酒を天照大神と共に共食する、古代からある代替わり儀礼だが、福羽の構想した近代的大嘗祭には、新しい要素が多々あった。一八七一（明治四）年一一月一七日の大嘗祭が東京城内で行われたことに先ず注目したい。東京は一八七一年から事実上近代国家の首都となっていたが、大嘗祭の場に太政大臣三条実美、西郷隆盛などの参議、そして文部、外務、大蔵などの長官の参列があったこと、つまりこれまでにない政治性を付与されたことはとりわけ斬新である。

福羽はさらに一人でも多くの民衆を大嘗祭に巻き込む工夫をした。例えば政府が事前に「大嘗会告諭」を全国に配布し、また大嘗祭当日を休日と定め、さらに事後に大嘗宮を民衆に公開したことなどがそれを示す。告諭は、天照大神が天皇の統治を権威づけることに大嘗祭の意味があると諭す。つまり天皇は天照大神が「授与」した米をもって億兆（人民）の日本人を「鞠育」する、「鞠育」により天照大神に「恩頼を報じ、其の天職を奉じ玉う」ともする。告諭は最後に「当日人民休業、各其の地方産土神を参拝し、天祖の徳澤を」仰ぐ、というように天照大神・天皇・日本人のユニークな関係性を描く。

近代的儀礼空間の形成

祭政一致の布告は、古代神祇官の復活を宣伝したが、神祇官は同年夏の政体書によって漸く設立された。当初は太政官の下に置かれたが、翌一八六九年の官制改革で（古代もそうだったように）太政官と同列に置かれ、独立した官衙となった。しかし、この神祇官は大嘗祭が行われる前にはすでに廃止されていた。それはなぜだろう。神祇官の廃止は、一見祭政一致に終止符を打ったかのように見えるが、実はその逆で、福羽美静などがより充実した祭政一致を模索した結果であった。

明治以前の国学者などが憧れた古代神祇官は、全国の神社を管轄するほか、八神を祀る儀礼空間でもあった。八神は天皇守護の神であって、天照大神や皇霊などと違って万世一系の神話とは関係がない。福羽美静らは、そのような神祇官に不満を持ち、神武天皇以来の歴代皇霊を祀る「皇霊殿」の官内設置の必要性を訴えた。その結果、明治の神祇官は古代的八神殿と近代的皇霊殿が立ち並ぶハイブリッドな儀礼空間となった。ちなみに、歴代皇霊を一箇所に納め、天皇自らが拝むという発想自体は、画期的であった。明治前は、天智天皇まで遡る天皇の位牌が御所の御黒戸で仏教式に祀られてきたが、皇霊殿の創出は一気に御黒戸を無用の長物とした。ともあれ、この皇霊殿は当初、京都御所外にある公家の野々宮家内に建設された。一方で天照大神を祀る内侍所は、上述の通り紫宸殿東隣にあった。その結果、万世一系の神話の語りに欠かせない天照大神と歴代皇霊は別々にあり、天皇は二つの異なる空間で礼拝せざるを得ない。

即位直後、首都東京に行幸した天皇は、内侍所を東京に持っていき、居住する東京城西の丸山里に社殿を作って奉安したが、一方の神祇官は、馬場先御門内に建設された。やはり場所が離れていた。実は福羽美静らは東京行幸の時点で神祇官の解散を既に考えていたらしい。彼らは特に天皇が政治を行う太政官と儀礼(の一部)を行う神祇官の空間的隔離を問題視していた。そこで福羽と(神祇官新着任の)鳥取藩士門脇重綾(一八二六〜一八七二)は、翌一八七〇年に天皇の儀礼に関わる諸矛盾を解決しようと動き出した。同年、岩倉具視は「建国策」という中央集権国家の青写真を政府に提出したが、彼は福羽らに指示をしたと思われる。ともあれ、福羽・門脇は一八七〇年秋に次のような儀礼空間の新構想を練った。

(1)天照大神を祀る内侍所を天皇の儀礼空間とする。

(2)内侍所を「賢所」と名称を変え、皇霊殿をその域内に遷座する。

(3)神祇官を廃止し、神祇省を設け、神祇省に教化運動を委任する。

(4)祭政一致の規模を全国の神社にまで拡大し、宮中の儀礼を地方の神社でも実現させる。

翌年七月に、政府は近代中央集権国家形成を目指し、廃藩置県に踏み切り、太政官制を大幅に改革した。そこで天皇を「万機を総判」する政治的君主としたが、その祭祀=儀礼も最重視された。政府は、八月に神祇官を廃止し、新設の神祇省に教化の責任を委託し、九月には西の丸山里の修復済みの賢所に皇霊殿を遷座した。翌一八七二年三月に神祇省も廃止されると、八神(と天神地祇)も賢所域内に移され、儀礼全体は、太政官式部寮管轄となった。ちなみに翌一八七三年五月に西の丸が炎上したため、天皇は赤坂仮皇に移行したが、やはり天皇の居場所の近くに賢所と皇霊が安置され、福羽流の近代的儀礼空間がほぼ完成を見た。

近代天皇の儀礼と神話

そこで次の課題は、天皇が新しい儀礼空間で行う儀礼そのものの制定だ。天照大神と歴代皇霊を対象とすることが第一の条件で、それ自体が画期的である。その画期性を示すため、幕末期の宮中儀礼を描いた『嘉永年中行事』を参照したい。幕末の天皇が元日の四方拝と正月八日の後七日御修法を特に重要としていたことは明らかである。

九世紀に遡る四方拝は、天皇が一日早旦に京都御所の清涼殿前庭で北斗七星、天地四方の神祇、そして（父母の）二陵を礼拝するが、「此三所御座ごとに机を立て、香を焚き、華を立て、燈を供ず」という有様であった。福羽美静らはこの四方拝から陰陽道的影響を全て排斥し、万世一系を意味付ける儀礼へと抜本的に改変した。天皇が一八七二（明治五）年一月一日に初めて実施した新型四方拝を見ると、天皇は、午前四時に東京城賢所前庭に出御し、まず伊勢の外宮と内宮、次に神武天皇、孝明天皇などの山陵、そして氷川神社、賀茂上下神社、男山八幡宮など一連の神社の遥拝を行ったのである。

一方の後七日御修法は、真言宗の僧侶が紫宸殿前庭で一月八日から一四日まで天皇の安寧や国家安穏を祈る法事である。「紫宸殿が立派な仏壇になりまして、たくさんな御燈明もあげてございます」という具合で、天皇自身は、初日、中日、末日と参列するのが慣例であった。この後七日御修法は、一八七一（明治四）年正月に京都で最後に行われたが、東京にいる天皇の参列はもちろんなかった。即位礼に始まった天皇と仏教との決別は、後七日御修法の廃止で決定的となった。ちなみに前に触れた御黒戸はこれと前後して廃止され、歴代天皇の位牌は方広寺をへて泉涌寺に遷座されることとなった。寺院による勅会の禁止、門跡号の廃止もこの時期に決まった。首都東京にある近代の宮中儀礼は、当初から仏教が介在する余地はなかったのである。

近代の正月儀礼で最重要なのは、福羽らが一から創出した元始祭である。元始祭は、天皇が「天孫降臨天日嗣の本始を歳首に祀」り、「皇祖（＝天照大神）瓊瓊杵尊を始め御歴代皇霊を奉祀」することに意味があった。明治天皇が東京城に新設された賢所と皇霊殿を前に元始祭を初めて執り行ったのは一八七二年正月三日であった。この全く新しい元始祭は、『四時祭典定則』（一八七一年）によると、「大祭」として制定されたが、大祭とは何か。それは天皇が自ら執り行い、皇后や親王が御拝し、太政大臣が祝詞を奏上し、左右大臣以下参議、議長が参列する国家儀礼に他ならない。同じ『定則』は、他にも四つの大祭を定めた。天照大神を礼拝対象とする新嘗祭と皇大神宮遥拝、皇霊が対象の神武天皇祭と孝明天皇祭である。これなどは近代的祭政一致の骨格をなす儀礼なので、要点だけ述べてみよう。

新嘗祭は古くからあるが、皇大神宮遥拝は、天皇が伊勢神宮の神嘗祭当日の九月一七日に賢所で行う、未曾有のものである。前近代の朝廷では、九月一一日に例幣使を伊勢に派遣したし、天皇が当日に神宮を遥拝することもあったが、神嘗祭当日の一七日に儀礼などはなかった。一八七一年の『四時祭典定則』は、皇大神宮遥拝をまず一七日に設定した。そして、一八七三年九月一七日に天皇は赤坂仮皇居の賢所に行幸して、（遥拝でない）神嘗祭そのものを史上初めて行った。この神嘗祭は、一八七七年からは一〇月一七日に実施することとなった。一方で『四時祭典定則』が掲げる皇霊関係の大祭は、いずれも過去に例がないが、ここでは三月一一日開催の神武天皇祭のみに触れる。前近代の天皇が礼拝する皇霊は、父母だけで、しかもそれは真言宗僧侶による仏教式の法事であった。僧侶が一切関わらない、天皇の祖先祭祀は、実は維新直前の一八六四（元治元）年三月一一日に孝明天皇が（完成したばかりの）神武天皇陵を遥拝し、勅使を山陵に派遣したことで始まった。明治天皇は、それを踏まえ一八七〇（明治三）年神祇官の皇霊殿で神武天皇を礼拝した。三月一一日は、神武天皇の忌日だが、一八七三（明治六）年の太陽暦導入で四月三日に改められた。二一世紀の天皇ももっぱら天照大神と歴代皇霊を儀礼の対象とするのは、明治維新の重大な遺産である。

こうして確定した近代の天皇儀礼が、（1）全国の神社神職が行う「祭式」にも、また（2）国民の「年中祭日祝日」にも大きな影響を与えたことにも注目したい。（1）については、式部寮が一八七五年に通達した「神社祭式」が決定的であった。簡潔に言うなら、官社である官幣社と国幣社は、従来の例祭に加え、春の祈年祭（一八六九年に国家祭祀として復活）と秋の新嘗祭の他、元始祭、孝明天皇祭、紀元節、神武天皇祭、大祓、神嘗祭を行うものとされた。全国の神社祭式が、こうして宮中儀礼と連動することになった。（2）太政官はこれより先の一八七三年に「休暇日」を定めた。これらの休暇日は、一月の新年宴会と一一月の天長節を除き、全てが宮中儀礼と結びつけられた。元始祭と孝明天皇祭（一月）、神武天皇の即位を記念する紀元節（二月）、神武天皇祭（四月）、神嘗祭（九月）、新嘗祭（一一月）がそれである。太政官は同時に従来の祝日の五節を廃止したのである。

福羽美静らによる儀礼改革で最後に指摘したいのは、キリスト教に対する恐怖感である。門脇重綾が一八七〇（明治三）年に「国家の御大事方今邪教之一事」だと述べたが、その際浦上事件を指していた。それは、新政府が長崎浦上村の隠れキリシタンを多く検挙し、流罪にしたのを日本駐在外交官が厳しく批判した事件である。当時プロテスタント宣教師も外交官を後ろ盾に横浜などで活躍していた。福羽らは、キリスト教の脅威を痛感し、その神学に対し、（天皇の儀礼が語る）万世一系の神話をもって対抗するという構えであった。

三　伊勢神宮の明治維新

宮中の賢所は、天照大神が宿る八咫鏡を祀るが、その鏡はあくまで複製であって、本物は伊勢神宮にある。近代の天皇が伊勢神宮と全く新たな関係性を構築したのはそのためである。その関係構築の過程で伊勢神宮は、劇的に変貌していく。その変貌ぶりを確認したいが、そのために近世の伊勢神宮に一旦目を向け、その聖地としての特徴を描いてみる。

伊勢神宮の前近代

伊勢は、外宮と内宮からなる複合的聖地である。外宮は山田にあり、内宮は南に六キロ離れた宇治にあるが、その二つを参宮街道が繋ぐ。天照大神が祀られるのは内宮で、外宮の祭神は豊受大神だ。明治前の神職集団は外宮と内宮で別々に組織され、一の禰宜と言われる神職が外宮・内宮それぞれを支配し、権禰宜、内人、物忌などが神事や管理に携わる。外宮の神職は代々度会姓で、内宮は荒木田姓だが、その関係が緊張感に満ちていたことに留意したい。斎主の藤波家（京都在住）、大宮司の河辺家（山田在住）は、神宮全体の政務や祭祀を司るが、二〇年ごとの式年遷宮など特別な神事以外は直接神宮の営みに関わらない。

御師という神職もいる。江戸後期には、山田在住の外宮御師は四〇〇家前後で、宇治の内宮御師は二〇〇家であった。有力な御師は自治組織で庶政をとり、山田と宇治を自らの支配下に置いた。注目すべきは、御師と民衆との関係である。著名な御師の一つに、関東から東北にわたって活躍し、三五万軒以上の檀家を持つ外宮の三日市大夫家がある。三日市大夫らは、檀家のため毎年祈祷を行い、その証拠としてお祓大麻（お札）を製造し、手代（下級役人）を地方に行かせて、檀家に頒布させる。その檀家は講を結び、お金を積立て伊勢に出かける。手代は旅の手配も行い、御師は檀家を御師邸に泊め、丁寧にもてなすほか、邸内神楽殿で神楽を奉納し、五穀豊穣、家内安全の祈願をする。伊勢名所の案内もする。

江戸時代後期は、御師の手代が全国を行き来して、九割以上の世帯を檀家にしている。将軍や天皇も例外でなく、歴代将軍は外宮の春木家、内宮の山本家から、天皇は外宮の桧垣家、内宮の藤波家から御祓大麻をもらう。御師の収入源は、大麻の初穂料及び神楽料、止宿料で、檀家が多い御師ほど裕福となる。御師による檀家の奪い合いは外宮と内宮の確執の一要因であったが、神学問題も絡んでいた。外宮の祭神をめぐる争いである。近世には、祭神の豊受大神は実は国常立尊もしくは天御中主尊と同体だという説を外宮側が広める。国常立尊と天御中主尊は、八世紀の『日本書紀』と『古事記』それぞれに登場する天地開闢の神々だが、外宮説によると、その祭神は天照大神よりも優位になる。こうして明治前の伊勢では、聖性そのものが争いの対象になっていた。

例年宮川をわたって山田に入る参拝者は、三〇〜四〇万人前後と言われるが、一七〇五（宝永二）年、一七七一（明和八）年、一八三〇（文政一三）年に発生した御陰参りでは、参拝者が数百万人単位に跳躍する。これらの人々にとっての伊勢はどうだろうか。道中日記などから判断して少し大胆に言うと、（1）参拝者にとっては、多くの御師が外宮所属であるため、外宮こそ身近な存在である。それでも（2）彼らは外宮と内宮の祭神に深い関心を示さず知識もない。そして（3）参拝者を惹きつけるのは、外宮と内宮よりも参宮街道をまたぐ古市遊郭や伊勢の数々の名所だ、という傾向が見える。例年の参拝者は男性が大多数だが、御陰参りの年は、伊勢講に加入できない女性、子供、奉公人など身分の低い人々も大勢加わる。多くの文献が示すように、これらの年に限って伊勢は奇跡の場に変身する。参拝者は、道中でも山田と宇治でも様々な奇跡を経験し、奇跡を求めて伊勢に足を向ける。

明治前の伊勢は、民衆的な性格が極めて強いが、公共性がないわけではない。例えば、徳川幕府は山田に奉行を配置し、伊勢国・伊勢湾の治安を委託するほか、神宮の年中運営費や式年遷宮の諸経費を負担し、年初、式年遷宮などの際に、名代を派遣する。朝廷も伊勢との関係があり、一月の奏事始で神宮神官に位階を授与し、九月は例幣使を神宮に派遣するほか、一一月の新嘗祭の際に天皇が神宮を遥拝することも時折ある。また、朝廷はさらに二〇年毎の式年遷宮の際、幕府の許諾を得て勅使を伊勢に差し向ける。伊勢神宮のこうした公共性は、幕末期に一層顕著になる。

徳川幕府は、一八五三（嘉永六）年の黒船来航以来伊勢その他の寺社に対し攘夷祈願を度々命じ、天皇に攘夷祈願のため勅使を差し向けるようにも命じる。一八五八（安政五）年に幕府が天皇の意に反して日米修好通商条約を締結するや、天皇自らも勅使を伊勢に派遣する。外交問題を巡って幕府と朝廷の対決が深まっていく中、解決策を探るため徳川将軍は一八六三（文久三）年に二〇〇年ぶりに上洛する。これを受けた天皇は二〇〇年ぶりに御所を出て、賀茂神社、石清水八幡へ参拝する。この時に、幕府に敵対する長州藩は天皇が伊勢まで行幸して、天照大神に直接攘夷を祈願し、そののち、江戸まで東征し、幕府を滅ぼす、というマニフェストを朝廷に呈する。歴代天皇は一度も伊勢を参拝していないだけに、それは画期的な発想である。天皇は、親征の詔を一旦世に出したが、幕府撲滅に反対なので二の足を踏み、計画が実行されなかった。

ともあれ、天皇の伊勢参拝は、尊王攘夷派の久留米藩士真木保臣（一八一三～一八六四）の発案だった。真木は後期水戸学の祭政一致論から刺激を受けていた。水戸学は天皇の伊勢参拝を進めはしないが、天照大神の子孫としての天皇が天照大神を祀り、祀ることが自らの大孝を天下に示す、天皇の大孝こそ天下を秩序づける、という構想であった。真木はそれをさらに発展させたのである。

伊勢神宮の近代的変貌

明治天皇は、一八六九（明治二）年三月一二日伊勢神宮の参拝を実現した（図2）。空前の歴史的イベントで、まさに祭政一致の具現であった。京都から東京へ行幸中の天皇は、同日午前中宮川を渡り山田に入って外宮を参拝した。その後参宮街道を進み、古市遊郭を伝って宇治の内宮に至り、奥の正殿へと進み、階の下で天照大神に対し玉串をささげ、維新政府の成立を報告し、日本の発展を祈願した。この前代未聞の伊勢参拝を受けて伊勢神宮は大きく変貌しはじめた。それまで民衆的な聖地だったのが、天皇が祖先神天照大神を祀るための「大廟」へと生まれ変わり、近代国家の最も聖なる地となっていく。以下、神宮の改革を時系列的に追ってみよう。

神宮改革は、仏教の排斥に始まった。先頭に立ったのは、元内宮神職兼御師の浦田長民（一八四〇～一八九三）である。維新直後度会府に採用された浦田は、熱狂的な廃仏家で、早くも一八六八（慶応四）年夏に山田と宇治の寺院の閉鎖、仏堂・仏塔の破壊、僧侶の追放などを提案した。度会府判事の元田直も「神州に仏法は無用の長物」で、「勅命をもって宮川内廃寺被仰出度」との立場だったが、天皇の伊勢参宮が引き金となった。度会府は、参宮街道沿いの「仏閣仏像」を皆取り払い、「仏書仏具」の商売も禁止し、元年から翌年にかけて一八三もの寺院を廃寺とした。中之地蔵町を中之町に、常明寺門前町を倭町に改めたように「仏教くさい」地名も排除した。多くの僧侶が還俗したこともあり、伊勢はほぼ仏教なき聖地となった。

伊勢神宮は天皇の伊勢参宮から半年後の一八六九年九月に新時代初の式年遷宮を実施した。社殿を造り替えて、天照大神を古殿から新殿に遷すのが遷宮だが、度会府は神宮の外観を変え、より大廟らしくする契機とした。別稿で詳しく述べたが、まず内宮でも外宮でも瑞垣と外玉垣を正殿に新しく巡らし、それぞれを四重の高い垣で包むことにした。このため参拝者が昔のように正殿に近寄って垣越しに中を覗くことは出来なくなった。同時に「玉串御門」を「内玉垣御門」へと変えたように、垣・門・鳥居などの名称も大幅に改名した。また、明治以前までは、遷宮後の古殿をそのまま残したが、今回は古殿を撤去し、更地とした。そして参拝者に大変人気の末社（内宮・外宮通算一二〇社もあった）を全て撤去した。伊勢神宮はもはや参拝者に馴染みの聖地ではない。

一八七一（明治四）年は神宮が最も動揺する年であった。政府はまず上地令を実施し、全国すべての神社と寺院の土地を取り上げた。神宮もその例外でなく、旧幕府が保障した免税地・神領の三〇〇〇石を没収された。不安は神宮内に充満していく。政府は、同時期に世襲祭主の藤波家と宮司の河辺家を神宮から外し、元公家、元大名など社家でない有力者を指名した。同年夏には、外宮・内宮を支配する度会家・荒木田家を更迭し、以後「その姓に関わらず」神職の選任を行うこととした。御師に関しては、度会府が設置されるや

図２　『神宮親謁』（松岡映丘 画　聖徳記念絵画館所蔵）

山田と宇治の庶政から外されたが、政府は一八七一年に「師職（御師）並びに諸国郡檀家と唱え、御麻を配分するなどの儀を一切停止」するよう通達し六〇〇家もの御師を一気に廃止した。これは、「神社の儀は国家の宗祀にて一人一家の私有にすべき」でない、（一八七一年五月法令）という原理に見合った改革である。

政府は外宮・内宮の根深い緊張問題にも着手した。「愚民二宮の別を知らず、甚だしきは、二宮とも同光一徳、皆天祖の御宮と心得」る事態なので、一八七一年に「皇大神宮豊受大神宮の儀は元より差等可有之」と正式名称を定めるとともに皇大神宮（内宮）の優位性を主張した。政府は内宮と外宮を初めて統一的に司る神宮司庁を内宮に新設したのも同年で、数世紀にわたる緊張状態は事実上解消した。国常立尊と天御中主尊が外宮から姿を消したのもこの時である。神宮改革は、ほとんど浦田長民が一八六八年に伊勢で構想したのを新政府が東京において洗練し、一八七一年に実行したものである。

浦田は、政府に才能を認められ、一旦東京の太政官に出向したが、一八七二（明治五）年に伊勢に戻り神宮小宮司となり、神宮の儀礼改革に着手した。その課題は、『四時祭典定則』に見る宮中儀礼と神宮の儀礼を有機的に繋げることである。翌年から本格的な儀礼調査を始めた浦田は、一八七五（明治八）年の「神社祭式」も参照した上で、二一もの全く新しい儀礼を創出し、古い儀礼の廃止と改正も行なった。例えば、神宮の「大祭」範疇には、神嘗祭、神御衣祭、月次祭など伝統的儀礼の他、元始祭、祈年祭、新嘗祭の宮中儀礼を新たに加えた。「中祭」の天長節祭、紀元節も新しい。神宮と皇室に儀礼によるこれまでにない繋がりを持たせたのは、浦田の重要な功績であった。

神宮と国民

浦田長民は、神宮を近代国家の大廟に変貌させることに究極の狙いがあったが、神宮の末端の民衆との関係を蔑ろにしたわけではない。大勢の参拝者を伊勢に誘致した御師が廃止された時点で、神宮と民衆との関係再構築は喫緊の課題であった。浦田はまず「お札」の戦略を練った。御師が全国の檀家に頒布したお札のデザインを改め、お札の中央に「天照皇大神宮」を、下部には「大神宮司庁印」を記した。新型のお札は内宮のみのもので、頒布する権威も神宮だけにあるとした。お札は公的性格を有するとして、配布する責任を地方長官に委ね、しかも初穂料は神宮の収入源とされた。神宮は、一八七二年に新設された教部省の許可を得て、地元の豪商から資金を調達して、大麻製造局を宇治に設立し、七五〇万戸分の大麻の製造や地方への運搬の手配に取り組んだ。新型大麻の頒布は、早くも一八七三年から開始されたが、事実上強制的だったこともあり、多くの地方で強い抵抗があった。政府が一八七八（明治一一）年に止むを得ず「神宮大麻受不受は人民の自由に任す」と決めたことに注目されたい。

浦田は、別の、きわめて大胆な戦略も同時に進めていた。それは全く新しい宗教（神宮教と称する）を創出し、全国に布教するものであった。直接の契機は、教部省が一八七二年に開始した大教宣布運動であった。浦田はまず神宮教院という研究・教育機関を宇治に作った。新たな伊勢神学の開発と神職養成のためである。同時に首都東京に神宮司庁の出張所を開設し、まず東京に、その後県ごとに神宮教会を徐々に配置していき、出張所の管轄下に置く。教会の元で組織していく神風講社は、江戸時代の伊勢講をその母体とする。東京と伊勢を柱とするこのネットワークは神宮大麻を末端まで頒布させる上でも都合がもちろんいい。神宮教の神学については詳細を省くが、それは浦田自身が大国隆正（一七九三〜一八七一）などの国学を参照して作ったもので、その集大成が「神道の宝典」とも言われた『大道本義』（一八七六）である。神学の骨子を上げると、天照大神と天御中主・高皇産霊・神産巣日のいわば造化三神を主役とする。万物の生成は造化三神によって開始されたが、それを完成に導いたのは天照大神に他ならない。天照大神は、死後の審判を行い、死んだ人の霊魂が高天原にいくか、根底国にいくかを決める。人は、犯した罪を反省すれば、許され、救われる。さらに「皇国固有の教五輪之道」という倫理道徳も詳述する。浦田がキリスト教から強い影響を受けていたことは明らかである。

『大道本義』の刊行は、大教宣布運動の大きな節目と重なった。大教宣布運動は、全国の神職・僧侶を「教導職」として総動員し、本部を東京の増上寺内の大教院とした。大教院に天照大神と造化三神を祀る神殿があったことから分かるように、「神道」がその中心であった。仏教側はこの大教院に対し早くから反発を示し、一八七五年に解散に追い込んだが、その後伊勢神宮大宮司の田中頼庸（一八三六〜一八九七）が東京の有楽町に神道事務局を設置し、全国の神道教導職を統括する機関とした。神道事務局は、大教院の神殿を引き継ぎ、神宮教をその神学の中心に据えた。翌一八七六年の『大道本義』は、まさにその神道事務局所属の神道教導職の教化を狙った。ところが、神道教導職には有力神社の宮司や神道系の新興宗教者が多く、神学的統一は不可能であった。浦田長民が開発したこの神宮教が果たしてどれだけの人々を近代の伊勢神宮に結びつけることができたのか。それを知るすべはない。

四　比叡山延暦寺と日吉社

明治初年の宗教政策が最も早くインパクトを与えたのは、宮中でも、伊勢でもなく、天台宗の比叡山延暦

図3　比叡山延暦寺根本中堂（『比叡山写真帖』明治45年）
（国立国会図書館デジタルコレクションより）

寺（図3）である。より正確にいえば、延暦寺境内神社の日吉社がどこよりも早く、祭政一致・神仏判然の暴力を被った。延暦寺は、典型的な神仏習合的な聖地で、日吉社が古代以来その鎮守神である。多くの研究が日吉社の事件を取り上げるが、その歴史的位置付けが必ずしも明確になっていないため、ここで先行研究を補う意味でも、事件の前史、事件後の日吉社、延暦寺の明治維新を取り上げ簡潔に述べてみたい。まずは有名な事件の概要である。

日吉社は、大宮、聖真子、客人、二宮、十禅師、そして（八王子山の頂上にある）八王子と三宮の七社からなる。神職は代々樹下と生源寺の両家が務める。一八六八（明治元）年四月一日の昼に樹下茂国（一八二二～一八八四）、生源寺稀璵などは、坂本村の村民数十名とともに社頭に集まり、七社全てを回って内陣から仏像を取り出し、社前の鰐口、掛け佛、梵鐘を引き下ろし破壊した。「神体仏像数千経巻法器等灰燼結数百二四器金具之類社司等取奪通計四八品」というのが数時間にわたる凄まじい暴力の結果である。太政官は、三日前に神仏判然令を出したばかりだが、そこに「社前に仏像仏具ある者は之を除却せしむ」とあったのを、樹下らは文字通り実行したのである。この事件の背後には神仏判然令だけではなく、長い、複雑な前史もある。

日吉社神仏判然の前史

日吉社の神職と延暦寺の僧侶は、江戸初期から確執の深い関係にあった。原因は、日吉社が全国各地の神領を徳川幕府に没収されたため、経済的に延暦寺に依存していたことや、延暦寺の僧侶がそのため横暴に振る舞うこと、日吉社は古代から比叡山の鎮守だったが、延暦寺が寛永年間に（徳川家康を祀る）東照宮を造営し、新たな鎮守として位置付けたことなどであるらしい。長年にわたる神職の憤懣は、一六八三（天和三）年一〇月に沸騰してしまった。同五日に神職の樹下但馬、生源寺主水などは日吉七社それぞれの本殿に入り、内陣の扉を抉じ開け、本地である仏像を取り出し、焼却してしまった。神職達のこの行為は、二〇〇年後の神仏判然事件と類似しているが、事情はもちろん異なる。

徳川幕府は寛文年間に「神社条目」を発し、吉田家唯一神道に全国の神社に対する管理統制を委ねたが、日吉社のような規模の大きい神社はその限りでなかった。一六八三（天和三）年の事件は、神職が吉田神道の一神社としてのアイデンティティを作り、それによって、延暦寺の統制から離脱するという極めて非現実的な考えに始まった。神職らは、仏像を破壊した後、江戸に出立して、幕府の寺社奉行を前に「日吉社は元から仏像を拝まない吉田神道だ、延暦寺の統制管理を受ける立場でない」などと訴えた。神職の無謀な企画は裏目に出、首謀者の樹下と生源寺が流罪となり、その他一〇人ほどの関係者が追放処分を受けた。延暦寺は、その後新しい仏像を七社に収め、日吉社に対し一層厳しい統制を敷いた。その後、神職と僧侶の確執は表面化することはなかったが、明治初年の資料が示すように、二〇〇年ほど前に起きたこの事件の記憶は、歴代神職の中に残っており、それが神職の過激な行為に拍車をかけたとしてもおかしくない。

今一つ明治の神仏判然の前史として重要なのは、日吉社の神職達が天保年間に本居宣長著『古事記伝』に出会ったことだろう。神職は、『古事記伝』を読んで大きな衝撃を受けたはずである。なぜなら宣長（一七三〇〜一八〇一）は、日吉社二宮の祭神が、神職が代々拝んできた国常立尊ではないという。「国常立尊というのはいたくひがこと」とまで書き、二宮の神は「松尾の社と同体にて、大山咋の神と記したまえるは古書いう姫神と夫婦関係にあり、その関係から生まれたのが賀茂神社の祭神別雷神だという。

めきたることのみなれば、取るに足らず」とも詰る。宣長は、この大山咋という神の正体に迫り、玉依姫と

に依りて実のことなり」と主張する。その史実を隠蔽したのは、「延暦寺僧侶」に他ならず、日吉社が「仏

その後の日吉社

さて、日吉七社の祭神は中世以来「垂迹」・「権現」として仏教教理によって理解され、それぞれの祭神に本地仏もあった。例えば大宮の祭神大己貴神は、大宮権現日本国御主とも言われ、その本地は釈迦如来で、大宮にあった仏像もしたがって釈迦如来であった。また、この祭神を日々祀る主体は、樹下家と生源寺家だけでなく、社僧と言われる延暦寺僧侶もいた。樹下らは神仏判然の暴挙を働いたのち、仏教排斥の徹底と祭神の入れ替えを喫緊課題とした。彼らは、まず日吉社独自の総合鳥居を射程に入れた。笠木の上に三角形を持つのがこの鳥居の特徴だが、三角形は神仏習合の象徴だと見られたので大津県から許可をもらってそれを外してしまった。そして一八六八年一〇月に聖真子宮、十禅師宮、八王子宮など「仏教くさい」名称を宇佐宮、牛尾宮、樹下宮と改名した。

次の課題は祭神の入れ替えである。二宮から国常立尊を外し、大山咋を祭神にすることが第一歩だが、大山咋の姫神玉依姫も課題である。『古事記伝』の影響を受けていた樹下らは、二宮の祭神が大山咋なら、その側の樹下宮（元十禅師）の祭神はおそらく玉依姫だっただろうと考えた。日吉社の本当の姿を再現しようと躍起になった彼らは、さらに本居宣長などの和御魂荒御魂論（神々には和やかな側面と荒ぶる側面があるという理論）からも刺激を受けた。そこで二宮と樹下宮の祭神が大山咋と玉依姫の和御魂であるなら、山の上

の牛尾宮（元八王子）と二宮はその荒御魂に違いない、という確信を持つに至った。そこで、祭神の入れ替えをしたいが、大津県の許可が必要であり、許可の条件は史料的証拠だが、それが存在しない。樹下らは、そこで証拠を偽造することとした。彼らが偽造したのは『日吉社禰宜口伝抄』という史料である。そこに大山咋、玉依姫などの神々がいつどうやって日吉社に勧請されたのかを明記した。『口伝抄』は一一世紀ので、生涯寺行丸（一五一二〜一五九二）が一六世紀に筆記した、と大津県に主張し、大津県は『口伝抄』を信頼すべき史料と認め、一八六九（明治二）年に祭神の入れ替えを許可した。

日吉社の神仏判然は、山王祭にも連鎖反応を起こし、深く響いた。従来の山王祭は、延暦寺が監督し、僧侶と神職、仏と神が関わる神仏習合のイベントであった。しかし、神仏判然直後の四月一八日に開催された近代初の山王祭は、延暦寺僧侶の監督、参列、献納の全てが拒否された。上に触れた祭神の入れ替えも、山王祭を根本から変える結果となった。明治前までは、八王子山頂上にある二つの神社の神々が神輿に乗って下山し、二宮の拝殿で同じく輿に乗った二宮と十禅師の祭神と合流して安置されたが、明治期は合流が神々の婚儀と解釈されるようになった。大山咋と玉依姫の荒御魂が下山して和御魂と合流して二宮で一夜を過ごすのは、他でもなく夫婦関係だからだという。この解釈は明治に定着して、今に至っている。

日吉社は、一八七一（明治四）年から官幣大社日吉神社となり、世襲神職の樹下・生源寺両家は免ぜられた。「国家の宗祀」なるこの日吉神社は、一八七三（明治六）年からは元始祭、祈年祭、新嘗祭、神武天皇祭、神嘗祭等万世一系を語る近代的儀礼を行うこととなった。一八七三（明治七）年に国学者の西川吉輔（一八一六〜一九〇九）が宮司となるや、目紛しい改革がまた始まった。西川が大山咋を祀る二宮を今度は「本宮」とし、他の六社を全て本宮の摂社と位置づけたのはその一事例に過ぎない。西川の着任は、教部省の大教宣布運動実施の最中で、西川は神道教導職として熱心に取り組んだ。滋賀県の中教院を日吉社に作り、造化三神、天照大神を祭り、また万物の生成、霊魂の不滅などをテーマに宣教活動を行ない、好評を博したらしい。キリスト教に対する深い恐怖感が一貫して彼の宣教活動の大きな原動力となったが、神職の力不足を嘆き、西川が浄土真宗の僧侶と手を組むしかないと考えるに至ったのも興味深い。

延暦寺の明治維新

一〇〇〇年以上にわたり日本仏教のみならず日本の神仏習合的宗教文化の核心をなしてきた比叡山延暦寺だが、樹下茂国、生源寺稀璵らの働いた神仏判然の暴力により日吉七社やその神々をもぎ取られ、山王祭との関わり合いも否定された。延暦寺は、大津県に対し「日吉社儀は、叡山御開創以来延暦寺之鎮守一宗擁護之神社云々」「抑日吉一実神道者、皇国を鎮護し、玉体を擁護し奉るの要道にして云々」などと頑強に抗議をしたが、神仏判然は撤回されない。太政官が五月に「社人共俄かに権威を得、陽に御趣意と称し、実は私憤を晴らす」ような振る舞いを戒めたのと、また翌年樹下茂国が逮捕され、監禁されたのが、抗議のわずかな成果であった。ともあれ、延暦寺の受難は続くばかりで、まず朝廷との関係を切断され、次に寺院としての自律性を失い、挙げ句の果て神道中心の大教宣布運動に巻き込まれていったのである。これらの動きについて簡単に述べてみよう。

古代以来比叡山一山を統轄するのは、親王である天台座主だが、神仏判然直後、座主の昌仁親王は復飾を命じられた。彼は座主の最後の親王で、跡を継いだのは、親王でない正覚院豪海（生没年不明）であった。

天皇の承諾が必要な座主の称号も同時に廃止された。一八六八年一一月に延暦寺は、妙法院、青蓮院、梶井の三門跡寺院の支配下に置かれたが、それぞれの住職も翌月に復飾を命ぜられた。平安時代に遡る延暦寺の皇室との特権的関係は、終わりに近づきつつあった。延暦寺は一八六八（明治元）年から、例えば即位礼の際に根本中堂において明治天皇のため御修法を行ってきたが、政府は一八七一（明治四）年にその類の「勅会」を禁止した。延暦寺だけでないが、門跡が廃止されたのは、一八七一年五月で、朝廷から僧侶に授与され、また朝廷との関係を象徴する「大僧正」、「権僧正」などの僧位僧官も翌年になくなり、僧尼は戸籍に編入させられた。「肉食妻帯蓄髪」に関する法令が同年に発せられると、僧侶の公的身分そのものも否定された。

政府は延暦寺その他全ての寺院の自律も奪っていく。明治前までの天台宗は事実上日光輪王寺と江戸の寛永寺が本山を務めたが、政府は一八七〇（明治三）年に天台宗全体の寺務を比叡山延暦寺に戻して「総本山」とし、「一宗寺院を管轄」させることとした。と同時に全国に点在する延暦寺末寺に対する支配権は、極端に弱められた。全ての宗派に適用された政策だが、諸寺院住職の交代に地方官の許可を必要とし、翌一八七一年に住職の任免権は、地方官が完全に握ることにした。延暦寺は、同年に多大な経済的ショックも受けた。政府は一月に上地令を発し、六〇〇〇石もの寺領を全て押収した。上地令は、一八六九（明治二）年の版籍奉還を全国すべての社寺にも拡大した経済政策であって、厳密に言えば廃仏的な措置ではないが、延暦寺の不安は深まる一方であった。一八七二（明治五）年に政府は、教部省を立ち上げて、延暦寺などすべての寺院と神社をその管轄下に入れ、「一宗一管長」の制度を導入した。管長の責務は、教部省の指令を末端の寺院に伝える他、自らの宗派の教導職の監督である。天台宗初代管長は、正覚院豪海であった。

教部省は、強力な教化政策に備えて全国の僧侶と神職を（無給の）教導職とし、本章の冒頭に触れた三条教則を軸に教化を行うこととした。豪海など仏教諸宗の管長は、そこで一八七二年五月に教部省に対し「大教院を設け、神道を始め、釈漢洋諸科学より宇内各国の政治風俗農功物産に至るまで悉くこれを講習」する、と建白した。建白が功を奏し、(神仏習合でない)神仏「合併」の大教院が一八七三年に開院した。教導職研修の場としての大教院は、芝増上寺に設けられて、県ごとに中教院が徐々に開かれ、そして全ての寺院と神社が小教院と位置付けられていく体制がとられた。しかし大教院も豪海らの意に反して、神道色の特に濃いものであったため、早くも一八七五(明治八)年に解散され、教部省そのものは一八七七(明治一〇)年に廃止された。

延暦寺の大教宣布運動との関係はほとんど研究されていないので不明な点は多いが、ここでは『校訂増補天台座主記』に従って主な動きだけを押さえ、より詳細な考察を今後の課題としたい。一八七三年一一月に天台宗管長他は、中教院設置に関する通達を支配下の寺院に出した。天台宗はいち早く長野県善光寺に長野県の中教院を作ったが、延暦寺が位置する滋賀県については、日吉神社宮司西川吉輔が一八七四年に神社境内に中教院を設置していたので、出鼻をくじかれたらしい。延暦寺僧侶がそれに何らかの形で加わったのかどうかは現段階では不明である。豪海が同年に管長を辞した理由は判然としないが、赤松光映(一八二〇〜一八九五)が翌一八七五年に管長に着任した。大教院が同年に解散となるや、天台宗は東京の浅草寺内にまず「天台宗大教院」を作り、一八七六(明治九)年に叡山教会、叡山教会講社を立ち上げた。この新しい体制の下で天台宗・延暦寺は新たな布教活動に乗り出したらしい。「叡山教会定則」第一条が「三条の教憲堅く相守り、忠臣孝子の心掛可為肝要事」とあることに延暦寺の姿勢の一端が垣間見えるだろう。ともあれ、天台宗・延暦寺の、現場での教化活動の実態は不明の点が多く、明治初年の宗教を追求する上では緊急の課題とせざるを得ない。

五　おわりに

本章では、宮中の天皇、伊勢神宮、比叡山延暦寺・日吉社という三つの場を中心に明治初年の宗教政策を考察してみたが、宗教政策は決して一過性のものではなく、その波及効果は長く深いもので二一世紀の今にも響き続けている。ここで最後に遺産の問題に触れたい。

近代の天皇が宮中で行う年中の儀礼は、一八六八（明治元）年の祭政一致や神仏判然の影響のもとで形成され、一八七一（明治四）年の『四時祭典定則』をもって形を整えた。一九〇八（明治四一）年の「皇室祭祀令」でさらに充実していく。一方で即位礼や大嘗祭など近代的皇位継承儀礼は、明治初年に成立し、一八八九（明治二二）年の「皇室典範」や一九〇九（明治四二）年の「登極令」で完成を見た。これらの儀礼には三つほどの特徴があった。それは、（1）天皇が自ら能動的に儀礼を行うこと、（2）それゆえ儀礼が公的な性格を有し、ますます国民国家的規模で行われていくこと、そして（3）儀礼が天照大神や歴代皇霊を対象とすること、などが挙げられる。天皇が二一世紀の今行っている宮中儀礼や皇位継承の儀礼は、明治初年にできたことに注目されたい。戦後の「神道指令」を受けた「日本国憲法」は政教分離を設けたが、皇位継承儀礼を含む天皇の儀礼は、基本的に変わらない。その儀礼は、法律の上では確かに公的性格はないが、内閣総理大臣など三権の長が宮中三殿の大祭や大嘗祭に参列するなどを見れば、その公的性格が鮮明である。

伊勢神宮についてみれば、明治前までは民衆的な性格付けの強い聖地だったのが、明治期には天皇が祖先神の天照大神を祀る大廟という公的ステータスを獲得し、その方向へと大きく変貌し出した。決定的なのは、一八六九（明治二）年に明治天皇が実施した未曾有の神宮参拝である。近代の天皇は、前近代で考えられないほど親密な関係性を伊勢神宮と持つに至った。そうした関係は、昭和期に社会を風靡した現御神論を下から支えたものでもある。神宮は、戦後一宗教法人となり、国家との関係を法律の上では打ち切られ、大廟という名称も消えた。ただ、神宮の天皇との関係は切断されていないし、天皇が天照大神を祖先神として祀る場であり続けてきた。しかも、伊勢神宮の公的性格も二一世紀の今にますます強くなってきている。例えば、戦後四回行われてきた式年遷宮に国家が深く関わること、また例えば歴代総理大臣が新年に伊勢を正式参拝し、神宮司庁で新年の挨拶を行うことなどがそのことを示す。

比叡山延暦寺・日吉社の場合でも明治の遺産は明確であろう。祭政一致と神仏判然が発せられるや、延暦寺と日吉社は分断され、それぞれ仏教的、神道的な「時空間」を切り開いていく。それが今に至っている。比叡山の開創一五〇〇周年記念にあたる一八七九（昭和一二）年に天台座主が七〇年ぶりに下山して山王祭に参列をしたことは注目に値し、一種の和解が成立した。座主の山王祭参列は、戦後でも行われ、一番の見どころである。留意したいのは、日吉社の行方である。明治維新で官幣大社日吉神社となった日吉社は、戦後日吉大社と名称を改め、神社本庁の傘下に入った。この日吉大社は、国家との関係を切断され、宗教法人となったが、明治期の遺産は、神社の儀礼に鮮明に見える。例祭にあたる山王祭のほか、元始祭、紀元祭、神嘗祭、新嘗祭など明治期にできた儀礼ばかりである。これは、神社本庁が傘下の全ての神社に強いる「恒例祭」である。

参考文献

岩田真美、桐原建真編（二〇一八）『カミとホトケの幕末維新』法藏館
佐藤真人（一九八九）「日吉社禰宜口伝抄」『大倉山論集』25
勢多章甫編（一八八八）『嘉永年中行事』臨時帝室編修局
渋谷慈鎧編纂（一九九九）『校訂増補天台座主記』第一書房
武田秀章（一九九六）『維新期天皇祭祀の研究』大明堂
谷川穣（二〇〇八）『明治前期の教育、教化、仏教』思文閣
西田廣義（一九八一）『増補改訂近代神社神道史』神社新報社
ブリーン・ジョン（二〇一一）『儀礼と権力　天皇の明治維新』平凡社
——（二〇一五）『神都物語：伊勢神宮の近現代史』吉川弘文館
明治維新史学会編（二〇一六）『講座明治維新11：明治維新と宗教・文化』有志舎
安丸良夫・宮地正人校注（一九八八）『日本近代思想体系5：宗教と国家』岩波書店

コラム① 梵暦運動

岡田正彦

一　新しい仏教宇宙論

今から三〇〇年ほど前、一七二〇（享保五）年に徳川吉宗が禁書令を緩和してキリスト教に関係のない書物の輸入を認め、実学を奨励すると日本でも西洋の自然科学に関する文献が広く紹介されるようになる。とくに、キリスト教の宣教師がもたらした西洋天文学の知見を紹介した『天経或問』のインパクトは大きく、地球の概念や惑星の運動などの知識が一般にも知られるようになった。

さらに地動説を含むより近代的な天文学や物理学の知見が紹介されると、人々は伝統的な宇宙像や自然観に対して疑問を感じようになる。地動説を提唱したガリレオ・ガリレイが、一六三三年に異端審問で有罪判決を受けたことはよく知られているが、日本においても近代科学の自然観は、儒教・仏教・神道などの思想伝統に大きな影響を及ぼすことになった。とくに、仏教の宇宙論は平らな円盤状の世界の中心に巨大な須弥山があり、この山を取り巻く外海の四方に大洲が配置され、このうちの南の大陸（閻浮提洲）が我々の住まう世界であるというものであった。膨大な量の仏典のなかで展開される壮大な物語は、すべてこの須弥山を中心とする世界を舞台として展開されている。

このため、一六世紀に来日したキリスト教の宣教師たちは、地球の概念を使ってしばしば仏教を批判した。しかし、幕府が鎖国の体制をとってキリスト教の活動を禁止し、キリスト教と仏教の宇宙論をめぐる論争は終息する。その後、一〇〇年以上の時間を経て、再び実学の奨励とともに仏教の宇宙論の信憑性が問われることになった。しかも、今度はキリスト教との論争ではなく、西洋でもキリスト教中心の伝統的な宇宙論と決別していた、近代科学の自然観と向き合うことが求められたのである。

儒学や神道思想を学ぶ人々のなかには、近代科学の宇宙論をもとに仏教を批判するばかりでなく、新たな知見を取り込んだユニークな宇宙論を構想する人々が登場してくる。また、仏教の側からは、円盤状の須弥山説をもとにした天文学の理論をつくり、平らな宇宙像の正しさを理論的・実証的に証明しようとする思想運動が生まれた。

二　梵暦運動の開始

しばしば「梵暦運動」と呼ばれる、この「仏教天文学」を提唱した学派の開祖とされるのが、普門円通（一七五四〜一八三四）である。地球の概念や地動説は、宗教的なイメージではなく暦数の計算や観測によって実証された宇宙像だとすれば、信仰上の主張だけで、地球の概念や地動説にもとづく須弥山説の批判に対抗することはできない。円通は、一五才の時に『天経或問』を読み、仏典中に説かれる須弥山を中心とする宇宙像に疑問をもった。この疑問を解消するために、彼は修行していた日蓮宗の寺院を離れて仏典中の天文・暦法を研究し、さらには土御門家に入門して天文暦学を学ぶ。

こうした思想遍歴の末に、円通は仏典中の天文説に再び天文学としての可能性を見いだし、仏教の宇宙像にもとづく独自の天文学理論を構想して「梵暦」を体系化する営みに着手した。その研究は、一八一〇（文化七）年に刊行された主著である『仏国暦象編』（全五巻）に結実する。自然科学の知見にもとづく新たな宇宙像に反論するためには、ある種の合理的で実証的な理論が必要になる。須弥山を中心とする世界の実在を証明するために、円通は仏典の記述をもとにした仏教天文学の理論を創出したのである。

『仏国暦象編』が刊行されると、円通の理論に影響を受けた人々は師説を学ぶとともに各自の理論を展開して、多彩な活動を行なうようになる。円通を「梵暦開祖」とする人々は、独自の仏暦を頒布したり、仏教各派の学林などで暦学を講義したり、各地で私塾を開いて天文学を教えたりしながら、広範な活動を明治期以後も続けた。

円通が本格的に梵暦理論を展開し、梵暦社中の活動を組織し始めたのは寛政年間であり、これは「大正七戊年越州龍譚和上の示寂」まで続いたと、昭和初期に梵暦運動を本格的に調査した工藤康海は述べている。円通が『仏国暦象編』を著した一八一〇年を起点としても、彼らの活動はおよそ百年近く継承されたことになるだろう。「梵暦社中」と称した彼らの活動は、仏教の各派の僧侶ばかりでなく市井の人々も取り込み、かなり広範な思想運動を展開することになる。

三　活動の足跡

なかでも、円通とその門弟たちが須弥山を中心とする宇宙像（須弥界）の実在を証明するために製作した、「須弥山器」や「須弥山儀・縮象儀」、「視実等象儀」などと呼ばれる多様な時計仕掛けの宇宙儀は、宗教史の枠組みを超えて十九世紀の文化史、技術史、思想史などに広く関わる興味深い資料になっている。重錘式やゼンマイ式の精密機械として製作された、「須弥山儀」や「縮象儀」は現在でも各地に保存されており、多種多様な図版も広く流通している。

従来の日本仏教史では、一六世紀の須弥山説擁護論と一九世紀の梵暦運動は同一線上において議論され、「須弥山儀」や「縮象儀」は、地球儀や天球儀に対抗するために製作されたモデルであると考えられてきた。しかし、実際の須弥山儀や縮象儀は、天球上の星座の位置や世界地図を図示する儀器ではなくて、天体の運行を実際の観測に近いかたちで自動表示する極めて精密な装置である。

西洋でも一八世紀から一九世紀にかけて、新しい宇宙像である太陽系のシステムを説明し、地動説の理論的な正しさをデモンストレーションするために「オーラリー（Orrary）」と呼ばれる天体運行時計が製作されている。須弥山儀及び縮象儀は、プラネタリウムへ発展するこの天体運行時計に類する宇宙儀であり、地球儀や天球儀とはまったく異質な装置であった。このユニークな機械については、近年全国的な所在調査や機構の解明が続けられており、各地に現存する須弥山儀類の歴史的な背景や系譜的な関係がかなり詳しく解明されてきた。また、彼らが頒布した暦や復活させた宿曜占星術、仏教医学にもとづく薬の頒布など、極めて興味深い活動の足跡が明らかになりつつある。

梵暦社中の人々の頒暦活動に関しては、一八八三（明治一六）年から官暦の頒布が神宮司庁に独占化される状況のもとで、「大日本仏暦会社」を組織して仏暦頒布の官許を申請し、独自の本暦を刊行するなど、大正・昭和期にまで活動が続けられている。また、円通門下の人々によって復活された宿曜占星術（宿曜道）は、現在においてもかなり広範な影響力を持っている。さらには、「梵医方」と称される薬の頒布は、取扱所の記録などを見る限り全国的な広がりを持っていた。

「梵暦運動」と総称されるこれらの多様な活動とその影響について、現在にまでつながる動きを踏まえながら考察していくことは、仏教史や宗教史の枠を超えて、広く日本の近代史全体を問い直す営みにつながるだろう。梵暦運動史の研究は、決して近世・近代仏教史のマイナーな主題ではなく、むしろ多方面に広がる大きな可能性を秘めているのである。

第三章　国体論の形成とその行方

桐原健真

一　はじめに

「国体」という「魔術」

「国体」とは、まことに不思議なことばである。わずか八〇年ほど前には、日本帝国の「臣民」における思想や行動をさまざまな面で規制する恐るべき力を発揮していたにもかかわらず、今日の日本社会では、およそ「国民体育大会」以外の意味で用いられることはほとんどないからである。

戦前の日本におけるこのことばの働きを「魔術的な力」と表したのは、二〇世紀の日本政治思想史を導いた一人である丸山真男（一九一四～一九九六）であり、彼は「国体」を「非宗教的宗教」と規定した。それは、「国体」なるものが「ヨーロッパ文化千年にわたる「機軸」をなして来たキリスト教の精神的代用品」（丸山、一九五七、二一五頁、傍点引用者）であったという認識に基づいている。

「国体」を象徴する教育勅語や御真影といったものは、戦前の日本において、神聖性をまとわせられつつ取り扱われた。学校火災に際して、校長がしばしばみずからの生命を投げ打って教育勅語の謄本や御真影を「奉護」したのは、まさにそうした神聖性のためであり、またそれゆえ、これらの痛ましい事件は、ときに「美談」としてすら語られたのである。その一方で、この神聖なる勅語謄本や御真影を粗略に扱うことは、極めて重い罪と認識され、しばしば激しい社会的制裁を加えられることとなった。丸山が指摘したように、戦前の日本では、こうした勅語謄本や御真影をめぐる「おそるべき呪縛力」が存在していた。その「力」は、単に「精神的代用品」と切り捨てるには、あまりにも広く強かったようにみえる。まずはこの「国体」が発揮した「魔術的な力」について具体的な事例を通して検討していきたい。

二　「魔術」としての「国体」

地久節不敬事件

本章の筆者は、現在、名古屋にある金城学院大学に務めている。名称からは分かりにくいが女子大学であり、一八八九年に米国南長老教会の女性宣教師によって創立されたキリスト教主義学校である。この大学を運営する学校法人の金城学院は、いまから一一〇年ほど前に「地久節不敬事件」と呼ばれる騒動の渦中にあった。

「地久節」とは、戦前の日本において、皇后誕生日に対して与えられた呼称である。「天長節」と呼ばれた天皇誕生日に呼応するかたちで設けられたものであり、『老子』（七章）の「天長地久」（天は長く地は久し）に典拠をもつ。今日でも天皇誕生日は祝日となっているが、皇后誕生日は当時においても祝日ではなかった（ちなみに明治の天長節は一一月三日であり、この祝日は、「昭和」が始まったばかりの一九二七年に「明治節」として復活し、戦後も「文化の日」として継続して祝日となっている）。祝日ではなかった地久節であるが、しかし多くの女学校では、女子教育という性格上、もっぱらこの日を休日と定め、その祝賀式が挙行されていたのである。

一九〇八年五月二八日に、当時の金城女学校で地久節祝賀式が執り行われた。この祝賀式について、愛知県の地方紙である『新愛知』（現在の『中日新聞』の前身の一つ）は、六月一日の一面トップに「奇怪の取沙汰　基督《キリスト》教女学校に於ける」と題した社説を掲げ、その内容が「真に容易ならざる問題」であると糾弾している。同紙が伝える式の様子は以下のようなものであった。

御真影を拝せず、教育勅語を捧読せず、君が代の代《かわ》りに讃美歌を謳《うた》ひ、国母陛下の頌徳《しょうとく》は差措《さしお》きて、イエスの恵みを感謝するてふ次第にて、甚しきは、忌はしき意味合の祈祷《きとう》さへ為せるがあり。（『新愛知』一九〇八年六月一日付）

ここでは、御真影奉拝や勅語捧読の不実施を始めとした式の次第すべてが批判の対象となっていることがわかる。しかしながら、実際にはこの金城女学校に御真影は存在していなかった。勅語謄本は文部省を通じて各学校に行き渡っていたが、天皇の似姿を描いた御真影は、あくまで優良なる学校からの請願に応じて「下賜」されるものとされていたからである。勅語捧読と御真影奉拝とが一体のものとして学校現場で広く挙行されるようになるのは昭和期に入ってからであり、明治期には公立であっても御真影が備わっていない学校も存在した。御真影の下賜を求めていなかった同校は、したがって御真影奉拝もまた行い得ないはずであり、そのことを含めて糾弾の理由にしたことは、この記事自体の確度を疑わせるものでもある。

キリスト教への攻撃

そもそも地久節の奉祝自体は、文部省から課せられた義務ではない。それゆえ金城女学校側においても、皇后誕生日ということで、勅語捧読や君が代ではなく、皇后御歌《ぎょか》で、一八八七年に女子学習院に下賜された

「金剛石」(作曲・奥好義《おくよしいさ》)がふさわしいとして、これを合唱するなどの配慮をもって祝賀式を挙行したのであった。しかしこうした独自の判断が、かえって『新愛知』につけ込まれるところとなったことは否定できない。すなわち勅語渙発にともなって出された文部大臣訓示では、「学校の式日及其他便宜日時を定め、生徒を会集して勅語を奉体」することが求められていたからである。

こうした金城女学校独自の地久節祝賀式が長年執り行われてきたことを糾弾する『新愛知』は、この「不敬」行為のゆえんは、同校がキリスト教主義学校であるためなのだと指摘する。そのうえで、「必ずしも基督教義の我が国体と容《い》れずとは言はず」と断りながらも、「国民教育の基礎を国体観念の上に置くとせば、基督教義の鼓吹は国民教育と相容れざるべし」さらには「我が国民教育を基督教徒に託するの、頗《すこぶ》る危険なるを思はずんば非ず」と、その攻撃の矛先をキリスト教全体へと向けたのである。以後、『新愛知』は執拗なまでにこの問題を事件化し、「夫々《それぞれ》の監督官庁、また恐らくは黙々に付せざるべきか」と行政処分にまで拡大させようと、社説や寄稿を含む多くの記事を掲載し続けた。その数、一七日間で四七件(堀、一九九〇、四頁)。しかしこれらのなかには、明らかな偏見や事実誤認に満ちたものが少なくない。

たとえば、六月一一日付の一面社説では、御真影への奉拝を避けながら、「聖母マリアの偶像」には「礼拝」していることを批判している。しかし、福音主義(プロテスタント)の学校において、マリア像への礼拝が行われていたとは考えがたい(像の存在自体は否定できないが)。これもまた存在しない御真影への不拝に対しての批判同様、具体的な調査を経ないままの先入観に基づいた記事であり、第一にキリスト教攻撃を目的としたものであったと言えよう。

「事件」化の背景

しかしながらこうした攻撃は、必ずしも「国体観念」や「国民教育」のあり方を想う「憂国の情」といったものからなされたわけではなかった。この「事件」は、同じ名古屋市内の女学校長であった小林清作（一八七〇?～一九三五）による画策であったことが、今日では明らかになっている（真山、一九八七、一二三頁）。しかもそれは、女学校経営者による「同業者」への営業妨害といった経済的事由によるものですらなかった。そもそも、この事件の二年前に愛知県初の私立高等女学校として認可された小林の愛知淑徳高等女学校（一九〇六年認可、定員五〇〇）と、いまだ各種学校にとどまり、設備も教員も整っていない金城女学校（定員二〇〇）とでは、まさに「格」が違っていたと言ってよい。小林をこのような行為に駆り立てたのは、まったくの私怨からであった。

地久節祝賀式が挙行された同じ月、小林が将来を嘱望していた愛知県立医学専門学校の学生が、ある投書によって退学に追い込まれた。そしてその投書人がキリスト者であったことは、小林をしてキリスト教全体に対する攻撃を決意させるものとなった。こうしたなかで金城女学校における「不敬」事案に飛びついた小林が『新愛知』を通して、この地久節祝賀式を「事件」化させていったのである。

そもそもこの退学騒動と金城女学校とは無関係であり、本来的に筋違いな話であった。しかし、この事件が同校の経営に与えた影響は甚大であり、これ以降、数年にわたって在籍者数は四割超減少し、一時は廃校すら語られる状況にまで陥っている。このように教育勅語や御真影に象徴される「国体」なるものは、これを振りかざすことによって、攻撃対象の社会的立場を容易に失墜させることのできる「魔術的な力」を有していたのであり、それはときに非常に個人的な感情を満足させる「道具」として利用されることさえあったのである。

宗教と非宗教のあいだ

こうした「国体」の存在形態を、丸山が「非宗教的宗教」と呼んだことはすでに指摘した。たしかに「国体」ということばによって表現される天皇崇拝を「宗教」と呼ぶことは難しいようにもみえる。すなわち、「国体論」は、あくまで政治イデオロギーの一形態であって、「信仰」をともなった「宗教」そのものではないと言えるからである。しかしこうした理解は、結局のところ、「神社非宗教論」のバリエーションでしかないのではないだろうか。

「国体論」も「国家神道」も「宗教」ではないから、明治国家では政教分離がなされており、その限りで信教の自由も認められていたのだという語りは、一定の妥当性を有しているようにもみえる。だがそれは、「宗教」なるものを、純粋な「信仰」に立脚した個人的な信念体系として捉える立場からの語りであり、極めて近代的で西欧的――とりわけプロテスタント的――な理解であると言える。しかし近年、「宗教」の構成要素には、精神的な「信仰」だけではなく、同時に身体的な「実践」もまた不可欠であることが指摘される（磯前、二〇〇三・大谷、二〇一二）。

勅語の字句を正確に解釈したり、御真影自体をどれほど詳細に分析しても、それだけでは、いわば「木を見て森を見ず」に陥ってしまい、明治国家において「魔術的な力」を発揮した「国体論」の全体像を明らかにすることはできない。むしろそうした勅語の分解による要素化は、「勅語にも良いところがある」といった肯定論を許容させかねないものでもある。本来、勅語謄本や御真影といったものは、それ自体はいずれも文字や肖像が印刷された「紙」でしかない。学校儀式における捧読や奉拝といった日常的な「実践」を通して、これらの「紙」には神聖性が付与されていったのである。すでにみたようなキリスト教に対する攻撃は、これらの印刷物を神聖化する現場での「実践」を契機として展開した。内村鑑三のようなキリスト者による「不敬事件」は、神聖なる「信仰」と神聖なる「実践」との衝突であり、したがってそれは実際には「教育と宗教の衝突」というよりは、むしろ「宗教と宗教の衝突」であったと言えよう。

このように「国体論」に基づいた儀式を通した「実践」の強制は、明治国家における「臣民」の思想や行動への圧力となった。逆に言えば、今日において「国体」ということばがその力を失ったのは、そうした神聖化を行う「実践」の場が失われたからにほかならない。このことは、ひとたび「実践」の場が復活したとき、「魔術的な力」もまた再生される可能性があることを意味している。以下、こうした「魔術的な力」を有した「国体」なるものがいかに生み出され、どのように認識されたのかを、その誕生の時期を中心に検討していこう。

三　尊攘志士と「国体」

「国体」への違和感

「国体」のもつ不思議さ、あるいは不可解さは、その「魔術的」な働きにとどまらない。すなわち、このことばの由来・出自というものが必ずしも明確ではないからである。これは、このことばが多くの人々によって語られはじめた幕末においても同様であった。尊王攘夷の志士である長州藩の吉田松陰（一八三〇～一八五九）といわゆる「国体論争」を展開した同藩の朱子学者・山県太華（一七八一～一八六六）は、この論争のなかで「国体と云ふこと、宋時の書などに往々之れあり、我が邦の書には未だ見当らず」（山県・吉田、一八五六、四九九頁）と断じ、このことばへの違和感を記している。

こうした発言は、決して「国体」が耳慣れぬ新語であるからという単なる感覚的な拒絶ではないだろう。すなわち、先行する史論を集めて採長補短を加えた『国史纂論《さんろん》』（一八四六）を著すなど、日本の古典や歴史にも深い知識を有していた老大儒たる太華にとって、この「国体」なるものが、近世日本の学術世界において主題とされたことは、かつてなかったという確たる自信があったに違いない。

ここで太華は、宋代（九六〇～一二七九）の書籍にはしばしば「国体」の語が見られると言っている。たしかに宋代の正史である『宋史』（ただし編纂は元代の一三四五年）には、前代と比べても「国体」の用例は多く現れており、まさにこの時代の流行語であったことがわかる。たとえば、「兵衛《へいえい》単弱なれば、則ち国体を隆《さかん》んにする所以《ゆえん》に非ず」（『宋史』二一九巻、「金国聘使見辞儀」紹興一一年〈一一四一〉一一月条）といったかたちで用いられた。こうした用例の多くは、「国家之体」といった「国の在り方」の意味を表す普通名詞として用いられており、そこにあの「魔術的な力」の影はほとんどみられない。

しかしこうした用例が、北方の金や元といった外敵に対する強い危機意識を表現する際にもっぱらみられることには注意を払うべきであろう。すなわちこの事実は、宋王朝――とりわけ金の侵略により臨安（杭州）に遷都した南宋――において、「国体」はみずからの独立性、さらにはそれを基礎付ける排他性や神聖性を表現することばとして機能したことを意味するからである。そこには、「内憂外患」なるものが現実的な課題とされるようになった一九世紀前半の日本との親近性をみることができるであろう。

水戸学と「国体」

「国体」の語を和書にみることはできないと断じた太華は、さらに続けて「水府に於て始めて云ひ出せしとか」とその出自を指摘している。ここで言う「水府」とは後期水戸学のことにほかならない。すなわち彼は、日本において「国体」が語られるようになったのは、水戸学者の創始・喧伝《けんでん》によるところが大きいと言うのである。こうした指摘は、そのことばの始原を求めるといった言語学的な関心からなされたものではない。むしろ彼の論敵である松陰が繰り返しその尊厳性を高らかに謳い上げていた「国体」なることばは、実は底の浅い、およそ歴史の試練を経ていないことばでしかないことを暴露するものであった。

この手厳しい指摘に対して松陰は、「余も深く考へず」とみずからの不明を認めざるをえなかった。だが彼は、「然れども其の実に当り、事に益せば、何ぞ其の言の古ならざるを嫌はん」（山県・吉田、一八五六、四九九頁）すなわち有用なことばであればその新旧を問うべきではないと、やや強弁気味に反論を試みつつ、みずからが発見した宋代以前の用例を二三挙げている。だが、こうした用例も彼の主張する「国体」とはズレがみられ、結局は「言ひ様何如《いかん》ともすべし。拘《こだわ》ることなかれ」と論証自体を投げ出すに至っている。

この太華と松陰における一連の応酬は、「国体」なるものが、幕末日本において決して公認された権威をともなったものではなかったことを意味している。まさに「国体」は、その最初期の段階では、尊攘志士のあいだで流行するスラングの一つでしかなかった。しかし、松陰がこの反論の最後に次のように記したことは、やがて「国体」が有することになる「魔術的な力」の一端を示していると言えよう。

『新論』の作者は皇国を尊ぶが主意なり。是れを駁《ばく》する人の主意は皇国を貶《へん》するが主意なり。細かに其の用意を思へば霄壌《しょうじょう》〔天と地〕啻《ただ》ならず。（同前、五〇〇頁）

「国体」の語に対して肯定的であるか否定的であるかは、「皇国」への敬不敬に関わるものなのだと主張することで、松陰はその用法に異を唱える太華を批判する。「皇国を尊ぶ」ことが「善」である以上、そこで用いられる「国体」の語もまた「善」なのだという松陰の主張は、目的のためには手段の当否を問わない危険な論法でもある。こうした強弁とも言える「国体」擁護の論理は、やがて文字通りの「皇国」すなわち天皇制国家の確立とともにその「魔術的な力」を生み出していくこととなるのだが、この時代には、いまだそこまでの力はなかった。

定義なき「国体」

「国体」という流行語を「深く考へず」に用いた松陰にとって、その具体的内容はあまり明確ではなかった。このことは、彼だけに責任があるのではない。なぜならば「皇国を尊ぶが主意」であった「『新論』の作者」自身もまた「国体」を明確に定義したわけではなかったからである。

一八二五年に『新論』を著した会沢正志斎（一七八二～一八六三）は、その五論七篇にわたる著書のなかに、上中下三篇にわたる「国体篇」を設けながら、「国体」ということばそのものに対しては具体的な定義を与えていない。わずかに「国の体たる、それ何如ぞや、夫れ四体具《そなわ》らざれば、以て人となすべからず。国にして体なくんば、何を以て国となさんや」（会沢、一八二五、六九頁）といった表現がみられる程度である。ここでの「体」とは「かたち」や「すがた」といった意味であり、その用法自体は、あの「宋時の書」におけるものと大きく異なっているわけではない。

「内憂外患の交《こも》ごも至る」(『宋史』四〇七巻、列伝一六六「杜範」)と言われた「宋時」の人々は、現前する北方の異民族の圧力に抗して、いかにみずからの「国体」を護持できるのかという課題に取り組んでいた。それゆえ、そこで語られる内容は、おのずから「外患」に対する具体的な外交・戦略論へと傾くこととなる。しかし一九世紀前半の日本においては、北方ロシアとの地域衝突である文化露寇事件(一八〇六年勃発)を除いて、国家規模の紛争状態は存在しなかった。それゆえ会沢を始めとする水戸学者たちが「内憂外患」を唱えつつ「国体」を論ずる際には、「外患」よりは「内憂」がその焦点となったのである。そしてその「内憂」への対応は、端的に言えばイデオロギーによる民心掌握であり、その際に用いられたのが神道であった。

四　後期水戸学における神道の位相

祭政教一致論

『新論』において会沢は次のように、日本建国の「大体」を語っている。

祭は以て政となり、政は以て教となり、教と政とは、未だ嘗て分ちて二となさず。故に民はただ天祖を敬し、天胤を奉ずるを知るのみにて、郷《むか》ふところ一定して、異物を見ず。ここを以て民志一にして、天人合す。これ帝王の恃《たの》みて以て四海を保つところにして、祖宗の国を建て基を開きし所以の大体なり。

（会沢、一八二五、五六頁）

祭祀《さいし》と政治とを一致させ、さらにそうした宗教的権威をもった政治を通して人民を教化する。そうすれば、人民は天照大神を崇敬し、天皇を奉戴する心を有するようになり、民心は統一され、「異物」すなわち異端邪教に惑わされるようなことはなくなるのだ――と会沢は主張する。ここで言われている「異物」とは、具体的にはキリスト教であり、後期水戸学にとって「排耶」（キリスト教排斥）は「攘夷」とほぼ同義として用いられる極めて重要なテーマであった（桐原、二〇一八）。

それでは会沢は、どのようにしてこうした祭・政・教の一致を実現しようと言うのであろうか。その方法の一つとして、『新論』はかなり具体的な施策を挙げて説いている。

神庫は、神宝及び兵器・文書・資糧・百物を蔵して、以て祭祀を待つ所以なり。神威に因りて以て民事を制す。利用厚生の意、以て施すべく、軍国不虞の備、以て寓すべきなり。（会沢、一八二五、一五一頁）

「神庫」とは、神社の境内に設置された宝物庫のことであり、ここに神宝を始め、武器や文書、生活物資を収蔵し「軍国不虞」に備えよと会沢は言う。非常時のために物資を備蓄しておくことは、「社倉」「義倉」といったかたちで、古くから存在する。しかし、この「神庫」はそうした備荒貯蓄自体を目的としたものではなかった。会沢は、これらの物資を民生に用いる際には「神威」を示し、その行為の神聖性を高めることで人民に畏敬の念を抱かせ、また有事の際には、ここから武器や食糧を供給することで、その戦いを神聖なるものとして人々に認識させるべきだと考えていた。

飢餓貧窮に対する救済や、災害有事への対応といったことは、政治に求められる基本的な行為だと言ってよい。しかし会沢は、これらを単に「治者の義務」として実施するのではなく、その行為自体に神聖性をまとわせることで、これを行う治者の権威を上昇させ、人民統治を徹底させようと試みた。まさに彼は、祭政さらには政教の一致によって、「億兆〔人民〕心を一にして、皆その上に親しみて離るるに忍びざる」（会沢、一八二五、五二頁）に至ることを目指したのである。

こうした儀式の「実践」を通した神聖化の構図は、すでに確認したあの勅語捧読式のそれに酷似している。もとより会沢は、天皇―将軍―大名―家臣―陪臣……といったヒエラルヒーによって構成される封建時代に生きていた。それゆえ彼にとって、こうした祭祀の「実践」により奮い起こされた民心が「親しみ」をもつのは、あくまで「その上」すなわち直上の支配者であって、天祖や天皇そのものではなかったことには注意を払うべきであろう。

こうした点は、天皇崇敬を強固に植え付けようとした明治国家とは異なっているようにもみえる。しかし学校現場における勅語捧読や御真影奉拝は、たんに天皇に対する崇敬の念を強くさせただけではない。これらの儀式への参加者は、これを執行する学校長以下の教職員に対する畏敬をも抱かせたのであって、それは「その上」に「親しみ」をもたせようとした会沢の構想と相似している。むしろこうした「小さな天皇制」が積み重なることで、近代の天皇制国家は構成されていたと言うこともできよう。

「手段」としての神道祭祀

このように「神威」により「民事」を統制しようという会沢に、天祖を始めとした神々への畏怖や崇敬といった態度を見出すことは難しいだろう。「政教を祭祀に寓」（会沢、一八二五、五一頁）することを主張する彼にとって、神道とはまさに人民統治の手段であって、決して目的では無かった。

こうした手段としての祭祀という方法は、儒学経典である『周礼《しゅらい》』に則ったものであると会沢は言う。具体的には、「祀礼《しれい》を以て敬を教ふれば、則ち民苟《いや》しくもせず」（「地官司徒第二」）つまり祭祀儀礼を通して教化すれば、人民が道に外れるようなことはないのだ――といったテーゼを指している。ただし『周礼』でいうところの「祀礼」なるものは、本来、祖先に対する「祭祀」であって、死者に対する礼を教えることを通して、生者たる現前の親への敬を感得させるべきだというのが伝統的な解釈（唐初の賈公彦《かこうげん》による『周礼疏《しゅらいそ》』など）であった。

儒者である会沢は、こうした解釈を知っていたはずだが、その祭祀の対象を、祖先の霊という私的なものから、「邦国」が祀る「天神・地祇・人鬼」といった、より公的なものへと、意図的にずらしていく。こうして祭祀による教化は、祖先に対する「孝」ではなく邦国に対する「忠」へと人心を導くものとして機能することとなるのである。

もちろん会沢は、中国古代の制度を記した『周礼』（実際には戦国期の成立とされる）の権威にのみ依拠していたわけではない。彼は、宗教が実際に支配の手段として有効であることを理解していた。

> 今世、或《あるい》は仏事に因《よ》りて以て民を聚《あつ》め事を作《な》すに、その応ずるや響《ひびき》のごとし。また以てその効の速やかなるを見るべし。（会沢、一八二五、一五二頁）

近世の日本において、幕藩体制下の人民支配が本末寺院に基礎付けられた寺檀《じだん》制度を通して行われたことや、仏者の呼びかけで多くの社会事業が展開されたことはよく知られている。このように宗教は「民を動かす」（同前）力をもっているのだが、今後もその役割を仏教が担うことは、会沢にとって認められなかった。

彼は「神威」をもって「民を動かす」ことをめざしたのである。

排仏と排耶

会沢が仏教による人民教化を不十分なものととらえ、さらにそれ自体の排除をも主張する一つの理由に、「胡神《こしん》」（外国の神）を崇拝する仏者への自民族中心主義《エスノセントリズム》的な反発があったことは疑いない。たしかに彼は、日本の神々は、この世に現れた仏菩薩の化身なのだといった本地垂迹説を始めとする神仏習合に対して強い批判を加えている。それは、「神明の邦を変じて、以て身毒〔インド〕の国となし、中原〔日本〕の赤子を駈《か》つて、以て西戎《せいじゅう》〔西方の野蛮人〕の徒属となす」ものであり、それゆえ彼は、「内すでに自《みず》から夷《えびす》となれば国体いづくんぞ存せんや」（会沢、一八二五、六六頁）と嘆じたのである。

しかし、会沢はたんにこうした観念的な教義の側面だけから、仏教を危険視したわけではない。「内憂外患」とりわけ「内憂」に対する危機感を強く抱いていた彼にとって、仏教は現実的な「憂い」の原因としても認識されていた。それは「神祇不拝」を掲げ、また一時は「神君」たる徳川家康をも窮地に追い込んだ一向一揆の記憶に由来するものであった。

家康がまだ松平を名乗っていた一五六三年に勃発した三河一向一揆は、彼の家臣団を分断させ、主君に反旗を翻すものすら生んだ。まさに「忠烈の士をして、弓を挽《ひ》き戈《ほこ》を揮ひて反つて君父に仇《あだ》せしむるに至る。忠孝の廃し、民志の散ぜるは、極れりと謂ふべし」（会沢、一八二五、六六頁）と会沢が断じたゆえんである。こうした経験をしたからこそ、のちに家康は、本願寺教団内の抗争に乗じて、これを二分し、その力を削ぐことに努めたのである（東西本願寺の成立、一六〇二年）。しかしながら、その後も、こうした宗教的熱狂による人民統治の動揺を、徳川幕府は経験することとなる。すなわち一六三七年に勃発した島原の乱である。
もとよりこの「乱」は、今日、宗教的側面にとどまらない、苛政や郷士層の不満といったさまざまな要因があったと指摘される。しかし現体制にとっては、みずからの失政の結果としてではなく、キリシタンによる組織的な秩序破壊行為として解釈された。こうした認識を共有する会沢にとって、島原の乱とは、キリシタンを「一城」に集めて「一掃」し、再起不能にさせた壮挙であった。しかし彼は、これによってキリスト教の脅威が完全に消滅したとは考えていなかった。

『新論』執筆（一八二五年）の前年に、水戸藩領の最北に位置する常陸国《ひたちのくに》大津浜（現・茨城県北茨城市）へ上陸したイギリス捕鯨船員を尋問した経験をもつ会沢にとって、キリスト教の脅威は決して空想上のものではなかった。西洋はすでに眼前に来ているのであり、彼らは辺境の民を誘引しようとしている——彼はそう考えた。

一九世紀に入り北太平洋での活動を活発化させた欧米の捕鯨船は、しばしば食料等を求めて日本の沿岸漁民と物資を遣り取りしていた。そして水戸藩領内の漁民が得た交換物資のなかには、キリシタン書もみられたと会沢は言う。彼は、西洋諸国の民心統一を実現し、さらに日本の民心をも誘引しうるキリスト教に対して、強い警戒感を抱いたのである。

会沢を始めとした水戸学者たちにとって、こうした新たな「胡神」が流入することは許しがたいところであっただろう。そしてまた同時に、「赫赫《かくかく》たる神明」を「冒《おか》す」既存の「胡神」もまた排除すべきであると考えられた（会沢、一八二五、六六頁）。こうした認識から導き出されるのが、「国体」を「存せん」がためには、「胡神」を排除し、純化された神道を打ち立てなければならないという主張であり、これこそ水戸藩天保改革（一八二九～一八四四）において、強力に推し進められた厳格な寺院整理を中心とする極めて原理主義的な排仏政策の思想的背景であった。

五　水戸学から国学へ

水戸学内部の不一致と限界

このように「胡神」を奉ずることを排除した水戸学者たちが選び取ったのが、「神明の邦」における神々であったが、その神道教説における解釈の多くは、儒学によって基礎づけられていた。まさにこの時期に建設された藩校・弘道館で、「敬神崇儒」（藤田東湖草・徳川斉昭撰「弘道館記」一八三八）が謳われたゆえんである。しかし、水戸学者たちは、必ずしも神道についての体系的な独自の理論を構築していたわけではなかった。そうした体系性の欠如は、たとえば水戸藩の天保改革を主導した藩主・徳川斉昭《なりあき》（一八〇〇～一八六〇）における弘道館祭神構想にみることができる。

創建以来、弘道館には、鹿島神宮（常陸国一宮《いちのみや》）の祭神である建御雷神《たけみかづちのかみ》とともに、儒家の祖たる孔子が祀られている。しかしその構想段階において、斉昭はまったく異なった祭神案を掲げていた。

神を中へ祭り孔子・扁鵲《へんじゃく》〔中国・戦国時代の伝説的名医〕・すくなひこな〔少彦名〕の神又は人丸〔柿《かきの》本人《もとのひと》麻呂《まろ》〕等客の如くに祭候て……扠又《さてまた》中へ神を祭《まつり》候ならば、神は何如然《いかがしか》るべき哉。神武帝・応神帝・天智帝抔《など》にも之れ有るべき哉。三神一社に祭込《まつりこみ》候も如何《いかん》。（徳川、一八三四、二六三～二六四頁）

計画当初の斉昭は、和漢を問わぬ多くの学問神の奉斎を考えており、そこでは孔子ですら数ある神々の一つでしかなかったことは注目に値する。彼にとっては、これらの神の性格といった神学的検討は、あまり重要ではなかったのだろう。むしろ彼は、みずからが創建する藩校に、みずから神々を祭祀するという「実践」それ自体にこそ意義を見出していたのである。それはまさに祭政教一致のイデオロギーの表出であり、その意味で、あの「敬神崇儒」なる語は、行動指針としての合言葉《スローガン》というよりは、むしろ結果であったと言える。

また斉昭は、ここにもみえるように、「主」たる神として天皇の奉斎を求めており、実際に領内鎮座の天照大神や桓武天皇などの勧請を検討している。しかし、会沢ら斉昭側近の水戸学者たちは、臣下が天子を奉斎することに強く抵抗した。天子や諸侯には、そのステイタスに合った祭祀対象があり、その分を越えて奉斎することは、直上の支配者（「その上」）に対する忠誠心を揺るがしかねない危険性をはらんでいたからである。こうした弘道館の祭神をめぐる不一致は、水戸学なるものが決して確固たる体系性の下に構築された思想ではなく、また同時にそれが第一義的に現秩序たる幕藩体制を護持するものとして唱えられたものであったことをよく示している。

水戸学における普遍と固有

そもそも水戸学において誕生した「国体論」は、あくまで普遍的な規範としての儒学に依拠したものであって、たとえそこに自民族中心主義的な傾向があるにせよ、そこで語られる教説そのものは、原則的に儒学を離れることはなかった。いな、むしろ儒学という普遍に則ることによって、みずからの主張の正当性を担保させていたのだと言ってもよい。

こうした傾向は会沢において顕著であった。「神州」の優越性を、儒学における重要な徳目である「忠孝」が、神代の昔よりこの国に備わっていることに求めた彼は、三種の神器のうちに、「忠孝の教」の実在を見出している。天孫降臨の際に天照大神により与えられた三種の神器は、古くより天皇の神聖性と正統性を象徴するものとして理解されてきた。それゆえ会沢がそこに「君臣の分」すなわち「忠」を象徴させることは、そう特異な解釈ではないと言ってよい。むしろ彼の独創的な点は、ここに「父子の親」としての「孝」をも読み込んだことであった。

会沢は、三種の神器の一つである宝鏡が与えられた際の神勅（神代紀下、天孫降臨段一書第二）に「吾が児《こ》、此の宝鏡を視まさむこと、当《まさ》に吾を視るがごとくすべし」と記されていることに着目する。彼はこの一文を、宝鏡を神体と見做《みな》して祭祀せよという「宝鏡奉斎の神勅」としては解釈しない。むしろ彼は、「視る」ことを具体的な行為ととらえ、天皇が宝鏡に映る「影」を「視る」ことに孝の「実践」を見出した。

すなわち宝鏡のなかにある天皇の姿は、「天祖の遺体」すなわち天照大神から受け継がれてきたところの身体であり、これを「視る」ことを通して、歴代の天皇は「その遠き〔祖先〕を追ひて孝を申《の》べ、身を敬んで徳を修むること」（会沢、一八二五、五三頁）を続けてきたのだと会沢は言う。こうして天照大神は、三種の神器を通して、君臣・父子という「天倫の最も大なるもの」をもって「人紀〔倫理〕」を建て、訓《おしえ》を万世に垂れ」（同前）たのだと、彼は結論するのである。

三種の神器によって、忠孝をともに象徴させるこうした解釈は、おそらくは玉木正英《たまきまさひで》（一六七一～一七三六）のような垂加《すいか》神道家の影響を受けていると考えられるが、近世日本では必ずしも一般的なものではなかった（谷川、一七四八、八一～八四頁）。事実、会沢が掲げた神勅に後続する箇所には、「与《とも》に床を同くし殿《おおとの》を共《ひとつ》にして、斎鏡《いわいのかがみ》とすべし」とあるように、この神勅は宝鏡の奉斎を命じたものと捉えるべきであって、ここに「孝」までもを読み込もうという解釈は、少なからず強引であったと言えよう。

しかし会沢にとって、三種の神器と「忠孝」とを結合させることは、先にみた『周礼』における「祀礼」の解釈同様、不可避の操作であったに違いない。それは、日本固有の神話に立脚する天皇という存在を、儒学という普遍によって基礎付けるとともに、儒学伝来以前にも、日本では「忠孝」が説かれていたことを論証するものだったからである。彼にとって、儒学的普遍は、たとえ多少の強引さがあろうとも、決して離れてはならないものであった。

しかし一方で、水戸学者のなかにおいても、こうした普遍的な規範としての儒学に対して距離を置く人物が現れていた。それが会沢の師である藤田幽谷《ゆうこく》（一七七四～一八二六）を父にもち、また会沢に師事した藤田東湖《とうこ》（一八〇六～一八五五）であった。彼は、弘道館の設立趣意書である「弘道館記」の草稿において、「道とは何ぞ。神州の固有する所」と説き、道の普遍性を否定して、ただこの「神州」にのみ存すると主張したのである。

もとよりこの箇所は、「いかにも固有は宜《よろし》からず。頻《しき》りに（むやみに）神州のものとするゆへ六ヶ《むつか》しきなり」との藩主斉昭の裁定により、「道」は「天地の大経」と規定され、より普遍的な性格へと改められた。こうした普遍主義的修正には、会沢を始めとした儒学的普遍を掲げる人々の存在があった（中村、一九九五）。しかし東湖は、本文でこそ譲ったものの、その公式解説書である『弘道館記述義』（一八四七）では、「道」を「未だ始めより天神に原《もと》づかずんばあらず」（藤田、一八四七、二〇六頁）と説き、その「固有」なることを強調している。

会沢にせよ、東湖にせよ、儒学伝来以前の神代に「道」があったということはともに承認する。しかしその存在根拠は完全に異なっていた。あくまで「道」の普遍性を前提とする会沢と、「神州」における「道」の固有性を主張する東湖との路線対立は、やがて水戸藩尊攘派を二分する党争——鎮派・激派の対立——へと展開していく（指導者としての東湖が、幕末動乱の直前に安政江戸地震〈一八五五〉で横死したことも対立に拍車をかけた）。この内部分裂は熾烈《しれつ》を極め、結局は薩長を中心とした明治維新という外的要因の結果、尊攘激派に属する東湖派が新体制側として一応の勝利を収めることとなる。かくてこれ以降、「神州」の固有性を唱える東湖的な教説をもって「水戸学」とする認識が一般化していくのだが、激烈な内部抗争に傷ついた彼らには、もはや新時代のイデオローグたりえる力はほとんど残っていなかった。

幕末国体論における跳躍

このようにみたとき水戸学とりわけ会沢正志斎による「国体論」が直接的に明治維新を導き、さらに明治国家のイデオロギーとなったと説くことは、単純に過ぎる議論であると言える。水戸学に端を発する「国体」なるものが、日本固有の君主である天皇の崇拝を基礎とする明治国家において、その中核的な言説となるためには、思想的な跳躍が必要であった。むろん「道」が「神州」に「固有」することを説いた東湖には、そうした跳躍の可能性はあったものの、彼はそれを果たすことなく震災死してしまう。また彼自身が理論家というよりは活動家であったこともあり、その後継者たちも彼によって鼓吹された尊王攘夷の運動に奔走し、その所説のさらなる深化に向かうことはほとんどなかった。こうした水戸学の「国体論」を儒学的普遍主義から分離し、日本固有の論理に基づいた新たな「国体論」へと跳躍させたのが、幕末の国学者たちであった。本居宣長《もとおりのりなが》（一七三〇～一八〇一）が「漢意《からごころ》」すなわち儒学を始めとした外来思想の影響を排する立場から、「忠孝」といった道徳教説を「賢《さか》しら」と断じて否定したことはしばしば指摘される。しかし、現実社会における政治的実践としての尊攘運動を経験した幕末の国学者たちは、宣長によって排除された政治イデオロギーとしての語りを復活させることで、新たな「国体」の語りを展開させていったのである（米原、二〇一五）。

秩序に対する服従を説くために、五倫を始めとした儒学の徳目を、日本固有の「道」を補完するものとして取り込んでいくことは、宣長の後継者を自任した平田篤胤《ひらたあつたね》（一七七六～一八四三）によってすでに試みられていた。そして、尊王攘夷という政治的実践が要請されていくなかで、こうした傾向はより強められていくこととなる。それは神道の手段化を説いた会沢を中心とする水戸学の強い影響を明らかに受けていた。しかしその一方で国学者たちは、みずからの理論的基礎を、会沢が説いたような儒学的普遍ではなく、日本固有の神道教説に求めたのであり、また世界万国すべての教説が、この固有なる「道」から解釈されうると考えたのである。

ハイブリッドな「国体論」の誕生

こうしたいかなるものをもその内側に飲み込んでいく「包容主義」（島薗、二〇一〇、一一八頁）的な「国体」の論理においては、蘭学など西洋由来の知識もまた、みずからにとって都合のよいかたちで援用されていった（ただしこうした融通無碍な態度は、「正名」を掲げた後期水戸学の徒たる会沢には決して容認できないものであり、以下にみる「帝国」の語の使用を、彼はそれが蘭学由来の翻訳語であるがゆえに拒否している〈桐原、二〇一〇〉)。たとえば大国隆正(一七九二〜一八七一)は、次のように日本神話と西洋由来の知識を融合させることで、「皇国」の「国体」の優越性を説いている。

西洋にてもはやく国爵といふものをたて丶、帝爵の国、王爵の国、大侯爵の国など、いふなり。されば、その帝爵のうちよりすぐれたるをとりいだし、大帝爵の国とし、その国の君を、万国統轄の君とあふぐべきなり。さてその帝国のうちに、たゞこの日本国の天皇のみ、神代より皇統をつたへておはしますなり。されば、この日本国の天皇を世界の総王として、万国より、仰ぎたてまつること、まことに理の当然なり。(大国、一八六七、四九九〜五〇〇頁)

西洋では「国爵」すなわち国家のステイタスが定められており、「帝国」や「王国」といった爵位が存在する。「神代より皇統をつたへて」いる日本は、「帝国」のなかでもっとも優れた存在であり、それゆえ日本天皇こそが「世界の総王」たるのが「理の当然」なのだ——と隆正は言う。このように日本が「大帝爵の国体」であるのは「おのづからの神議」の結果であると主張する彼にとって、西洋諸国が国交を求めて続々来港するのは、「大帝国」たる日本を慕っての結果であるとすら考えられていた(大国、一八五五、四一八頁)。それはいわば現実での軍事的・政治的な劣位を、観念の上でだけでも優位に転換させようとするものであったと言えるが、しかしこうした牽強付会な営みさえ求められるほどに、幕末日本は切迫した時代として認識されていたのである。

天照大神の子孫である日本天皇こそ「世界の総王」であるといった天皇総帝論は、すでに宣長においてみられ、篤胤にも継承されたところである。しかしこの緊迫した時代に臨んだ隆正をはじめとする幕末の国学者たちは、現実政治への関与を深めるなかで、天皇総帝論のみならず、国学全体の語り自体を大きく変容させていく。すなわち、かつて篤胤が異常なほどの関心を示した「他界」や大国主神《おおくにぬしのかみ》による死後の審判といった彼岸に関する教説から距離を置き、現世主義の傾向を強めていく一方で、「おのれは仁義忠孝などいふ名目をたて丶、人心固有の仁義忠孝をひきおこし、ひきいだすは、よきこと丶思ふなり」（大国、一八五七、四六八頁）と儒学教説を肯定的に受容し、みずから積極的に語っていくようになっていった。かくて幕末国体論は、普遍を掲げる儒学から出発し、国学を媒介として忠孝道徳を掲げる日本固有の「道」へと跳躍を果たしたのである。それは、水戸学と国学とのハイブリッドによる新たな祭政教一致イデオロギーの誕生であったと言えよう。

儒学的普遍に依拠していた水戸学国体論を日本固有の論理としての「国体論」へと跳躍させた隆正であったが、その政治的実践においては「尊皇護幕」すなわち現前の秩序としての幕藩体制を擁護する立場であったことはすでに指摘されている（松浦、二〇〇一、二〇二頁）。その意味で、彼の思想そのものが維新へと直接結びついたわけではない。しかし、彼の弟子やその影響を受けた人々は、尊王倒幕へと突き進み、ついに王政復古（一八六七）へと至ることとなる。

維新後の神道政策については第二章に譲るが、福羽《ふくば》美静《びせい》（一八三一～一九〇七）をはじめとする津和野派と呼ばれる人々は、「神祇官祭祀を宮中祭祀に転換させ、天皇親祭による天皇親政こそが真の祭政一致体制と認識していた」（阪本、一九九三、六二頁）。それゆえ彼らは、新政府におけるさまざまな場面での神道儀礼の導入を主張し、実現していったのである。天皇が天神地祇を祀り、神々に誓う形式によって新体制の基本方針を発表した「五箇条の誓文」（一八六八）は、まさにそうした祭政教一致の試みを象徴するものであったといえよう。ただしこうした動きは、国学者・神道者内部における意見対立（津和野派と平田派など）や開明派による政権主導、また国内外からの政教分離の要請などによって明治初年のうちに頓挫する。だが祭政教一致というイデオロギーは、またかたちを変えて再生されることとなる。

六　おわりに

一八九〇年一〇月三〇日、教育勅語が渙発され、翌月三日には、帝国大学（現・東京大学）で勅語拝読式が挙行された。このとき演壇に立った重野安繹《しげのやすつぐ》（一八二七〜一九一〇）は、その冒頭、次のように「勅語の大旨」を述べている。

勅語の大旨は、蓋《けだ》し忠君愛国及び父子兄弟夫婦朋友の道を履行するに在りて、即ち五倫五常の道なり。（君臣父子等は其の体、恭倹以下は其の目なり）五倫五常は儒教の名目なれば是を儒教主義と云ふも不可なかるべし。（重野、一八九〇、五頁）

重野は勅語を「儒教主義」と規定したが、それは儒学伝来以前の日本における「道」の不在を意味しなかった。むしろ彼は「五倫五常の道、自《おのず》から備は」っていたことを強調する。それは「五倫五常」といった儒学的普遍を「道」ととらえ、神代の日本がこれを実現していたことを高く評価するものであり、まさに会沢正志斎を始めとする水戸学者の口ぶりを想起させるものでもあった。

しかしこうした日本の外部《いかい》に尺度を求めようとする態度は、強い批判を引き起こすこととなる。『国民之友』（一〇〇号、一八九〇年一一月一三日付）は「重野安繹氏誤れり」（無記名）と題して、勅語の「斯道《しどう》」

（原文では「斯の道《こ》」）を「儒教」の文脈で解釈することは「意味広大深長なる勅語」を誤るものだと糾弾し、次のように「斯道」を定義している。

我国往古より、即ち儒教の未だ来らざる以前より、仏教の未だ来らざる以前より、我国に存在し、今日まで伝来したる我邦人民の間に普通なる道徳を指して斯道とは申すなるべし。

儒仏二教の伝来以前の日本に存在した「普通」すなわち普《あまね》く通った「道徳」、それこそが勅語の説く「斯道」であり、それゆえこの「道徳」はすべての日本人に受け入れられ得るものであって、「儒教」にのみ依拠して理解することを説く重野は誤りなのだと『国民之友』は主張する。しかしこうした重野批判を展開した『国民之友』が想定していた本当の敵は、実は「勅語の旗を押立て丶、勅語以外の妄言を放たん」とする漢学者たちであった。「平民的欧化主義」を掲げていた同誌にとって、「儒教主義」の復権は容認できるものではなかったに違いない。あるいは、勅語にみられる明らかな儒学的表現に、政府における文教政策の転換を看取し、これを批判することを試みた可能性もあるだろう。

しかし「儒教主義」を拒否するために、「斯の道」を「我が皇祖皇宗の遺訓」と強調し、「勅語の旗を押立て丶、勅語以外の妄言を放たんこと」を批判した『国民之友』の筆法は、かえって「勅語の旗」の権威化と「斯の道」に対する恣意的な解釈とを許容するものでもあった。なぜならば、「我が皇祖皇宗の遺訓」なるものが、儒仏さらにはキリスト教のように明確な道徳規範を示した「経典」ではなかったからである。すなわち勅語に掲げられた徳目を、そのことばの出自である儒学経典の文脈においてではなく、あくまで「皇祖皇宗の遺訓」として解釈しようとするとき、その内容は勢い神話や歴史上の「事実」を敷衍《ふえん》させて、そこに「遺訓」を読み取るという作業へと向かうこととなる。かくてこの列島における神話や歴史すなわち「国史」

は、「遺訓」を紡ぎ出すための場となったのであり、こうしたいわば非学問的な営為は、「勅語の旗」の権威化と呼応するかたちで明治国家において展開していったのである。

しかし「国史」の上に「遺訓」や「国体の精華」を見出そうとする作業は、それが恣意的であるがゆえに、結局は空虚にならざるをえない。その空虚を埋めるためにこそ、小学校から大学にいたるまでのさまざまな教育現場において、勅語捧読さらには御真影奉拝が挙行された。そしてこうした儀式が、その日常的な「実践」を通して荘厳化されるなかで、「国体」は神聖性を与えられていったのである。それは会沢正志斎がかつて夢想した「祭は以て政となり、政は以て教となり、教と政とは、未だ嘗て分ちて二となさず」という国家体制の誕生でもあっただろう。会沢が掲げた神儒一致というテーゼは、明治国家によって否定されたが、祭政教一致というその政治イデオロギーは、彼の予想もしなかったかたちで成就したのだと言えるかもしれない。

※引用には句読点や振仮名を補い、また片仮名文は平仮名文に改めた。

参考文献

会沢正志斎（一八二五）『新論』（『日本思想大系五三「水戸学」』岩波書店、一九七三）
磯前順一（二〇〇三）『近代日本の宗教言説とその系譜』岩波書店
大国隆正（一八五五）『本学挙要』
――――（一八五七）『学統辨論』

――（一八六七）『新真公法論并附録』（『日本思想大系五〇「平田篤胤・伴信友・大国隆正」』岩波書店、一九七三）
大谷栄一（二〇一二）『近代仏教という視座』法藏館
桐原健真（二〇一〇）「「帝国」の思想」、吉田忠編『一九世紀東アジアにおける国際秩序観の比較研究』国際高等研究所
――（二〇一八）「排耶と攘夷――幕末宗教思想における後期水戸学の位相」、岩田真美ほか編『カミとホトケの幕末維新――交錯する宗教世界』法藏館
阪本是丸（一九九三）『明治維新と国学者』大明堂
坂本太郎ほか校注（一九六七）『日本古典文学大系六七「日本書紀　上」』岩波書店
重野安繹（一八九〇）「演説」（『謹読勅語』静雲堂、一八九一）
島薗進（二〇一〇）『国家神道と日本人』岩波新書
徳川斉昭（一八三四）「青山延于宛」（『水戸藩史料　別記下』吉川弘文館、一九一五）
中村安宏（一九九五）「佐藤一斎と後期水戸学――『弘道館記』の成立過程」、『日本思想史学』二七号
谷川士清（一七四八）『日本書紀通証』（『日本書紀通証　第二巻』国民精神文化研究所、一九三九）
藤田東湖（一八三八）「弘道館記草稿」（『水戸藩史料　別記下』吉川弘文館、一九一五）
――（一八四七）『弘道館記述義』（『日本思想大系五三「水戸学」』岩波書店、一九七三）
堀孝彦（一九九〇）「地久節「不敬」事件（一）――明治四一年「新愛知」新聞社説と解題」『名古屋学院大学論集　社会科学篇』二七巻二号
松浦光修（二〇〇一）『大国隆正の研究』大明堂
真山光弥（一九八七）「金城女学校と教育勅語」『金城学院大学論集　人文科学編・二二』一二三号
丸山真男（一九五七）「日本の思想」（『丸山真男集　第七巻』岩波書店、一九九六）
山県太華評・吉田松陰反評（一八五六）『講孟余話附録』（『吉田松陰全集　第三巻』大和書房、一九七二）
米原謙（二〇一五）『国体論はなぜ生まれたか――明治国家の知の地形図』ミネルヴァ書房

コラム② 儒教と近代

小島毅

一　西洋化と儒教

明治時代の標語といえば文明開化・殖産興業・富国強兵が思い浮かぶことだろう。江戸時代までの東アジア文明の伝統から脱却し、近代西洋文明を全面的に摂取して欧米列強に伍していくのが国家の目標だった。旧体制を支えていた（とされる）儒教は古くさいもの・非実用的なものとして切り棄てられたという印象が一方にはある。

他方、教育勅語に象徴される忠君愛国教育に伴って儒教道徳が帝国臣民に広く浸透していくのも、明治という時代だった。ただし、教育勅語が一八九〇（明治二十三）年に布告されたことが示すように、行き過ぎた西洋化に危機感をいだき天皇制秩序を護持する方策として採られるに至った、明治時代後半の特質であった。これは、一八八九（明治二十二）年の帝国憲法発布による立憲君主制成立と対をなす現象である。

徳富蘇峰によるよく知られた表現に「天保ノ老翁」と「明治ノ青年」がある（『新日本の青年』）。天保年間（一八三一〜一八四五）に生まれた世代は江戸時代の旧弊を引きずっていると指摘するこの文章が発表されたのは一八八七（明治二十）年、蘇峰は数え年で二十五歳の「青年」だった。この時点で天保生まれは四十代から五十代、ここに属する福沢諭吉が『文明論之概略』（一八七三）で「一身にして二生を経るが如く」と表現したように、幕末期に教育を受けて維新の世を切り開いてきた世代だった。

二　維新後の儒教

これも福沢の語として有名な『学問のすゝめ』第三編（一八七三）の「一身独立して一国独立す」は、正確には「中津留別之書」（一八七〇）の「一身独立して天下も独立し、一家独立して一国独立し、一国独立して天下も独立すべし」という論理展開だった。ここには個々人の自立心が重要だとする主張が端的に表れており、旧弊な儒教道徳と訣別し新たな発想を提示したものに見える。だが、この論理展開は次の引用と同じではなかろうか。

「身修まりてのち家斉《ととの》ひ、家斉ひてのち国治まり、国治まりてのち天下平かなり。」

これは儒教の古典『礼記』大学篇の一節である。というより、朱子学・陽明学で特に聖別された四書の一つ『大学』冒頭の一段に含まれる箇所である。ここに見える修身・斉家・治国・平天下はいわゆる八条目の後半四つ（前半は格物・致知・誠意・正心）で、主体的に修養を遂げた人間が周囲の社会を感化していくさまを表現している。福沢はこれらを「独立」という語で繋ぐ意匠替えを行ったにすぎない。

しかも「独」は『大学』のなかで重要な語彙だった。誠意の説明文に慎独（ひとりでいる時を慎む）があり、「小人閑居すれば不善をなす」の対極にある態度として求められている。「立」は『大学』には見えないが、『論語』で孔子が自身を回顧した「三十にして立つ」が知られている。福沢にとって「一生」前半に身につけたのは、（適塾での洋学よりも以前に）こうした朱子学的素養だった。その素養は捨て去るべきものとして否定されたわけではなく、個々の人間の生き方として、また社会を存立させる基礎として、新たな装いで賞揚されている。福沢が自身の「義塾」（これも儒教用語）で養成しようとしたのは文明開化を先導する気概を持つ人材だったが、それは儒教が理想とする人間像でもあった。

中村正直（敬宇）に至っては、朱子学を体現していたがゆえの啓蒙思想家という面が顕著である。彼は幕末に昌平坂学問所の教授をつとめていたれっきとした朱子学者である。留学生引率の任務を帯びて渡英中に幕府が瓦解し、帰国後にスマイルズ（S. Smiles）の *Self Help* を

『西国立志篇』（一八七一）、ミル（J. S. Mill）の *On Liberty* を『自由之理』（一八七二）と題して邦訳紹介した。近代西洋の理念は個々人の自立だと説いたこれらの書物は、敬宇にとって旧道徳を批判するためにではなく、西洋でもやはりこうなのだという文脈で理解されていた。「敬天愛人説」（一八七二）では儒教の古典に見える文言を典拠にして、天を敬うことが人を愛することにつながる趣旨を説いた。この場合の愛は、彼自身も入信したキリスト教の愛でもあるが、彼の意識としては多分に儒教でいう愛（いつくしみ）であったろう。『孟子』がいう目上の人への敬と目下の人への愛という対構造である。

敬宇はやがて創設まもない東京大学に迎えられ、文学部の教授として漢学を講じた。政府に委嘱されて徳育の大旨を起草するも井上毅によってその内容が批判され、代わって井上の草案が教育勅語となる。井上の批判の要点は、敬宇の口調（形式上は天皇のことばになるもの）に儒教的な道徳色が強すぎるというものだった。井上やその背後にいる伊藤博文が求めたのは憲法制度の上に超然と君臨する君主像であり、東アジアの伝統的理念だった自ら道徳を体現する聖人ではなかった。その意味で、敬宇は最後まで朱子学者だった。

つまり、「天保ノ老翁」たちにおいては儒教の人間観が前提とされ、そこに西洋の社会思想が受容されるという精神構造になっていた。彼らは人間社会に普遍的な真理があると信じ、それを西洋文明のなかにも発見したわけだが、この普遍主義そのものが儒教に由来する発想だったのである。

三　西洋化の反動と儒教

ところが新時代の学制で教育を受けた「明治ノ青年」たちには、『学問のすゝめ』や『文明論之概略』、『西国立志編』や『自由之理』を通じて学んだ西洋の理念が浸透しており、それゆえ彼らは逆に西洋文明普遍主義が持つ楽観性に反感と危惧を抱くことになる。こうして彼らは日本の独自性を自覚するに至った。井上哲次郎が江戸時代の儒学を評価して学界で国家主義を鼓吹したほか、言論界では高山樗牛が日本主義、陸羯南が国民主義、三宅雪嶺が国粋主義を唱えて活躍、徳富蘇峰も日清戦争後は国家主義者に転じた。彼らは儒教を含む伝統思想の中から近代日本の進むべき道を汲み取ろうとする。つづいて明治時代の半ばに生まれた大川周明や安岡正篤は陽明学に心酔し、日本精神主義の立場からいわゆる天皇制ファシズムのイデオローグとなった。

四　旧体制の正体

福沢たちが啓蒙しようとしたのは、江戸時代の因習に染まった人々だった。彼らの目には、これらの人々には儒教的（朱子学的・陽明学的という意味での儒教的）な意識が欠けていると映っていた。『大学』の八条目は福沢たちにとって古くさく打倒すべき対象ではなく、むしろ積極的に推奨すべきものだった。では、彼ら啓蒙思想家が旧套とみなした体制は何に由来していたのか。

仏教である。

江戸時代において、儒教は実のところ体制派ではなかった。これが十九世紀前半における日本と、中国（清）・韓国（朝鮮）そしておそらく琉球との、本質的な相違点である。日本の社会を支えていたのは仏教だった。もちろん、日本に伝来してから独自の変容を遂げた仏教である。室鳩巣のような一部の儒者は、寺檀制度に組み入れられるのを潔しとせずに儒式で埋葬された（大塚先儒墓所）。中国・韓国では普通に見られる儒葬は、日本では非常に特殊な行為だった。また、仏教に対抗すべく神儒一致が強調され、本居宣長のようにそうした癒着を批判する学者もいたが、影響力が強かったのは平田派国学のように混淆的《シンクレティック》な神道教義だった。要するに、儒教は江戸時代には体制批判の教義という面を具えていた。

明治時代を迎えて、古来の伝統（ただし「創られた伝統」）に固執する平田派国学と袂を分かち、敬宇のように儒教を信奉する人士は積極的に西洋文明を移入する尖兵役を果たした。一方でやがてそれが忠君愛国主義となって国民を教化馴致し、大日本帝国が破滅への道を進む先導役を務めたことは、儒教がもたらした結果としてきちんと総括せねばなるまい。儒教は近代日本の歴史において明暗両面を具えていたのである。

第四章　宗教が宗教になるとき——啓蒙と宗教の近代

桂島宣弘

一　近代宗教概念の登場

ここでいう宗教とは、近代以降に用いられるようになった〈概念としての宗教〉のことであるが、はじめにそのことについて明確化しておかなければならない。よく知られているように、宗教は、religion の翻訳語として近代以降に登場した概念だった。鈴木修次がのべるところによると、一八六九（明治二）年の北ドイツ連邦との修好通商条約が宗教という概念の初出であり、一八八一（明治一四）年頃がだいたい学術用語として定着した頃であるという（鈴木修次『日本漢語と中国』中央公論社、一九八一）。その間には、「教宗」「教法」「法教」「教門」などの言葉が、religion の翻訳語として充てられていた（渡辺浩『増補新装版　東アジアの王権と思想』東大出版会、二〇一六）。ここで注意しておきたいのは、どの翻訳語であれ、religion という概念で、徳川時代以来の宗教活動を捉えるまなざしが、まさに一八七〇年代中頃までに成立したことであり、しかもとりわけ重要なことは、「政教分離」論と不可分の形で、religion という概念の翻訳語が模索されていったということである。このことは、恐らくこの概念の定着に大きな役割を果たした一人と考えられる浄土真宗本願寺派の僧侶島地黙雷（一八三八〜一九一一）の説くところが明白に語っている。すなわち島地は、岩倉遣欧使節団（後述）と前後して一八七二（明治五）年、西本願寺から命じられて渡欧。いち早く西欧諸国の religion ＝宗教、「政教分離」を目の当たりにして、同郷の木戸孝允（一八三三〜一八七七）などを介して、教部省期以降の宗教政策に大きな影響を与えることとなる（山口輝臣『島地黙雷』山川出版社、二〇一二）。

まず注目しておきたいのは、religion＝宗教という視点を有していない段階、渡欧する以前の島地は、「我ニ一教ノ信ズベキアルトキハ外慕ノ念繇テ萌ス所ナシ」という視点、さらに「政教ノ相離ルベカラザル、固ヨリ輪翼ノ如シ」という「政教一致」の立場から、「祆教」（＝キリスト教）防止のための国家宣教の必要性を訴え、その上で神道は「幽明ヲ該ネ現未ヲ総べ、物トシテ遺ス所ナク、事トシテ収メザルハナシ。只其迹上古醇朴ノ時ニ在テ、而其道自ラ不言ノ間ニ存スルトキハ、言説ノ教未ダ備ラズ、而勧誡ノ術未ダ詳ナラズ」という状況なので、仏教こそが「祆教」防止上有効であると主張していたことである（「教部省開設請願書」一八七一［明治四］年）。いわば、神道は「言説ノ教未ダ備ラズ」という状況なので仏教こそが有効であるという論点であるが、ここでは神道・仏教、さらに儒教の三者（＝「三学」）の間に未だ大きな相違点は見いだされていなかった点に注意しておきたい。だが、渡欧後に、宗教（宗教概念が用いられている点に注意）や「政教分離」という概念に触れるや、次のように主張を旋回させている。

政教ノ異ナル、固ヨリ混淆スベカラズ。政ハ人事也、形ヲ制スルノミ。而シテ邦域ヲ局レル也。教ハ神為ナリ、心ヲ制ス。而万国ニ通ズル也。（中略）夫宗旨ハ神為也、人ノ造作スベキ者ニ非ズ。奚ゾ制度・法律ノ衆議ニ依テ相定メ、之ヲ布告スルガ如キ者ナランヤ。何者、生死ハ人ノ知ルベキ者ニ非ズ、心思ハ人ノ抑ユベキ者ニ非ズ。（中略）其ノ宗祖ヲ尊ビ、其ノ教主ヲ崇シテ、信従固守ノ甚シキ、死生不遷、艱難不辞、所謂鼎鑊如飴、戦陣如帰者、此宗教ノ宗教タル所以ニシテ、尋常人造ノナス所ナランヤ。（中略）夫洋教ノ人ニ入ル、容易ニ之ヲ抜クベキニ非ズ。只宜シク之ヲ未入ニ防ガンノミ。而此ニ当ル者、殆ド希也。若実ニ之ヲ防ガントセバ、仏徒ノ外用ユベキ者ナシ（「三条教則批判建白書」一八七二［明治五］年）。

ここでは、「政教分離」と不可分のものとして宗教が定義され、そうしたものとして仏教が「発見」され、かつ宗教としてのキリスト教と対抗しうるのは、同じく宗教としての仏教であるとのべられている。しかも、こうした宗教観の上で、初めて宗教ならざるものとしての神道が見いだされていくこととなる。すなわち、島地は次のようにのべている。

今本邦ノ神ヲ以テ説ントスルニ、昔事何人カ之ニ労事シ、亦何人カ教ヲ立ツルヤ。已ニ立教ノ人ナク、開宗ノ祖ナシ。（中略）若夫レ天神地祇、水火草木、所謂八百万神ヲ敬セシムトセバ、是欧州児童モ猶賤笑スル所ニシテ、草荒未開、是ヨリ甚シキ者ハアラズ。（中略）欧州方今之ヲ「ミトロジー」ト称シ、図画・彫刻ノ玩物ニ属セリ。蓋シ各国荒茫、世人ノ知識暗昧ニ属ス。其ノ知ルベカラザル者ニ於テハ、概シテ之ヲ神ト崇ム。山川・草木皆神也。文化逐日開明ニ属ス。古ニ怪ム所ノ者今ハ則チ常ニ帰ス。是レ衆神ノ息ム所以也。而方今亜弗利加・南阿米利加及ビ東南諸洋島・亜細亜ノ文化、亜比利亜等ノ野蛮ニ於テハ、猶専ラ之ヲ尊奉ス。欧州文明ノ境之ヲ賤シム最モ甚シ。臣本朝ノ為ニ之ヲ恥ヅ。（中略）抑本邦神道ヲ以テ宗旨トセンニ、誰ヲ以テカ開祖ニ当テ、誰ヲ以テカ神人ノ間ニ置ン（同前）。

宗教とは、「立教ノ人」「開宗ノ祖」を有したものであって、神道にはそれが存在しない。のみならず、その神話的教説は「野蛮」以外の何者でもなく、「文明」の宗教とは、到底いいうるものではない、という主張である。「文明」「野蛮」からする論点も注目されるが、近代的宗教とは何か、あるいは宗教ならざるものとは何か、という近代的宗教観が生起してくる〈場〉を鮮明に示す言説といえるだろう。すなわち、religion の訳語に宗教が充てられていく過程とは、キリスト教を対象化しながら、それと対抗しうる「政教分離」に基づく「文明」の宗教がいいだされていく過程であり、かつ「文明」の宗教ならざるものが見いだされていく過程でもあったのである。

二　岩倉使節団の経験

奇しくも同じ頃、明治政府の中枢部の一群においても、欧米諸国を直接見聞することで、欧米「文明」国のバックボーンにどうやら「文明」の宗教、プロテスタント的宗教が存在しているらしいことが「発見」されていくこととなる。

すなわち、一八七一（明治四）年一二月二三日、岩倉具視（一八二五〜一八八三）を特命全権大使とする遣欧使節団が横浜港を出港した。出発時の使節の総員四六名（一説四八名、留学生などは除く）。一八七三（明治六）年九月一三日に帰国するまで、その行程は二年弱に及んだ。幕末以降の条約締結各国への国書の提出、条約改正予備交渉、欧米各国の制度・文物の調査などが使節派遣の目的であった。よく知られているように、条約改正予備交渉とは幕末以来の不平等条約の改正を企図したものであったが、それは失敗に終わり、欧米各国の制度・文物調査が主たる目的となったといわれる（久米邦武編『米欧回覧実記』、文部省編『理事功程』臨川書店、一九七四、田中彰ほか編『「米欧回覧実記」の学際的研究』北海道大学図書刊行会、一九九三など）。

ところで、欧米各国の制度・文物の調査といった場合に、とりわけ宗教政策・制度、あるいは宗教観の点において、使節団は欧米諸国から大きな影響を受けることになった（山崎渾子『岩倉使節団における宗教問題』思文閣出版、二〇〇六）。当初、使節団は、宗教が欧米との協議の重要案件となるとは考えていなかったようである。だが、徳川時代以来のキリスト教禁令を堅持したまま、かつ一八六五（慶応元）年に発覚したキリシタンに対する弾圧事件（「浦上四番崩れ」事件など）を抱えたままの状況において、使節団は欧米諸国から激しい抗議と「信教自由」を強く求められることとなった（山崎渾子によれば、アメリカが突きつけた「信教自由」は建国の理念にも関わる「人生ノ権」としての「自由」論、ヨーロッパとりわけプロテスタント国が要求した「信教自由」は国教の前での「法教寛容」論であり、そこには相異があったといわれる。「岩倉使節団と信教自由の問題」『日本歴史』三九一号、一九八〇）。無論、抗議は幕末維新期から存在しており、使節団は、出港以前にそれに対して一応対策を練ってはいたようであるが（山崎前掲書）、まさかこれほど宗教が重要案件となり、かつそれが「文明」国の要件として条約改正ともつながってくる問題になるとは考えていなかった。だが、一八七二（明治五）年一月アメリカに到着し、次いで十月にヨーロッパに渡って以降も、使節団はいずれの国においても「信教自由」（＝キリスト教解禁）を強く求められている。アメリカ大統領グラント（U. S. Grant 一八二二〜一八八五）から強く促された際には、これと条約改正が不可分のものであると知った使節団は、急遽大久保利通（一八三〇〜一八七八）と伊藤博文（一八四一〜一九〇九）を一旦帰国させている。そして、ついに使節団は、一八七三（明治六）年ベルギー到着時になって、留守政府にキリシタン禁圧の高札の撤去を命じることになる（この時点では国内には公表されなかった）。

ところで、使節団は欧米の抗議に直面させられ、しぶしぶキリシタン禁圧を解くことになったとはいえ、実はアメリカ到着時から、宗教と「文明」に深いつながりがあるらしいことを直接見聞し、衝撃を受けたことが看過されてはならない。つまり、宗教（＝キリスト教）、とりわけプロテスタントは、欧米「文明」諸国家の今日の「勉強競励」「協和」「富強」の根幹に存在しているらしいことが、注目されるようになったのである。

このことは、使節団に権少外史として随行した久米邦武（一八三九〜一九三一）の手になる『米欧回覧実記』に随所に見られる欧米宗教に関する言及から明らかだが、ここでは比較的まとまった記述がある「第十九巻　新約克（ニューヨーク）府ノ記」から引用しておこう。

「バイブル」ハ西洋ノ経典ニシテ、人民品行ノ基ナリ、之ヲ東洋ニ比較シテ語レハ、其民心ニ浸漬セルコトハ四書ノ如ク、其男女トナク貴重スルコトハ、仏典ノ如シ、欧米ノ人民ニ、尊敬セラルコト、其盛大流行ヲ東洋ニ於テ比較スヘキモノナシ、抑モ人民敬神ノ心ハ、勉励ノ本根ニテ、品行ノ良ハ、治安ノ原素ナリ、国ノ富強ノ、因テ生スル所モ此ニアリ、（中略）故ニ西洋ニ於テ、国土民情ヲ説ク、必ス其宗教ヲ詳カニス、外国人ノ其地ニ至ルトキハ、必ス問フニ崇スル教、拝スル神ハ、何ナルヲ以テス、若シ宗教ナキ人ナレハ、之ヲ認テ喪心ノ人、獷野ノ民トシ、慎テ交際ヲ絶ニ至ル、（中略）西洋ノ人民、各文明ヲ以テ相競フ、而テ其尊重スル所ノ新旧約書ナルモノ、我輩ニテ之ヲ閲スレハ、一部荒唐ノ談ナルノミ、天ヨリ声ヲ発シ、死囚復活ク、以テ瘋癲ノ譫語トスモ可ナリ、（中略）是ニテ奇怪ナラスンハ、何ヲ以テ奇怪トセン、（中略）故ニ宗教ハ、形状ト論説トヲ以テ弁訟シ難シ、所謂実行ノ如何ヲ顧ルノミ、（中略）基督ノ教ハ、奇怪モ亦多シ、我若シ論ヲ以テ之ヲ屈セハ、彼徒ニ答ヲ失ハシメルコト、必モ明識ノ士ヲ俟サルナリ、但其実行ノ篤キニ至テハ、我ニ於テ慙色アルヲ免レス、「バイブル」ノ一書、王公貴人ヨリ、奴隷頑童ニ至ルマテ、説クヲ解ス（後略）。

ここで注目されることは、儒学者であった久米らしく（後述）、キリスト教の教義内容自体（「天ヨリ声ヲ発シ、死囚復活」など）については、「荒唐無稽」なものという視点は最後まで変わらなかったにも拘わらず、その教えが「王公貴人」から「奴隷頑童」に至るまで浸透し、かつ「実行」されることで、「勉励ノ本根」

「治安ノ原素」となり、かくて欧米諸国は「文明」国となったと捉えられていることである。一方では、日本では儒教や仏教がもたらされて「二千年」になるが、「其修身ノ節目ハ、之ヲ碩儒ニ質ストモ、其要ヲ得ルコト殆ト難シ、操行ノ実ヲ顧レハ、古往今来断シテ一人ナシト云モ可ナリ」、僧侶についても経典を解するものは「百人ニ二三人ヲ得テ止ム」状況で、「其品行ノ人民ニ著ル、度」は「世界最下等」とさえ断ぜられている。久米が、当時の日本の儒教・仏教をどのように見ていたかも興味深いが、いずれにしても「文明」国欧米の人びとの「実行」力の背景にキリスト教、とりわけプロテスタントの浸透があるらしいことについては、相当の衝撃があったことが率直にのべられている。

ところで、同じくキリスト教といっても、カトリック、さらにギリシャ正教、ロシア正教に対しては、『米欧回覧実記』(=久米)は相対的に冷ややかなまなざしを向けている。というのも、(フランスは例外としても)「プロテスタント教ノ如キハ、文明国ノ正ニ宗トスル所」と捉えられたからであり、それに対してカトリックなどでは、人びとの「風紀」はプロテスタント国に比して劣っていると観察されている。のみならず、カトリック教会が、教育権や裁判権を占有し宗教弾圧を行うなど人びとを抑圧し、結局は内乱をも誘発した歴史にも言及している。その当否はともかく、恐らく最後の点は、使節団にとっては決して他人事ではすまされない問題として認識されたことは想像に難くない。

以上、岩倉使節団の経験は、明治政府が目指すべき「文明」の背景に宗教、とりわけプロテスタントが存在していることを痛感させられる初発の経験として、キリシタン解禁のみならず、やがて「文明」という指標から宗教を捉えていく上でも大きな影響を与えることとなる。

三　森有礼の「信教自由」論

岩倉使節団が宗教施設を見学する際に、これに寄り添って行動していたのは森有礼（一八四七～一八八九）であった。森は、明治政府の要人として明治前半期の数多くの外交、文教政策を担った人物として知られているが、明治維新以前に出身地の薩摩藩から密かにイギリス留学を命じられ（一八六五［慶応元］～六八［明治元］年）、この間にイギリス・アメリカを中心に宗教見聞を深めていた（木村匡編『森先生伝』金港堂書籍、一八九九、犬塚孝明『森有礼』吉川弘文館、一九八六）。明治維新後は、維新政府から外交官（少弁務使）としてアメリカ在勤を命じられ（一八七〇［明治三］年）、こうした経緯から岩倉使節団に寄り添って奔走することとなったのである。付言するならば、岩倉使節団帰国後には致仕して自身も帰国し、一八七三（明治六）年には、明六社を立ち上げ、その啓蒙的議論をリードしていくこととなる。これらの経緯からすると、明治前半期の宗教観にもっとも大きな影響を与えた一人といってよい。とはいえ、周辺からあまりにラディカルと見なされた、「政教分離」論、「信教自由」論は（「廃刀」論や「日本語廃止」論なども相まって）日本では多くの反発を招くことになるのだが、少なくとも岩倉使節団の宗教視察には大きな影響を与えていたと考えられる。

ともあれ、森が恐らく日本人としてはもっとも早くから「政教分離」論、「信教自由」論を説いていたことは確かなので、ここで一八七五（明治八）年にアメリカで執筆された「日本における宗教の自由」を見てみよう（原文は英文。三条実美宛の建白という形を取っているが、英文で公刊されたことから、条約改正も意識して欧米諸国に向けて発信されたものと見ることができる）。

「日本における宗教の自由」の末尾に添付された「大日本帝国宗教憲章」には次のようにある。

良心と宗教的信仰のことに関しては、その取扱ひはひとり理性と良心によつて正当に規定せられ得るのであつて、決して強制力や暴力によつてなされ得るみのではない。それゆえ宗教に関しては、いかなる個人も社会も、すべて人は自己に対し責任をもつ以上、自己の意見もしくは解釈を他人に強いるどんな権利ももたない。そうである限り、われわれの意図は、国家による特種宗教の保護がひきおこす不幸が、わが国民になくてすむようにすること以外にはない。（中略）今や大日本帝国政府は、国内における良心または宗教の自由の自発的行使を、直接にせよ間接にせよ、禁ずる法律をつくらないことを厳かに決定し宣言する。

これに続けて、「憲章」は「国家の法律」と抵触しない範囲での宗教的組織が干渉を受けないこと、国家は特定の宗教に特権を与えてはならないこと、「聖職上の称号もしくは位」を国家が与えてはならないこと、「宗教的憎悪を助長すること」の禁止などがのべられている。

森が、このように「宗教の自由」を何よりも重視したのは、「宗教の自由」は「人間的関心」の最重要事であり、かつ「人間生得の権利」「あらゆる人間の利益を増進するためのもつとも基本的な要素」と見たからであった。この視点は『米欧回覧実記』（＝久米）には希薄な視点であり、ここには、森の留学中のキリスト教共同体（ハリス農園）での生活体験が影響していることは間違いないが、今は措く。森のいう「信教の自由」とは、キリスト教の解禁も意味していたが、キリスト教については、「キリスト教をおのが宗教とする人びとほど堂々と文明の頂点を前へおしすすめた人はなかったという地球上の諸国の歴史によって証明された」とし、「文明」への「進歩」のためには「人間の本来的諸権利を認め、それを暴力から守るような正常な法律」「教育制度」の必要性が説かれている。ところが、「この神聖な権利をなんらかの形においてか承認したような痕跡が見出せ」ない「すべての被治者にたいして無知無識という最上の美徳を唱える奇異な政治経済学派に育まれてきた」日本では、神仏合同による国教主義的教化政策がとられている。森はこの点について、「自分でつくったreligionを人民に押しつける政府の企て」とし、「かくの如き企ては、神聖なる良心の自由を無視するばかりか、その結果は人間の真の霊魂をおしつぶす」と厳しく非難している。なお、森は宗教を「人間の最重要事」としつつも、教育組織・制度に特定の宗教を持ち込むことには慎重な姿勢を見せている。あくまで、国家が教育組織・制度を管轄すべきとした姿勢には、国家主義教育を推進した後の文相としての視線も垣間見えている。この森の主張は、伊藤や寺島宗則（一八三二〜一八九三）らに影響を与えている（山崎前掲書）。

なお、アメリカからの帰国後に森も創設者の一人となって明六社が創設されるが、そこでも宗教論がさまざまに議論されている（『明六雑誌』、全一五五篇の論考の内、約六分の一が何らかの形で宗教に言及している。小泉仰「ミルの宗教三論と福澤諭吉の宗教観」『近代日本研究』2、一九八六）。福沢諭吉（一八三五〜一九〇一）が「文明」のためには宗教より「智」が重要としたことを別とすれば、「いわゆる信なるものは、人々の心裏に存するものなり。ゆえに勇者も力をもって佗人の信を奪うを得ず。智者も弁をもって佗人に信を強ゆるを得ず。ゆえに政府の教門における、またその人々の信ずるところに任すべくして、之をして必ず此を信ぜしめて、必ず之をして信ぜざらしむること能わず。（中略）信に本末なし、ただ真とするものを信ずべきなり。（中略）政治の権は、教門の道ともとよりその本を同うせず」（西周［一八二九〜一八九七］「教門論」）など、大方は「政教分離」に基づく「信教自由」を主張している（加藤弘之［一八三六〜一九一六］、阪谷素［一八二二〜一八八一］、森ら）。また、周知のように、津田真道（一八二九〜一九〇三）は、「開化」のためには「法教」（＝宗教）としてのキリスト教（プロテスタント）を採用すべきことを主張している。

法教の目的は概するに不開化の民を導きて善道に進ましむるにあり。法教に数種あり。従来邦内に行わるるもの二、曰く神、曰く仏。邦外に行わるるもの、その数を知らず。（中略）なかんずく基（＝キリスト教）を最善とす。基の内また三種に別る。曰く希臘、曰く天主、曰く異宗（＝プロテスタント）。異宗を最善とす。（中略）そもそも教化の人間に流行するや、その上等なるもの、つねに下等なるものを圧し、新なるもの、たいてい陳なるものに勝つ。（中略）今や宇内人民一般の開化を賛くるもの、基教に如くものなし。（中略）さればそのもっとも新、もっとも自由、もっとも文明の説に近きものを取て、わが開化の進歩を助くるをもって、我邦今日の上策とすべし（「開化を進る方法を論ず」）。

この津田の議論は、キリスト教自体の内容にはほとんど言及せず、「開化」への「教化」の手段として宗教・キリスト教を捉える点で、しばしば功利主義的性格が指摘されるが（小泉前掲論文、山崎前掲書）、（既述した岩倉使節団も含め）こうした「開化」と結びつけられた教化手段としての religion ＝宗教という論調は、程度の差はあれ、『明六雑誌』全体を貫くものといってよい。このことも、宗教問題が焦眉の問題として語られなければならない背景にはあったのだ。

明六社の議論は、「文明開化」の風潮・言論空間を形成する上で大きな役割を果たしたといわれている（中野目徹『明六雑誌（上）』解説）。かくて、一八七三（明治六）〜七四（明治七）年以後になると、キリスト教解禁も相まって、「文明開化」「信教自由」「政教分離」と結びついた religion ＝宗教概念が、巷間でも普及・定着していくこととなる。

四　religion 以前の宗教の様態

religion ＝宗教の登場は、何よりも当時日本にあったほぼ全ての宗教団体自体に深甚な影響を与えずにはおかなかった。いうまでもなく当時日本にあったほぼ全ての宗教は、（島地がいかに仏教こそキリスト教に対抗できる宗教であると主張したとしても）およそ個人の信仰（「心裏」）に根ざした religion としての宗教、ましてや「開化」に堪えうる宗教ではなかったからである。

そもそも、徳川時代までの宗教（＝ religion 以前の宗教）とは、（今日のわれわれも馴染んでいる）宗教、すなわち〈信仰・信心・信念体系（＝教義）に基づく、来世・現世に関わる「救済」を何らかの形で実現しようとする組織・運動体〉とはかなり異なる、「外交」「軍事」「裁判」「教育」「医療」「役場」「商業市場」「娯楽」「福祉」「アジール」「葬祭」などの領域のほぼ全てに浸透していた存在だった（拙稿「迷信・淫祠・邪教」『日本人と宗教⑥』春秋社、二〇一五）。別の言葉でいえば、「政教分離」「信教自由」とは対極の、まさに聖俗空間・日常生活全体を覆い尽くす存在だったということである。

確かに幕藩権力によって統治の中枢に関わる「軍事」「外交」「裁判」の多くは宗教勢力から奪取され、その意味では徳川時代なりの「政教分離」が達成されていたとはいえ、それでも「裁判」についていえば、（「刑事」的な領域の多くは幕藩権力が担うことになったとはいえ）「内々の紛争解決」「内済」には依然として地方個別寺院が大きな役割を果たしていた（たとえば、「詫び＝謝罪の意思を示すために寺院に駆け込み謹慎する」

事例、「処罰・制裁のために村や町の判断として強制的に入寺させる」事例、「保護・救済を求めて入寺させる」事例など。佐藤孝之『駆込寺と村社会』吉川弘文館、二〇〇六)。また、「役場」的機能としての寺請体制、「教育」的機能を果たした寺子屋、定期市・常設市の拠点であった事例(「商業市場」)、定例祭礼、開帳、農村歌舞伎の興行などの事例(「娯楽＝劇場」)、駆込寺の事例(「アジール」)など、徳川時代までの宗教勢力、とりわけ寺社宗門は現在の姿からは到底想像できない程多くの領域、人びとの生活の細部にわたって密接に関与する存在であった。religionとしての宗教になることとは、こうした「教育」「医療」「役場」「商業市場」「娯楽」「福祉」「アジール」「葬祭」などの領域から、多くの領域がはぎ取られ、切り詰められ、結果的に残された、主として「心裏」(信仰)の世界、不可知的領域に関わることだけを扱う、「教」になることにほかならない。また、「政教分離」とは、「外交」「軍事」「裁判」「教育」「医療」「役場」「商業市場」「娯楽」「福祉」「アジール」などのほとんどが、「政」の領域・管轄とされることの別の表現といえるだろう。

とりわけ徳川時代までの宗教の重要な領域として見落とせないのは、「医療」活動＝「病気直し」である。これこそが、近代になって、「開化」、religion＝宗教にあるまじき「迷信」として位置づけられていくものといえるが(後述)、徳川時代までの宗教が人々の生活に密着して行っていたものこそ、「呪術」「祈祷」などによる「病気直し」であった(小山聡子編『前近代日本の病気治療と呪術』思文閣出版、二〇二〇)。なかでも、本山派・当山派という二組織に編制された修験道の末端では多くの里修験が活動し、主として巫術や呪法の施行、加持祈祷などで「病気直し」に従っていた(『近世修験道文書』柏書房、二〇〇六、宮家準『修験道思想の研究』春秋社、一九八四)。中井竹山(一七三〇〜一八〇四)は、こうした「病気直し」の様態を、儒教的「淫祠」論の立場から厳しく指弾し、「讃岐金毘羅、大和の大峰抔種々の霊怪を唱へ、又稲荷不動地蔵を淫り、吉凶を問ひ病を祈、因て医者方角をさし示し、或は医薬をやめ死に至らしめ、蛭子大黒を淫て強欲奸利の根拠とし、天満宮を淫弄し媒とし、観音を産婆代りとし、狐狸の妄談、天狗の虚誕、聊の辻神辻仏に種々の霊験を猥に云ふらし、仏神の夢想に託し妄薬粗剤を売弘め、男女の相性・人相・剣家相を見るの類邪説横流し、愚民を眩惑矯誣するの術に非なるは無、斯る怪妄世界、頑鈍風俗誠に嘆ず可、憫む可の甚き也、請ふ速に淘汰を加へ厳禁を施し、将来を懲し度者也」(『草茅危言』一七八九〔寛政元〕年)とのべているが、ここからは徳川時代までの巷間での宗教活動とは、「種々の霊怪を唱へ」「吉凶を問ひ病を祈」り、「種々の霊験を猥に云」う活動であったことが、むしろ理解されるだろう。

「病気直し」といえば、一九世紀前期から中期に開教し、幕末維新期から明治期にかけて教勢を爆発的に伸ばしていった民衆宗教、黒住教・天理教・金光教の活動が注目される。すなわち、『黒住教教書』『おふでさき』『金光大神御覚書』などを繙くならば、多くの庶民＝農民が、何よりも労働や生活を阻害するものとしてあった「病気」の「直し」を切望して、これら民衆宗教の教祖たち、黒住宗忠(一七八〇〜一八五〇)、中山みき(一七九八〜一八八七)、赤沢文治(一八一四〜一八八三)らのもとへと集い、教祖の口を通して直接的に伝えられる神々のコトバや、禁厭・神水・神米などによって「病気直し」を実現していたことが知られる。次節で取りあげる金光教の場合は、「病気」に苦しんで集まってきた人びとに対して、教祖文治はまず金神に対して祈祷を捧げ、次いで時には「おいさみ」と呼ばれる神がかりを伴いながら神意をうかがい、金神のコトバ＝「裁伝」を人々に伝えることで、「病気直し」を実現していた。

そして、religion ＝宗教の登場、「文明開化」とは、こうした「病気直し」にとっては、何よりも受難の始まりを意味していた。『明六雑誌』中においても、こうした民間の宗教活動(「病気直し」など)に対する一貫した指弾・非難は、ほぼ全員に共有された視線だったと見てよい。西は「信に本末なし、ただ真とするものを信ずべきなり」としつつも、「文教いよいよ進めば、信ずるところ自ら高し。たとえば人の狐を信じ、蛇を信じ、天狗を信ずるがごとき、いやしくも禽獣の学を攻むれば、その妄すなわち著る」とのべ（「教門論三」）、津田も「闔国の人民は依然たる旧習の人にして、概してこれを言えば、地獄極楽、因果応報、五行方位など、無根の説に迷える愚民なり」（前掲）とのべるなど、ことにreligion以前の宗教の中にあった人びとを「愚民」視している。religion＝宗教とは、こうした「愚民」を「開化」、「高次」の「信」に導く「教」を指すのであって、「政」に立ち入るかのように広汎な領域に侵入し、なかんずく「病気直し」などにまみれた活動を行っているreligion以前の宗教を、宗教にあらざる「迷信」として放逐していくことは、その一つの帰結だったのだ。そして、それはreligion以前の宗教にとっては、religion＝宗教になるかならないかの重大な決断を迫るものとなっていくのである。

五　金光教の宗教化過程

明治維新直後、天理教・金光教などは、幕末期と概ねにおいて変わることのない「病気直し」に従事していた。とりわけ、教祖の存命中はそうであったといえる。だが、既述してきたように、岩倉使節団や啓蒙知識人においてreligion＝宗教が意識され始めた一八七二（明治五）年以降、その活動（＝「病気直し」）は大きく制約されざるをえなかった。すなわち、「文明」ならざるものは「迷信」であるというまなざしが次第に台頭する中で、自らを「文明開化」的なものであるとする意識が内部でも登場し、そのことによる宗教化という問題が立ち現れることとなる。以下、その経緯について、金光教を中心に見ていきたい。

明治維新直後の一八六八（明治元）年にだされた神仏分離令は、教祖文治の居住する（旧浅尾藩領）大谷村でも「神社神体不残改」という事態や「稲荷大明神」「石鎚大権現」などの「取除」、「金毘羅宮」の社号改称という事態を引き起こしているが（小野家文書『永世御用記』一八六九〔明治二〕年）、文治の基本的姿勢を未だ大きく抑圧する程のものではなかったといえる。結論的にいえば、『金光大神御覚書』（以下『覚』）や『お知らせ事覚帳』（以下『覚帳』）を見る限りでは、神祇官・神祇省期の政策は、文治の活動を大きく制約するものではなかった。文治は「天下太平、諸国成就祈念、総氏子身上安全の幟染めて立て、日々祈念」という活動を継続していた（『覚帳』）。また、引き続き、祈念や「裁伝」を中心とした「病気直し」に従事していた。

無論、神祇官・神祇省下での神仏分離政策、宣教使などによる人心収攬政策も、多くの神社や寺院に甚大な変容と再編を迫るものであった。激しい廃仏毀釈などが、実は「失敗」では済まされない「負の刻印」を現代に伝えていることも、あながち軽視すべきことではなかろう（宮地正人「国家神道形成過程の問題点」『日本近代思想大系⑤宗教と国家』岩波書店、一九八八）。しかながら、少なくともこの段階においては、政府サイドにおける「国家祭祀の天皇主義化」（宮地）に主眼が置かれていたことは間違いなく、それは「病気直し」などの活動を、個別に「教義」「教則」で規制していく性格のものではなかったと考えられる。

だが、一八七一（明治四）年の廃藩置県、翌年の戸籍法実施をへての教部省の設置（「太政官布告第八二号」、薩摩藩系の留守政府が主導したといわれる）とその管轄下における教導職の設置（「太政官布告第一三二号」）は、「病気直し」の近代的編成にとっては最初の画期ともなる重要なものであり、文治の活動も大きな変容を余儀なくされることとなる。教部省・教導職に関していえば、「教儀干係ノ事件ニ付神官僧侶等へ達ノ儀ハ教部省ヨリ其教導職管長ヲ以テ可相達候」（「太政官布告第一四一号」）という布告の下、「教義ニ関スル一切ノ事務ヲ統理」する教部省・教導職が「教義並教派」「教則」を規制する体制がここに整えられ、教部省・教導職を中心に、神官・僧侶を巻き込んでの、「三条教則」を基本理念とする「包括的宣教」が推進されていくことは周知のとおりだが、「教義」を前面に掲げての「病気直し」の規制体制がここに本格的に始動することとなる。ここで留意しなければならないのは、この過程は金光教の宗教化過程として最初の重要な契機となった「文明」化、換言するならば「病気直し」の抑圧・規制過程であったことである。以下、この点を見ていきたい。

一八七三（明治六）年、新聞紙上において、金光教を「怪シキ祈祷者」と把握する記事が登場する。

小田郡大谷村ニ金神大明神ト號シ、怪シキ祈祷者アリ、又所々ニ分派アリテ多クノ人民ヲ惑ハシ、許多ノ財貨ヲ貪リ、頗ル富ヲ致スト云（『大阪新聞』一月二四日付）。

この史料は、新聞という媒体による、金光教を「怪シキ祈祷者」と捉える言説のもっとも初期のものである。こうした記事がでてきた背景には、同年に布達された「梓座、巫、市子、憑祈祷、狐下ゲ」の禁止（「教部省布達第二号」）などの一連の教化政策が存在し、かつ安丸良夫が指摘するように、前年からの集中的な「文明開化」政策によって、「民俗的なもの」を「迷信」視する風潮が急速に形成されていったことが関係していた（安丸良夫『近代天皇像の形成』岩波書店、一九九二）。ところで、こうした風潮において目立つのは、いずれも「病気直し」を問題視していることであった。たとえば黒住教において、別派独立（一八七九［明治九］年）の前に専ら「禁厭」とよばれる「病気直し」が「全ク人民ヲ愚弄シ蒙昧ニ導クノ所業」として問題視されていた。

死灰再燃咀禁厭ノ法ヲ修シ病者ヲシテ医薬鍼灸ヲ止メ所謂黄巾白蓮ノ徒ノ所為ノ如ク符水ヲ以テ病ヲ療シ死ニ至ルマテ医療ヲ得サラシメ其愚夫愚婦ヲ蠱惑スル弊害挙ケテ数フ可カラス（「黒住祈祷之儀ニ付伺愛媛県」一八七三［明治六］年）。

これらの「伺」は、ほかにも名東県、兵庫県、島根県などから再三だされているが、まさに「人智開明ノ御趣意」をかざして、「医療ヲ得サラシメ」「医薬ヲ禁スル」かに見えた「病気直し」を「黄巾白蓮ノ徒ノ所為」と重ねて指弾している論理が看取できる。

天理教の場合も同様であった。『稿本天理教祖伝』によれば、一八七五（明治八）年に天理教祖中山みきが弾圧を受けた際に問題になったのは、「天理王命という神はない、その証拠を示せ、なぜ病気が直るのか、現在建築中の建物の経費はどこからだされているのか」ということであったという。ここには、「天理王命」「経費」も問題となったことも見えるが、それと並んで「病気直し」の問題が取り上げられていることが注目される。黒住教へのまなざしと同様のまなざしが天理教にも向けられていたことは間違いなく、しかも天理教の場合は、一九〇八（明治四一）年の別派独立まで、さらにはそれ以後もこのまなざしに晒され続けたのであった。

金光教の場合は、一八七二（明治五）年に文治が獲得した白川家輩下の「金神社」神官という資格が奪い取られ無資格となったことに関連する弾圧が『覚』に記されているが、大阪などでの弾圧ではやはり「病気直し」にまつわる「おいさみ」（＝神がかり）が問題視されていたことが分かる。

明治十二年頃より大阪に道が開けるとともに、其の筋の注意を引くこと甚し。其は何であったか。「おいさみ」という信心表現状態に就いてであった。信者が両手を指と指と組み合せて神拝する時に一心に願い居ると、組みたるまま「ポコンポコン」いわせて手を打ちつつ、さながら神憑りのようで、又狐つきのようである（「金光大神事蹟集」）。

また、同時期に布教許可を得つつあった仏教系組織による、「病気直し」に対する圧迫も強まりつつあった。こうした風潮は、「病気直し」こそ、その活動の中核的部分であった民衆宗教にとっては、きわめて深刻な問題を惹起することになったのはいうまでもない。

そして、こうした「文明」化の風潮は、次第に金光教の布教者・信者自体をも捉えていくこととなる。たとえば、金光教の文書布教の最も古いものに挙げられる初代白神新一郎（一八一八〜一八八二）の『御道案内』は、その初版（藤沢本、一八七一〔明治四〕年執筆）においては、民俗的金神の色彩が色濃く見られ、主神も未だ「金乃御神様」「日月金神様」「きもん金乃神」などと記されて、後に金光教の正式の主神となる「天地金乃神」という神名は登場していない（＝religion 以前の宗教の様態）。ところが、一八八一（明治一四）年頃に成った『御道案内』（伊原本）には、まさに「文明」の言説が随所に見られるようになる。「文明開化御一新の御時に到り、此の御道も同然、旧習を廃し」「文明開化御一新と此御道同然なり」「当時御規則と此御道と万同じ事を得く考へ、思ひ競べ合せて見るべし」など。まさしく「文明」の言説と整合的なものとして、信者の内部において金光教の信仰が描きだされ定着していったことは明らかである。

そして、こうした「文明」の言説として自らを整序していく過程こそが、実は宗教化のための重要な第一歩であった。何故なら、religion ＝宗教概念とは、「迷信」とは異なった「文明」の概念として存在していたからである。このことは、先にのべた島地や『明六雑誌』の言説から知られるが、金光教が「文明開化」

を意識した「教」＝教説による活動へと転回していく様相にも、それは刻印されている。「迷信」視から逃れるためには、「病気直し」を抑圧、規制し、「文明」化＝宗教化することしか選択はありえなかったのである。

六　神道の非宗教化――神道「治教」論

religion＝宗教の登場は、神道界にも深甚な影響を与えることとなった。最後にこの点にも言及しておかなければならない。最初にのべたように、島地は神道について「已ニ立教ノ人ナク、開宗ノ祖ナシ。（中略）若夫レ天神地祇、水火草木、所謂八百万神ヲ敬セシムトセバ、是欧州児童モ猶賤笑スル所ニシテ、草荒未開、是ヨリ甚シキ者ハアラズ」（「三条教則批判建白書」）とし、神道には「立教ノ人」「開宗ノ祖」が存在しないので、「野蛮」以外の何者でもなく、「文明」の宗教とは、到底いいうるものではないとしていた。島地が目撃していた神道とは、「旧神道」（＝徳川時代までの吉田・白川神道）に加え、「新神道」（＝復古神道派、これらの概念は大国隆正［一七九三〜一八七一］『存念書』）の混在していた神道であったと考えられるが、島地同様に「神道は未だ宗旨の体を成さず」と捉える福沢は、「旧神道」については「往古に其説あるも、既に仏法の中に籠絡せられて、数百年の間本色を顕はすを得ず」と、正しくもその自立性自体を否定し、さらに「新神道」についても「近日に至て少しく神道の名を聞くが如くなれども、政府の変革に際し僅に王室の余光に籍て微々たる運動を為さんとするのみにて、唯一時偶然の事なれば、余輩の所見にては之を定りたる宗旨と認む可らず」とのべて、その興隆を「一時偶然」と突き放し、「定りたる宗旨」（＝宗教）とは見ていない

（『文明論之概略』一八七五［明治八］年）。

事実、「御一新の神道」として教化の任に当たることが期待されていた「新神道」も、明治前期には徳川時代以来の宇宙論・幽冥論の論議に明け暮れていた。それ自体は、今や自立した存在となった神道が、同じく神仏習合から文字どおり暴力的に解き放たれた神社と同様に、新たな神学を求めて模索していた過程と捉えられるが、島地・福沢らの議論をまつまでもなく、明治初年期の神道は、仏教などとは異なって到底自立した宗門たる要件を満たすものではなかったといえる。ましてや、これらの「新神道」の多くが主張していた「祭政教一致」的政治体制は、「政教分離」を前提とした宗教概念に立脚した島地・福沢らから見ると、荒唐無稽な主張でしかなかったはずである。ちなみに、後に祭神論争の際に出雲派の主導者となる千家尊福（一八四五〜一九一八）は、一八七四（明治七）年には「政教一致」の立場から（明治維新直後には実現していた）神祇官の復興を唱え、ロシアに倣った国教制度を主張して次のようにのべている。

魯国政教ヲ一ニスルヲ引テ、国教ノ権ハ　朝廷ニ収ムベキヲ論ズ。彼魯国ノ英主彼得（＝ピョートル大帝）、希臘教ヲ弘布シテ民ヲ敵地ニ植ルノ孫謀ヲ貽シ、後世遵奉益強大ヲ致ス。（中略）外教ノ情況亦頗ル窺フ所アリ。朝廷彼得ノ貽謀ニ鑒ルアッテ、復官拡教ノ議ヲ定メ、教導職ヲ一洗シ之ガ規律ヲ振粛シ漸次進歩ヲ期セバ決シテ復タ昔日ノ覆轍ヲ踏ムニ至ラズ（「神祇官を復する議につき建白」）。

この千家のような「政教一致」からする神祇官復興論は、一八七〇年代中頃までしばしば「新神道」側から提示されているが、このことは、「政教分離」や religion ＝宗教という概念が「新神道」側では十分に自覚されていなかったことを物語っている。だが、「政教一致」的な国教論は、次第に高まりつつある神社・神道＝非宗教論を利用しながら、神社・神道＝「治教」論として根幹部分は命脈を保ち続けていったと考えられる。

すなわち、「新神道」の教義論争の果てに、祭神論争が起こってくる直中において、島地・福沢らの神社・神道＝非宗教論（「非文明」「野蛮」論）に対抗して、神道＝「治教」論を全面に掲げての神社・神道＝非宗教論が台頭してくることとなる。ちなみに、「治教」とは元来は儒教系概念で、徳川時代にあっては、朱子学者などによって「治」と「教」の組み合わせとして用いられているに過ぎなかった（新井白石［一六五七〜一七二五］など）。それが合一すべきものとして意識的に用いられるようになるのは、寛政期以後の教化言説（頼春水［一七四六〜一八一六］など）や、とりわけ後期水戸学以降であったと考えられる（藤田東湖［一八〇六〜一八五五］『弘道館記述義』や会沢安［一七八二〜一八六三］『学制略説』など）。しかしながら、それらはほとんどが「治」と「彜倫」、「治」と「学問」の一致を説いたものであって、明治維新当初に用いられた「治教」、恐らくその初出の一つと考えられる「宣布大教詔」（一八七〇［明治三］年）中の「祭政一致　億兆同心　治教明于上　風俗美于下」も、「治」と「彜倫」の一致を説いたものと考えられる。「宣布大教詔」が「祭政一致」と並べて「治教」を説いているのも、確証はないものの後期水戸学系の言説を連想させる。だが、以下にのべるように、religion＝宗教を強く意識し、「迷信」ならざる非宗教を意味する、とりわけて神道を定義づける概念として、ここに「治教」が登場してくるのである（島薗進『神聖天皇のゆくえ』筑摩書房、二〇一九、阪本是丸編『国家神道再考』弘文堂、二〇〇六）。

祭神論争の詳細な過程については、ここでは割愛するが（詳しくは藤井貞文『明治国学発生史の研究』吉川弘文館、一九七七）、周知のように、出雲派は「神道ノ教ハ天地ト共ニ開ケ、顕幽分任ニ大成スル者」（千家「示論書」）とする立場に立ち、「本居平田両家ノ説ヲ其儘ニ守レル徒」（常世長胤［一八三二〜一八八六］「神教組織物語」）と行動を共にしていた。一方、伊勢派は「我惟神ノ道ハ、造化ノ宗主ヨリ出テ、大元ノ先ヨリ万世ノ後マテ、嘗テ一日モ汚隆アルコトナシ」として造化神の祭祀が基本であると主張していた（田中頼庸［一八三六〜一八九七］「神道祭神論」）。「幽冥」を含むか、「造化」のみでよいかという論点は、いずれにしても平田篤胤以降の宇宙論・幽冥論をめぐる論争との連続性を有しており、この意味では「三大考」論争とつながる面も有していたといえる（ちなみに、「三大考」論争とは、『古事記』神代巻を宇宙創造論として読み込む服部中庸［一七五七〜一八二四］の「三大考」が、本居宣長『古事記伝』に収録されて以来、明治維新をまたいで復古神道内部で続いてきた神々と宇宙創造過程をめぐる神話論争のことである）。だが、この論争は、神道界では、オオクニヌシを合祀するか否かという、教学的問題を争う相貌を有しつつも、最終段階には新聞報道などに神道＝非宗教・「治教」論が大々的に登場してくることが注目される。たとえば、『東京日日新聞』は、次のような論説を載せている。

明治政府ハ維新ノ初ヨリ曽テ神道ヲ宗教トハ認メラレサルナリ、（中略）列皇相承ケ、億兆同心治教上ニ明カニシテ、風俗下ニ美ナリ、君民ノ名分無窮ニ変ルコトナキヲ以テ、神道ノ極意ト云ヘルニ非スヤ、治教ヲ外ニシテ吾曹我国ノ神道ト称スヘキモノアルヲ知ラサルナリ、（中略）治教ハ固ヨリ宗教ニ関繋ナキヲ以テ、政府ハ祭祀ヲ司トルノ神官モ、宗教ヲ専トスルノ僧侶モ、倶ニ教導職ニ任シタルノミ、以テ教導職トハ治教ヲ宣布スル為ノ名ニシテ、宗教ヲ宣布スル為ノ名ニ非サルヲ知ルニ足レリ（一八八〇［明治一三］年二月三日付）。

ここでは、意図的に「宣布大教詔」が引用されつつ、宗教と「治教」の分離が主張され、明治初年に遡って、明治政府の宣教活動が専ら「治教」に主眼がおかれたものであったとのべられている。この観点からすれば、神道とは「治教」であって、宗教ではない。教導職とは、この「治教」を行う職であって、したがって神道が「宗教タルト否トハ」政府の関与すべき問題ではなく、まして祭神論争にも政府は関知すべきではない。こうした主張の背景には、「吾曹固ヨリ宗教ノ信仰ヲ自由ニ任スルノ本意」という、一八七五（明治八）年の「信教の自由保障の口達」を嚆矢とする「信教自由」論が存在していた。同様の論調は、祭神論争の発端期と見なされる一八七四年以降の新聞に徐々に登場し始め、一八八〇（明治一三）年頃にはかなり影響力を広げていることが理解される。いずれも、神道を宗教と捉えるならば、それは「信教自由」を侵すばかりか、「国体」に関わる神道を「一ノ雑神教」に陥らせ、却って「皇室ノ瑕瑾」となるという主張であった（『朝野新聞』一八八一〔明治一四〕年三月九日付など）。恐らくは、こうした新聞論調にも影響されて、祭神論争の当事者たる出雲派・伊勢派の両者も、この神道＝非宗教論を自己のものとしていったと考えられる。たとえば、神道大会議の第二回審議では「我国神道ト称スルハ、仏法ニ対シタル称ナルヘシ、（中略）世間神道ノ皇道タルヲ知ラス、神道ヲ他ノ宗教ト同視スルモノ多シ」という意見が提示され、出雲派として活動した本居豊頴（一八三四〜一九一三）も第四回審議において「我神道ハ、各宗教ト大ニ異ニシテ、神道ハ則帝道、帝道ハ則神ナカラノ大道ナリ、（中略）我神道ヲ目シテ宗教ナリト云フハ、深ク究メサルノ誤ナリ」とのべている。ちなみに、先に見た千家は、祭神論争をへた一八八八（明治二一）年には、次のようにのべている。

神道ハ祖宗伝来伝ハル所ノ大教ニシテ、皇室ト密着ノ関係ヲ有シ、敬神尊皇ノ道ヲ講明シ、忠君節義ノ精神ヲ感化養成スルヲ本義トスル者ナリ。然ルニ神道講明ニ従事スル者自カラ神道ヲ以テ信仰ヲ自由ニ任スル宗教トシ、皇室トノ関係ヲ薄クスルガ如キハ、豈思ハザルノ甚シキ者ナラズヤ。（中略）神道ヲ以テ宗教外ノ者トシ、神社ヲ以テ尊皇愛国ノ人心ヲ養成スル基礎トシテ教化誘掖ノ手段ヲ施ストキハ、一方ニハ国民ノ分トシテ尊敬スベキ神宮始国家有功ノ神祇ヲ崇敬シ、一方ニハ自己ノ信ズル宗教ヲ奉ジテ相悖ラズ相妨ゲザルガ為ニ何ノ宗教ヲ信ズル者ト雖ドモ自身ノ宗教ノ為ニ祖宗及国家有功ノ神ヲ崇敬スル国民ノ義務ヲ忽ニスル者無クシテ、神祇ノ尊厳ヲ加フルニ至ラン（「神道のあり方につき意見書」）。

この主張は、先の「政教一致」的国教論と異なる神社・神道＝非宗教論、「忠君節義ノ精神ヲ感化養成スル」「大教」（＝「治教」）論に立った主張であることは明白である。

かくて、元来は神社・神道＝「非文明」・「野蛮」論として提示されていた非宗教論は、新たに定義づけられた「治教」論として転用されるに至った。近代神社・神道の自己認識は、この時点から開始されたといってよい。そして、この自己認識は、確かに「政教一致」的国教論とは区分されるかに見えて、その実は「治教」論によって事実上は教化全体を独占することを企図したものであったことも看過されてはならないだろう。何故なら、政府が神社（神道）＝非宗教論を踏まえて、神官・教導職の分離を打ちだすと、今度はそれに対する反対が一斉に挙げられたからである（阪本是丸『明治維新と国学者』大明堂、一九九三）。後には、教導職を返上した方が「大小の神社」全体を「国家の祭祀」として打ちだす上では有利と判断する動きも出てきて（西田廣義「明治以後神社法制史の一断面」『明治維新神道百年史』第四巻、神道文化会、一九六六）、このことも先に見た神社＝宗教・非宗教論の議論に油を注ぐことになるが、それでも神道界には神官・教導職の分離に反対する声が根強かった。たとえば、この後教導職兼補の神官を糾合して教派神道の一派に位置づけられるに至る神道事務局（神道本局）の運動などは、その代表的なものと見なされよう（佐藤範雄『信仰回顧六十五年』上下巻、同刊行会、一九七〇）。

いずれにせよ、一九〇〇（明治三三）年、神社局が内務省社寺局から独立し、神社神道が宗教ではない「国家祭祀」であることが鮮明にされた。だが、それは徳川時代までの「旧神道」（神祇道）は無論のこと、幕末・明治期にそれなりに展開を遂げてきた「新神道」とは最終的に切断された、宗教ならざる「治教」としての全く新しい近代神道の確立を告げるものであった。しかも、それは近代宗教たらんとした神道（教派神道）との区分を実質的には曖昧にしながら、しかしながらそれに対する差別性を明確にすることで、「信教自由」の問題や宗教抑圧の問題を常に惹起し続けることになるのである。

七　おわりに――久米邦武の述懐

だいぶ後のことになるが（一九〇八［明治四一］年）、久米は次のような興味深い述懐を残している（「神道の話」）。

宗教といふことは（中略）私が一生の前半生と後半生と思想が余程違ふことを御話しませう。（中略）前半生の時代には迷信といふ言葉は無かつたが、淫祠といふことを頻に学者が唱へて居た。淫祠といふは正しく無い祠といふ訳になつて居る。それでは正しい祠といふはどう云ふものかと言へば、古来より在来つた神社、それに後に公けの政府、其頃は藩もあり藩で許したのが正しい社と云ふ訳に解せられてゐたけれ共、（中略）淫祠といふことも標準は無かつた。其頃の宗教といふものは一体淫祠臭いもので、マア学問でもする者は馬鹿々々しいことゝ思ふてゐた。是は私に限らず明治以前の者はマアそんな心であつた。然るに段々迷信といふ言葉の発生する時分より、宗教といふものは非常な貴重なものといふ事に人の前では云はなくてはならぬ様な訳になつて来た。事に依ると宗教を臭す事を言ふと甚だ悪い事に認めらる丶世の中になつたのです。

ここで、久米はその前半生、その時点から見るとほとんどが徳川時代に含まれる時代において、（文脈からここでの宗教は religion 以前の宗教を指していると考えられるが）宗教とよばれるものを「淫祠臭い」「馬鹿々々しい」ものと見ていたことを率直にのべている。佐賀藩士の三男として生を受けた久米は、佐賀藩校弘道館で学び、成績優秀の故に、一八六二（文久二）年には藩命により江戸昌平坂学問所に派遣され、古賀精里［一七五〇〜一八一七］の孫の古賀謹一郎（一八一六〜一八八四）に学び、帰藩後は弘道館の教諭に就任している。久米の思想に佐賀藩の「実学的」傾向があり、また青年期に尊王運動とも関わったことを別とすれば、いわば幕末期のもっとも高いレベルの朱子学の薫陶を受けていたことがここから理解される。このことを勘案するならば、久米のみならず大方の「学問する者」、儒者・朱子学者にあっては、宗教は概ね「淫祠臭いもの」と見られていたと理解して間違いない。

ところで、久米は岩倉使節団に随行して以降の後半生にあっては、こうした宗教観を改め、「宗教といふものは非常な貴重なもの」「人の前では云はなくてはならぬ様な訳になつて来た」としている。ここでは二点ほど興味深いことがのべられている。一つは、それが「段々迷信といふ言葉の発生する時分」とのべられていることである。「迷信といふ言葉の発生する時分」をいつ頃とするかは難しい問題であるが、religion の翻訳語としての宗教概念の生成期と見なされる一八七〇年代前半期頃、久米は、この新たな宗教観の展開に伴って、「迷信」という言説も成立したという重要な証言を行っている。「正祠—淫祠」論という徳川時代までの儒教的言説に替わり、religion ＝宗教概念の登場に伴って、宗教ならざるものとして「迷信」というまなざしは成立したことが、ここから理解される。

もう一つ興味深いのは、religion ＝宗教の重要性を「人の前では云はなくてはならぬ様な訳になつて来た」という含蓄深い発言である。岩倉使節団の経験によって、欧米「文明」諸国がいずれも、religion ＝宗教に基礎を置き、無宗教であるかの如く発言することは、まさに「野蛮」の表徴であると受けとめられかねないことを目撃してきた者にとって（「西洋で無宗教な人間はどう映ると思ふか、人間と云ふ者は性悪といふが、悪位なものでは無い、（中略）無宗教の人間と聞たなら、どんな事をするか判らぬと云ふ言葉になるから、無宗教はいけない」）、少なくとも宗教の重要性を「人の前では云はなくてはならぬ」状況となっていた。とすれば、この場合の「人の前」とは、欧米「文明」諸国を強く意識した発言と見てよいだろう。久米は、奇しくも宗教とは、何よりも、欧米諸国を意識した概念としてあることを、ここで正直に吐露しているわけである。いわば、religion ＝宗教とは、かくなるカウンターオリエンタリズムを伴ったものだったわけだ。

久米の「神道の話」は、「神道ハ祭天ノ古俗」事件（一八九二［明治二五］年）から十数年後に書かれたものであり、神道に関わる発言には慎重になっている節も見られる。しかしながら、「今の神道は徳川氏に起つたもので、是は中頃仏の両部神道であつたものを徳川氏に唱へ出した唯一神道であるから、其の中に後生の思想も沢山這入つて居る。ウツカリ信用はできない」「神道の教位のことではナカナカ道徳を保つて行かれやうか、是から神道の発達は、迚も望みが無からうか、まだ種々な教理を研究しなければならぬ」と、かなり皮肉まじりの発言も見られる。一方では、「日本人の神道との結合は不文無言の中に布れて甚だ堅固であるから是は動かない」とものべているが、「差支ない限りはどんな宗教でも容受する方が宜いと思ふ」というのが、ここでの結論である。これらからは、今や近代歴史学の泰斗ともなった久米も、儒者・朱子学者当時の朱子学合理主義からする宗教観からさほど変わっていなかった印象も受ける。なるほど、religion＝宗教は「文明」国家にとっては、重要なものなのだ。久米がいっているのはそこまでだが、それは現在に続く日本人の宗教観の一端も暗示しているように思われる。

引用史料出典（引用順）

島地黙雷「教部省開設請願書」（『日本近代思想大系⑤宗教』岩波書店、一九八八年）。

島地黙雷「三条教則批判建白書」（同前）。

久米邦武編『米欧回覧実記』（岩波文庫全五巻、一九七七〜八二年）。

森有礼「日本における宗教の自由」（『森有禮全集②』、文泉堂書店、一九九八年）。

同日本語訳（野崎茂訳）（三枝博音校訂『日本哲学思想全書』八巻、平凡社、一九五五年）。

『明六雑誌（上）（中）（下）』（岩波文庫、一九九九〜二〇〇九年）。

中井竹山『草茅危言』（『日本経済大典㉓』啓明社、一九二九年）。

小野家文書『永世御用記』（『金光教学』一一〜二三号、一九七一〜一九八三年）。

『金光大神御覚書』『お知らせ事覚帳』（『金光教教典』金光教本部教庁、一九八三年）。

「太政官布告第八二号」「太政官布告第一三二号」「太政官布告第一四一号」「教部省布達第二二号」「黒住祈祷之儀ニ付伺」

愛媛県（前掲『日本近代思想大系⑤宗教と国家』）。

『大阪新聞』（立命館大学図書館蔵、マイクロ版）。

『稿本天理教祖伝』（天理教教会本部、一九五六年）。

「金光大神事蹟集」（『金光教学』二七号、一九八七年）。

白神新一郎『御道案内』初版本（前掲『金光教典』所収）。

同『御道案内』伊原本（金光教大阪教会、一九八二年）。

大国隆正『存念書』（前掲『日本近代思想大系⑤宗教と国家』）。

福沢諭吉『文明論之概略』（岩波文庫、一九九五年）。

千家尊福「神祇官を復する議につき建白」（前掲『日本近代思想大系⑤宗教と国家』）。

「宣布大教詔」（前掲『日本近代思想大系⑤宗教と国家』）。

千家尊福「示諭書」（藤井貞文『明治国学発生史の研究』吉川弘文館、一九七七年）。

常世長胤「神教組織物語」（前掲『日本近代思想大系⑤宗教と国家』）。

田中頼庸「神道祭神論」（藤井前掲書）。

『東京日日新聞』（立命館大学図書館蔵、マイクロ版）。

『朝野新聞』（前掲『日本近代思想大系⑤宗教と国家』）。

千家尊福「神道のあり方につき意見書」（前掲『日本近代思想大系⑤宗教と国家』）。

久米邦武「神道の話」（『久米邦武歴史著作集』第三巻、吉川弘文館、一九九〇年）。

コラム③　妙好人像の変貌

岩田真美

一　妙好人とは

妙好人《みょうこうにん》という語は、唐代の善導《ぜんどう》（六一三～六八一）が『観無量寿経疏』「散善義」のなかで、『観無量寿経』に「もし念仏するものは、まさに知るべし、この人はこれ人中の分陀利華《ふんだりけ》なり」とある「分陀利華」を註釈して、「分陀利といふは、人中の好華《こうけ》と名づけ、また希有華《けうけ》と名づけ、また人中の上上華《じょうじょうけ》と名づけ、また人中の妙好《みょうこう》華《け》と名づく。この華相伝して蔡華《さいけ》と名づくるこれなり。もし念仏するものは、すなはちこれ人中の好人なり、人中の妙好人なり、人中の上上人なり、人中の希有人なり、人中の最勝人なり」と念仏者を讃えて称したことに由来する。つまり、「妙好人」とは念仏者を称賛する言葉の一つであった。

しかし、今日では念仏者の中でも、とくに真宗の篤信者に対する特別な呼称として用いられていることが多い。このような概念が定着し始めたのは近世後期以降のことであり、真宗の篤信者の伝記が「妙好人伝」と名づけられ、出版されたことに始まる。すなわち西本願寺の僧侶であった仰誓《ごうせい》（一七二一～一七九四）や僧純《そうじゅん》（一七九一～一八七二）、さらに東本願寺の僧侶とされる象王《ぞうおう》（生没年不詳）らが編纂した『妙好人伝』が出版され、幕末には真宗教団を中心に流布するようになった。これらは近世の真宗の篤信者伝を編集したものであった。そこには妙好人が浄土真宗の教えをよろこびつつ、幕藩体制や教団に従順であったことを説く物語も多くみられる。

近世後期、西本願寺では三業惑乱《さんごうわくらん》、東本願寺では頓成《とんじょう》事件とよばれる異安心《いあんじん》事件が起こり、いずれも幕府の介入によって落着をみたが、教団の教学的動揺は大きかった。また幕藩体制が崩壊へと向かう幕末期の教団を取り巻く強い危機意識を背景に、「妙好人」という理想的信者像を明確に打ち出すことで、教団の苦難、動揺に、生きた指針を見出そうという意味があったとされる（柏原祐泉『近世庶民仏教の研究』法藏館、一九七一）。『妙好人伝』は布教伝道の資料としても注目され、真宗教団の内部で急速に伝播し、直ちに版が重ねられたばかりでなく、近代以降も妙好人伝の名を冠した書物が続々と編纂されるようになった。

二　近現代の妙好人伝

近代の主要な妙好人伝として、明治期には若原観幢編『真宗明治妙好人伝』全三編（一八八三～一八八四）、平松理英編『教海美譚―一名新妙好人伝―』全二編（一八八六～一八九一）、濱口恵璋編『新妙好人伝』全二編（一八九八～一八九九）などの妙好人伝が出版された。さらに大正・昭和期（戦前）には、森川憲澄『現妙好人伝』（一九一九）、藤永清徹編『大正新撰新妙好人伝』（一九二二）、松原恭譲『妙好人百話』（一九三六）、富士川游『新選妙好人伝』全一四編（一九三六～一九四〇）などが出版された。これらは幕末以降の妙好人伝の形式を踏襲するものが大半であったが、次第に妙好人の内面の宗教心に注目するものが現れ始めた。

一方、戦後になると、楠恭編『妙好人才市の歌』（一九四九）、柳宗悦・衣笠一省編『妙好人因幡の源左』（一九五〇）など、従来のように多くの妙好人の伝記を書き連ねた列伝形式ではなく、個人の言行録の形をとった妙好人伝が多数出版されるようになる。また、そこには妙好人の信仰に学ぼうとする要求が強く現われるようになった。

三　妙好人像の転換

『妙好人伝』が教団の枠を超えて広く知られるようになったのは、鈴木大拙《すずきだいせつ》（一八七〇～一九六六）の著作によるところが大きい。すなわち鈴木はアジア・太平洋戦争の末期に『宗教経験の事実』（一九四三）、『日本的霊性』（一九四四）、敗戦後には『妙好人』（一九四八）を発表し、親鸞の教えを体現した妙好人の典型として浅原才市《あさはらさいち》（一八五〇～一九三二）らを紹介した。その際、鈴木は「妙好人伝」と「妙好人」を切り離し、教団における理想的な真宗信者としての伝記ではなく、個々の妙好人の信仰の内面化に注目した。そして、妙好人の信仰が文字に現われたものとして、浅原才市らが書き残した「歌」を取り上げ、真宗の在家篤信者の信仰に「日本的霊性」や「宗教経験」を見出そうとした。これら鈴木大拙の著作が端緒となって、アカデミズムの領域で妙好人研究に大きな関心が寄せられるようになったのは、戦後のことである。柳宗悦《やなぎむねよし》（一八八九～一九六一）は、これまで宗門の教学者たちは妙好人が民間の無学な人々であるため研究対象としてこなかったが、それは戦前の美学者や美術史家が民衆的作品、すなわち民芸品を考察の対象としなかった事情と類似しているとし、鈴木の「妙好人」研究をいち早く評価した。（柳宗悦「解説—妙好人の存在—」『鈴木大拙選集』第六巻、一九五二）。また柳自身も『妙好人因幡の源左《げんざ》』という妙好人伝を編纂しており、編者による解釈や嘆美、国家や教団との関係などを払拭し、できるだけ忠実に妙好人の言葉のみを紹介することで、その内面の信仰を純粋な形で切り取ろうと試みた。

戦後のアカデミズム固有の学的・思想的な要請のもとで、「妙好人」という類型概念の再創造が行われた。（黒崎浩行「妙好人伝の地平と近代」小田淳一編『物語の発生学』第一号、東京外国語大学アジア・アフリカ言語文化研究所、一九九七）。その端緒となったのは、上述した鈴木大拙の一連の著作であった。鈴木は妙好人の特色を「比較的に社会的地位をもっていない」「文字に乏しい」「大体学問のない人々で、信仰に厚い」（『妙好人』、一九四八）などと規定していたが、それは戦後の妙好人像にも大きな影響を与えている。すなわち戦後の妙好人伝においては「浅原才市」「因幡の源左」など、十分な教育を受ける機会もなく、恵まれた環境にはなかった農民や商人といった妙好人たちが豊かな宗教心を持っていたことが描かれており、在家信者の内面の信仰を純粋な形で表現しようとした言行録に注目が集まるようになった。その一方で、妙好人の信仰をあらわす記述が少ないもの、教団への奉仕や社会生活における善行美徳が強調されたような『妙好人伝』はあまり読まれなくなった。加えて、そのような妙好人の国家や教団への順応性が歴史学などの分野から批判を受けるようになった。かくして、妙好人といえば浅原才市に代表されるように、社会的地位を持たず、無学の身でありながら、純一な信仰をもつ真宗の在家篤信者というイメージが定着していくことになったといえよう。

戦後の妙好人像においては、幕末の妙好人伝にみられるような真宗教団における理想的信者の伝記というよりは、「教団」と切り離される形で、妙好人「個人」の信仰体験そのものに注目が集まるようになった。また近代の妙好人伝には、吉田松陰の妹（楫取希子《かとりひさこ》　一八三九～一八八一）や母（杉瀧子《すぎたきこ》　一八〇七～一八九〇）、学問に精通した僧侶や医者、軍人など社会的地位が高い人物も「妙好人」として取り上げられていたが、戦後になると農民や商人など、民衆の代表としての妙好人像が強調されるようになっていく。すなわち幕末以来の妙好人像は、とくに戦後において大きく転換したといえるが、そこには近代主義的な価値観が反映されていたのではないか。いま改めて「妙好人」とは何であったか、その実像や意義を問い直すことも必要ではないだろうか。

第五章　近代神道の形成

三ツ松誠

一　はじめに

列強の外圧が将軍権威を瓦解させる形で始まった政治秩序の編成替えは、一先ずは王政復古を旗印に掲げた新政権の樹立に帰着した。西洋文明に対抗しうる国民国家の形成という近代的課題を抱えた新政府の正統性は、逆説的なことに、その中心に据えられた天皇の神話的権威によって基礎付けられたものであった。かくして、復古的な装いをとった真新しい政策が、国民統合のために打ち出されることになる。神話の世界に魅入られた国学者たちが、天皇権威を飾り、人々の信仰を方向付けるために呼び出され、時を得て応分ならざる力を揮うことになる。いわゆる神道国教化政策の時代の到来である。

だが、神話的世界への復古を求める彼らの思い通りに事態は動かない。仏教者からの批判、西洋に対する配慮からの掣肘を受ける。神道家たちも互いに相争う。国民統合における有用性を示すことに失敗した彼らは結局、天皇権威の管理人としての地位の独占に失敗する。神社は国家の宗祀としての地位を維持する代わりに、その「宗教」性を放棄する建前になった。人々には「臣民タルノ義務」という枷付きの信教の自由が与えられた。かくして日本型政教分離と呼ばれる、近代天皇制国家を支えた政教関係が成立する。

本章の課題は、紆余曲折に満ちたこの歴史的過程を、その最前線で活動し続けた復古神道家、西川須賀雄《にしかわすがお》（一八三八～一九〇六）（図1）に視点を据えて、描き出すことである。近代日本における国家のイデオロギー装置をめぐっては、村上重良の包括的で抑圧的な「国家神道」像が社会的に大きな影響力を持ってきた。これに対しては実証的批判と総合的説明の重要性を説く反論との長い歴史があり、理論的にも実証的にも、簡

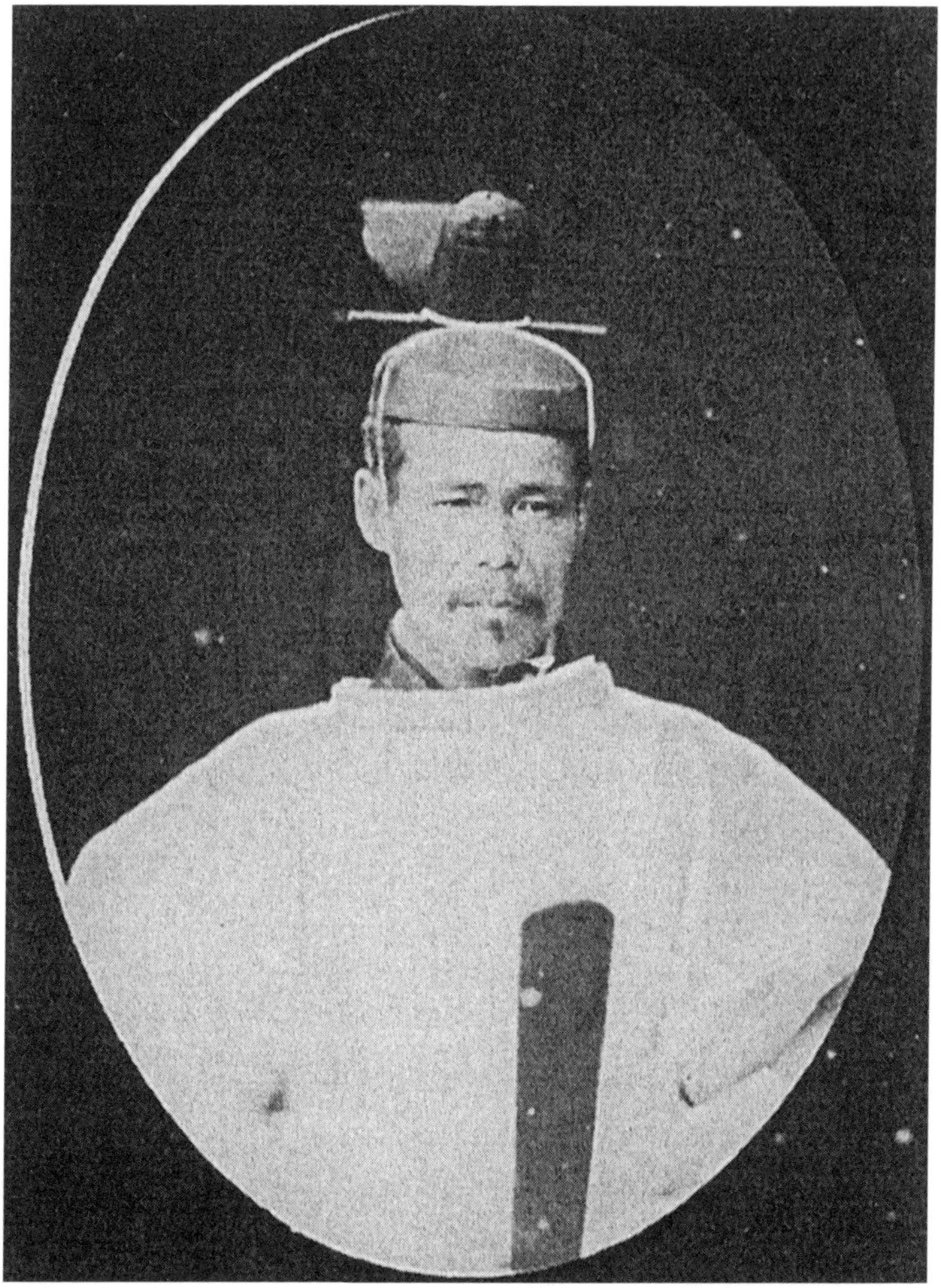

図１　西川須賀雄像（宮内庁三の丸尚蔵館所蔵）

単な説明を許さない研究史の現状がある。その成立過程を問うとなれば、与えられた課題は大きく、紙幅は少ない。だが須賀雄は、神道を前景化させた維新期の宗教政策の展開と挫折、そして非宗教としての神社と教派神道の分離という歴史の流れに、当事者として関わり続けてきた。彼の足跡を辿ることは、俯瞰的ではないにせよ、「近代神道の形成」についての一貫した見通しにつながるはずである。

二　幕末国学と復古神道

近世の神社と国学

身分制社会としての日本近世において、人々は身分集団単位で権力に把握され、神職身分もその例外ではなかった。律令制下で国家の祭祀を司った神祇官は機能を停止して久しく、神祇官代を称した吉田家と、神祇伯を世襲する家であった白川家が、諸国の神職を支配・編成する二大本所として勢力を争う一方で、神社は領主権力によって社領の認定を受けた。

ただし、キリシタンを排除すべき他者として設定し、その弾圧を梃子に、寺院を介して個別人身の掌握を図る寺請制をとった近世国家の中で、神道が中心的宗教の地位を占めたとはみなし難い。往々にして神仏は習合し、僧侶の下位に置かれた神職が居た。穢れの忌避もあって、葬儀を執り行って死後世界を司るのは僧侶の役目であった。

とは言え、近世後期の学問の普及が状況を変えることになる。朱子学の真剣な学習は、逆に大陸の王朝において実践されたその教説への違和感にもつながり、伊藤仁斎や荻生徂徠による、経書の読み直しを通じた諸範疇の再定義につながった。そして生まれた、同時代中国の脱権威化の傾向と、古代の言葉遣いに迫ろうとする方法とが、国典・日本文化に適用されることで、国学の発展を迎える。

神典を紐解くと、儒教も仏教も、その歴史は、神孫である天皇の歴史全体から見れば、新しいものだということになる。だとすれば儒教も仏教も、神道とともに在ったこの国本来の姿を失わせた存在に過ぎまい。賀茂真淵や本居宣長以後、外来思想流入以前の世の中を理想視する言説が流布することになり、神道から神仏あるいは神儒の習合を排除しようとする復古神道の流れが生み出される。仏教とは異なる神道固有の価値を求めた神職が、本居家に入門・留学する例は宣長生前から少なくない。その養子本居大平が紀州藩に召し抱えられると、藩内神職が本居家に学ぶよう奨励されてもいる。

平田神学

宣長の没後門人を自認しながら、文献学の枠を踏み越えたのが、平田篤胤（一七七六〜一八四三）である。篤胤は、記紀神話から世界創成の過程を読みだし、自国を世界の始原にして中心に据えた宣長の立場を受け継ぎつつも、国典に没頭する本居派国学の姿勢を共有できなかった。篤胤は儒教・仏教・道教から西洋の医学や天文学に至る様々なジャンルのテキストを読み込み、そこに世界文明の起点であるはずの皇国の神々の影を見た。篤胤の手にかかれば、アダムとイブはイザナギとイザナミ、牛頭天王はスサノオなのであり、李朝の訓民正音の背後にも、漢字伝来以前にこの国で使われていたはずの神代文字の存在が浮かび上がってくるのである。

篤胤の遺した作品でもっとも有名なものは『霊能真柱《たまのみはしら》』であろう。その主題は次の通り。

古へ学びする徒《トモ》は。まず主《ムネ》と大倭心《ヤマトゴヽロ》を堅《カタ》むべく。この[illegible]は。真道《マコトノミチ》の知《シリ》がたき由《ヨシ》は。吾が師の翁の。山菅《ヤマスゲ》の根《ネ》の丁寧《ネモコロ》に。教悟《オシヘサト》しおかれつる。此《コ》は磐根の極み突立る。厳柱《カシハシラ》の。動《ウゴク》まじき教へなりけり。斯《カク》てその大倭心を。太く高く固めまく欲《ホリ》するには。その霊の行方の[illegible]定《マリ》を。知ることなも先《サキ》なりける。……さて。その霊の行方《ユクヘ》の。安定《シヅマリ》を知《シラ》まくするには。まず天地泉《アメツチヨミ》の[illegible]つの成初《ナリハジメ》。またその有象《アリカタチ》を。委細《ツバラ》に考察《カムカヘミ》て。また。その天地泉を。天地泉たらしめ幸賜《サチハヒタマ》ふ。神の功[illegible]を熟知《ヨクサト》り。また我《ワ》が皇大御《スメラオホミ》国《クニ》は。万の国の。本《モト》つ御柱《ミハシラ》たる御国にして。万の物万の事の。万の国[illegible]卓越《グレ》たる元因《モトノイハレ》。また掛《カケ》まくも畏《カシコ》き。我が天皇命《スメラミコト》は。万の国の大君《オホキミ》に坐《マシマ》すことの。真理《マコトノコトワリ》を熟《ウマラ》に知《シリ》得て。後に魂《タマ》の行方は知るべきものになむ有りける。（『霊能真柱』上、一丁裏～二丁表）

国学を志すのであれば、まずナショナル・アイデンティティを確立[illegible]なければならない。そのためには、魂の行方について確信を持たねばならない。その前提として、コス[illegible]ロジカルな考察を通じて神の功徳と皇国・天皇の至尊を熟知しなければならない。

この言葉の通り、同書の前半は、神話に登場する天《あめ》・[illegible]・泉が、天体としての太陽・地球・月と一致することを図解し、その成り立ちに関わるアメノミナカ[illegible]シ以下の造化三神をはじめとする神々の功徳、また皇国と天皇の世界的偉大さを唱えるものになって[illegible]る。

ただしこの部分だけであれば、西洋天[illegible]学知を利用して世界の成り立ちを図解した「三大考」——宣長『古事記伝』の附録である——のフォロワーの域を出ない。篤胤の独自性を見るべき部分は、その後である。

篤胤は、穢れの世界であるヨミが[illegible]であることを根拠に、宣長説を批判する。宣長は、（表向きには）悲しいことだが人は死ねばみなヨミに赴くしかないと説いたが、篤胤に言わせれば、ヨミ＝月球は虚空の彼方の存在であり、死者の行きつく場所ではない。死後世界は、目には見えないが、この地上に確かに存在するのである。

かくして篤胤は国譲り神話を根拠に、地上を二つに分界する。片方は顕露事、アマテラスの子孫である天皇が治める生者の世界である。もう片方は幽冥事、オオクニヌシが治める神々の世界であり、死者は生前の在り方次第でさまざまな形でこの世界に赴く。正しい心の持ち主は家族の守り神にもなり、さもなくば天狗や疫病神になりもする。神軍の一員となって外国の侵略を撃退する――篤胤自身にとっては、これが理想の死後の過ごし方である。

死後安心を語らず、理不尽な不幸も穢れや悪の神である禍津日神の仕業として受容するほかないと説いた宣長に対し、篤胤は死後世界の実在を根拠に正しい生き方を促した。篤胤はまた禍津日神についても、穢れや悪を憎み怒る神として位置付け直し、人間の善心の淵源とした。両者の異質さは明らかであり、仏教を排した死後世界論を提示しえた篤胤に神道神学上の達成を認める立場も、故のないものとは言えまい。実際、体系的な神学を欠いていたからか、吉田家も白川家も幕末には平田学を利用することになる。

そしてペリー来航後、「墨夷」に対する征夷大将軍の弱腰が「御武威」を崩壊させ、「皇国」本来の支配者であるはずの天皇の意思に反した通商条約の締結で大政委任の破綻が明白化すると、天皇を戴く日本の諸外国に対する優越を主張する篤胤の思想は、地域的・身分的広がりを持って普及を遂げ、尊王攘夷運動を煽り立てることになる。

六人部是香と佐賀の門人たち

山城国乙訓《おとくに》郡向日《むこう》神社の六人部是香《むとべよしか》（一七九八〜一八六三）は、篤胤の上京時に交流して入門した神職であり、平田神学を継承した数々の著作で知られている。篤胤は生者の世界の支配者をアマテラスの子孫である天皇家に比定し、死後の世界の支配者をオオクニヌシとした。だが、オオクニヌシが単独で万人の死後を差配するわけではない、人々の死後の行方を差配するオオクニヌシの役割は、各地の産土神が分担・補助するかたちで果たされるのである。この六人部是香の主張は、各地の神社に積極的な役割を付与する形で篤胤説を拡張するものであった。

このように復古神道神学によって地域の神社に存在意義を付与しただけではなく、和歌や祝詞・祭式の研究に長けた神職でもあった是香の許には、各地から弟子入りする人々が集まった。残された入門誓詞を見るに、神職が遠方から遥々やってくる事例が確認でき、西川須賀雄の名もそこに認めることができる。

佐賀出身の是香門人は、須賀雄だけではない。驚くべきことに、幕末の佐賀では、六人部是香への継続的・組織的な入門が起きている。もっとも有名な関係者は、篤胤同様、漢訳キリスト教書を流用して救済論的な復古神道神学を編み出した佐賀藩什物方の南里有隣《なんりありちか》であろう。須賀雄と同時にやってきた後の神宮禰宜である岡吉胤や、『肥前国風土記』研究史に名を残した糸山貞幹《さだもと》は、いずれも領内社家の子で、是香に入門している。明治政府の初期外交を担った副島種臣（一八二八〜一九〇五）は、実は皇学修行を名目として遊学しただ一人の佐賀藩士であって、平田派の碩学矢野玄道らと交わるだけでなく、やはり是香に学んでいる。どうしてこのようなことになったのか――これを考えるには、幕末佐賀における学問熱の高まりを理解しなければならない。

三　西川須賀雄と幕末佐賀

佐賀藩における学問の普及

佐賀藩校弘道館は、後に幕府昌平黌で活躍する朱子学者古賀精里が初代教授を務めた。長男の古賀穀堂は佐賀の古賀家を継ぎ、弘道館の運営に尽力するほか、後の十代藩主直正（一八一四〜一八七一）が生まれると、その御側頭として教育に力を尽くした。穀堂の名は教育史の世界でよく知られている。というのも、穀堂は「学政管見」なる改革案を著して、藩校における藩士皆学とそこでの評価に基づく報奨・人材登用を訴え、その理想は愛弟子である直正の下でほぼ実現されたからである。

学習課題への合格を家禄や役職維持の条件とした佐賀藩の文武課業法は、世襲身分制社会においては驚くべきものだった。政治的主体性を備えた志士たちが登場する背景には、儒学の大衆化があったと言われるが、佐賀の儒学熱には甚だしいものがあった。佐賀弘道館は全国一の寄宿生の多さを誇り、昌平黌書生寮への留学生も佐賀藩士が多かった。大隈重信（一八三八〜一九二二）や江藤新平（一八三四〜一八七四）といった新政府で活躍する佐賀藩上がりの志士たちの多くは、この集団的学習生活のなかで頭角を現した連中になる。

古賀精里の三男として幕府儒官を継いだ古賀侗庵の学統は、西洋への関心も強く、幕府外交当局者を輩出した開明派として知られる。侗庵の兄である穀堂もまた道学先生の枠に収まる人物ではなく、「学政管見」

では、朱子学のみならず様々な学問の振興が謳われていた。

長崎から移入した種痘の成功を受け、医学寮のち医学校好生館では蘭方医学の研究が進められ、医業免札制度の導入で医師たちは西洋医学の修行を義務付けられた。

長崎防衛を「役」とした佐賀藩主として、直正は西洋の最新兵器の導入にも熱心だった。反射炉・新式銃砲の実用化に合わせて西洋科学技術の研究所である精煉方を設置し、また長崎海軍伝習の成果を受けて三重津に船手稽古所を設けるなど、軍事・科学面での西洋化も諸藩中随一だった。最幕末に長崎に設けられた蛮学稽古所／致遠館は、副島や大隈が運営の中心となり、宣教師フルベッキを雇い入れ、英語や西洋文明全般についての学習が行われた。

「学政管見」では、「和歌和文」、「典故制度治乱ノ事績」「職原学」「衣紋方」また「神道」の研究も推奨された。弘道館教諭の枝吉神陽（一八二二〜一八六二）は矢野玄道の友人であり、留学先の昌平黌ではじめて国典の研究を始めた人物として知られ、日本古来の法制・歴史を修めた学者として活躍した（弘道館史学派）。神陽は弘道館での朱子学教育の締め付けの強さに反発した若い藩士から人気があり、彼が関わった楠公祭祀グループである義祭同盟には、若き尊王攘夷派が数多く集まった。

身分に応じた役を果たすために学問を求める佐賀藩の方針は、武士や医者だけに向けられたものではなかった。神職についても研究教育機関が設けられたのである。藤原貞紹なる人物が一八五四年に六人部是香に寄せた手紙によれば、一八五二年から弘道館で『古事記』講義が南里有隣によって行われていたが、あらためてこの年、旧石火矢方の地に「本教学の館」が設けられたのだという。貞紹は八月二〇日の開設日を「神随伝へ給へる本教学び神祭事を、著明く説弁へ諭し給ふ開闢の吉日」と祝っている（「佐賀県史編纂資料」三四八）。是香は、彼を師と仰ぐ面々からこの「神学館」「古学館」について度々伝えられていた。

あるいは牛津乙宮社《うしづおとみやしゃ》の西川参河の日記を見ると、彼は一八五五年に神学寮心遣役に任命され、度々これに出勤している。同年八月二日条には「神学寮御国中社人試之御立会、奉行始メ一切役所詰中出席、社人も六十人余人講習、素読四十何人有之、寄残り人々八月廿七日御試ニ有之筈ニ候間、壱人も不残御試御座候事」とある（佐賀県小城市教育委員会『牛津乙宮社日記』四、二〇〇八、一四四頁）。身分制社会においては異様なほどの学問熱が広がった佐賀藩では、神職さえも勉強と試験合格を課せられていたのだ。

平田国学と言えば「草莽の国学」、領主とは別に被支配身分に広がった国学、というイメージも強いが、六人部是香経由で神職に平田神学が影響を与えた佐賀藩については、このイメージが当てはまりにくい。

西川須賀雄の修業時代

西川須賀雄は、佐賀藩の支藩が置かれた小城の祇園社の社家に一八三八年に生まれた。同社は、鍋島家に連なる中世千葉氏以来の由緒を持つ祇園祭で名高く、それが直正の倹約策の一環で停止されるまで、全藩規模の祭礼の中心であった。一八六一年に須賀雄は神主に補任され、淡路と称した。本人が後世に著した由緒書には、後鳥羽天皇の側近だったが後に肥前に移ったという、西川氏の事績が記されている。他方、須賀雄の名は、スサノオが宮所を造営する際に述べた「わが心すがすがし」という言葉に根拠があり、号も清園《すが》である。祇園社の祭神である牛頭天王は江戸時代までにスサノオとの習合を遂げていたが、平田国学においてはスサノオこそがその本質だと考えられていた。

須賀雄は小城では十四歳の頃から後述する柴田花守（一八〇九〜一八九〇）に学び、佐賀本藩でも神道の勉強を重ねた。副島種臣ともこの頃から交際があったようだ。あるいは学友岡吉胤の旅日記『松浦の家づと』には、一八五九年に二人が神話の跡を訪ねて松浦地方を廻った日々が記されており、師の枝吉神陽ら佐賀藩の著名な文化人が序文を寄せている。

柴田花守は地元小城では絵師として知られていたが、元来は西洋医学を志して長崎で修行した人物であり、長崎では中島広足から国学を学び、小谷三志の不二道に入信してもいた。角行藤仏の流れを受け、独自の信仰を発展させた富士講のなかから出た小谷三志は、諸国をめぐって通俗道徳的な教えを展開し、幅広い信徒を獲得した。信徒たちは三志の死後、「みろくの世」の到来を語るその教説を将軍に受容させることで民衆救済を実現しようと幕府に直訴する。裁判の結果、一八四九年、不二道は神仏儒のいずれでもない異法と断定され、全国的な富士講禁止令が出されることになった。三志の跡目を継いだ醍醐寺の理性院行雅や柴田花守たちは、異説扱いを回避するためにか、不二道教団の教義を神道式に作り変えて行く道を選ぶことになった。いわゆる「民衆宗教」が国家の弾圧を避けるため教説を記紀神話に近付けていく傾向については多くの研究があるが、実のところ不二道の事例はその最も早いものなのだと言えよう。

この禁令の故にか、国許に在った花守から須賀雄は国学・和歌を学んだものの、不二道の教えを受けることは長らくなかった。だが一八五九年の秋、須賀雄は京都留学に赴くのに先立ち、不二道の教義をも伝授され、京での行雅との面会を勧められている。間もなく須賀雄は出立し、翌年の正月、岡吉胤と共に六人部是香に入門したようだ。一八六一年に二人は備中の阪谷素《しろし》の許を訪れており、途中で帰国を挟んだかどうかは分からないが、彼らの修業の旅は長いものになったようだ。

志士たちが活発に動いた処士横議の時代、須賀雄はそれまでの国学学習によって身に付けた尊王攘夷思想を、運動家との交際を通じて磨いたものと思われる。須賀雄が一八六四年に著した『幽顕君父図』（図2）と題する刷物は、孝明天皇に上呈されたと言われるが、「平田大人」のチェックを経たものだという。篤胤の婿養子銕胤と上京時に接点を得て、権威付けに成功したのであろう。実際、その内容は篤胤の『古道大元顕幽分界図』を単純化して、造化三神、アマテラスと天皇、スサノオとオオクニヌシ、それに父母の恩頼を伝えるものに見える。ここでは、平田神学の顕幽論に基づく一般向け神道教化の道具と評価しておきたい。

これに対し翌一八六五年刊行の『国之真柱』は、同じく平田神学を継承する作品でありながら、性格を異にする。同書は記紀神話の記述を援用しつつ世界の生成を図示する『霊能真柱』の形式を模倣しつつ、はじめに生成した参神＝造化三神の所在が富士山であると主張する。つまり、富士山を信仰の核とする不二道の教えと平田神学とを合体させた作品なのである。須賀雄の著述ではあるが、その内容は柴田花守説に基く旨が述べられており、花守派による不二道の復古神道化の一環に位置付けることができよう。

このように須賀雄は、柴田花守、枝吉神陽、六人部是香といった学者たちの薫陶を受け、復古神道家として成長を遂げた。一八六五年に祇園社の宝殿等が焼失すると、藩当局からの支援が十分でないなか、須賀雄は国許で廻村勧化を継続的に実施し、神社の復興に尽力する。あるいは藩内他社における「神祇道講釈」も許可されている。神道の教えを広く説く須賀雄の能力は、帰国後には藩内有数のものに育っていたのであろう。

四　王政復古と国学者

新政府の成立と神祇官の再興

一八六七年暮れの戊辰戦争の勃発は、国内紛争を嫌った鍋島直正をも動かした。温存してきた藩内尊攘派を媒介にして新政府方に加わった佐賀藩は、内戦の早期終結に向けてその洋式軍隊を大活躍させた。アームストロング砲は上野や会津の抵抗派を粉砕した。箱館戦争で最も血を流したのは佐賀藩海軍である。かくして倒幕勢力のチャーターメンバーならざる佐賀藩閥が新政府の一画を占め、東京奠都や新しい制度の整備といった政策の担い手になっていく。

戊辰戦争に先立って打ち出された王政復古の大号令は、天皇の親政と神武創業の始めに基づくことを宣言した。だが神武天皇についての記載は記紀にすら乏しい。「復古」を掲げたこのマニフェストだが、実際にそれが基礎付けたものは「御一新」だったのである。

唯一の縛られるべき先例は、神武天皇が鳥見山で行ったとされる皇祖神・天神祭祀である。篤胤の弟子に数えられるが一派を為した大国隆正（一七九二〜一八七一）の「神祇官本義」は、「朝廷にて天神をまつりたまへることは神武天皇におこり」、「神祇官をおきたまふは神武天皇の大孝をのべたまへるにおこ」ると述べる（安丸・宮地校注、一九八八、三頁）。神祇官の再興は、大国隆正門流に限らず、幕末の多くの国学者に共有された期待であり、天皇の下での祭政一致をいかなる形で実現するかが新政府の課題となった。一八六八

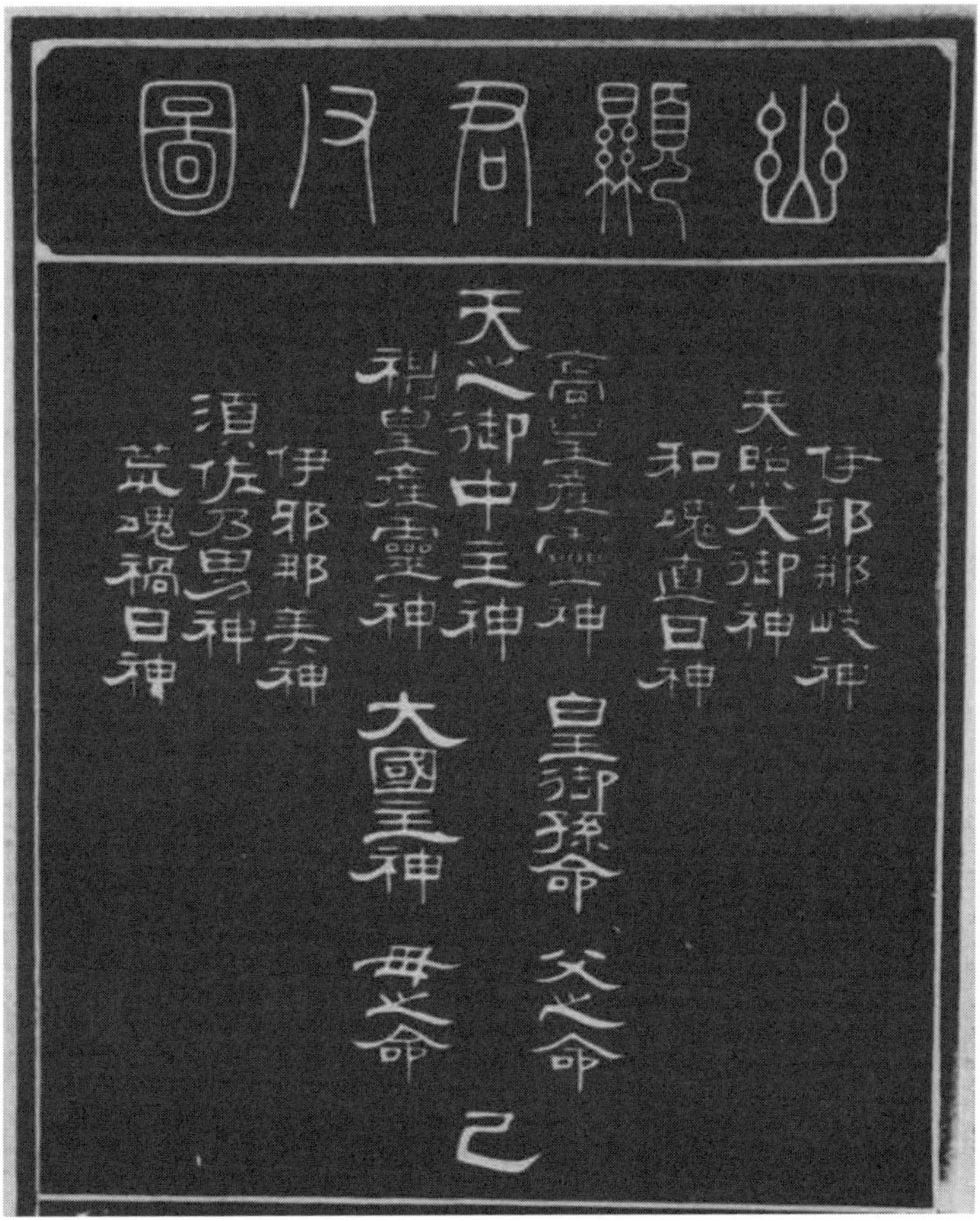
幽顯君父圖
伊邪那岐神
天照大御神
和魂直日神
高皇産靈神
天之御中主神
神皇産靈神
伊邪那美神
須佐乃男神
荒魂禍日神
皇御孫命
大國主神
父之命
母之命
己

図２　幽顕君父図（部分）

年三月一三日、五箇条の誓文の発布に先立って、新政府太政官は次のように布告した。

此度　王政復古神武創業ノ始ニ被為基、諸事御一新、祭政一致之御制度ニ御回復被遊候ニ付テハ、先第一神祇官御再興御造立ノ上、追々諸祭奠モ可被為興儀、被　仰出候、依テ此旨五畿七道諸国ニ布告シ、往古ニ立帰リ、諸家執奏配下之儀ハ被止、普ク天下之諸神社神主・禰宜・祝神部ニ至迄、向後右神祇官附属ニ被　仰渡間、官位ヲ初、諸事万端、同官へ願立候様可相心得候事（安丸・宮地校注、一九八八、四二五頁）

神祇官の正式な発足は閏四月二一日——神祇官・太政官の二官制は一八六九年七月から——になったが、祭政一致の実現とともに、近世の本所による私的な神社支配が終わり、神祇官が神社・神職を統括する時代が再来することが、宣言されたのである。そして復興なった二官制神祇官は、律令制下の神祇官とは異なり、天皇家に関わる陵墓の管理とキリスト教勢力に対抗するための宣教という、幕末期の政治課題を踏まえた職掌を持っていた。

この祭政一致の布告に引き続き、所謂神仏判然令も出され、神社における仏教的要素の排除が要求された。新政府による画一的行政の未成立な時期ではあったが、各地の社寺は対応を迫られた。地域によっては、発令意図を超えた廃仏毀釈や、積極的な還俗の動きが起きている。神葬祭も解禁されるこの時期、神道家のなかに近世の仏教に与えられた地位を望む勢力が存在していたことは否めまい。

佐賀藩にも新しい時代の波が打ち寄せた。小城の祇園社は、牛頭天王ではなくスサノオを祀る、須賀神社となった。須賀雄は佐賀藩神事局録事、佐賀藩神学寮教導試補、官祭奠調方といった職務を務めるなど、復古神道家としての能力を生かして佐賀藩で働いていたが、一八七〇年には神祇官に呼び出される。与えられた役割は宣教使の中講義である。

キリスト教と宣教使

前政権崩壊に結び付いた西洋列強に対する危機意識は新政府に引き継がれ、キリスト教対策は依然として重要な政策課題であった。特に長崎では、教会の設置で潜伏キリシタンが公然化したこともあり、焦眉の問題となった。一八六八年の二月に長崎裁判所に着任した攘夷派公卿の澤宣嘉は、弾圧と皇国全体を統一する教法によって対応することを課題視した。棄教しないキリシタンの配流が断行される一方、島原藩士の平田派丸山作楽《さくら》や岡吉胤、それに大隈重信が担当者になって『古事記』に基づく神道教化が実施された。

大隈や澤、丸山らが中央にポストを得て長崎を離れた後、当地のキリシタンに対する教化は、神祇官に新たに置かれた宣教使の任務になった。一八七〇年正月の大教宣布の詔は、治教を明らかにして惟神《かんながら》の大道を宣揚するという、宣教使の課題を明示するものであった。実質トップは長州の小野述信。彼は天地を主宰する天祖が人々に魂を賦与し、死後の魂もそこに戻るとした。だが平田直門が、彼の儒者臭い単純な神学に攻撃を加えた結果、顕界は天皇朝廷が支配し、幽界はオオクニヌシが死後審判を行い、産土神が支配をその分掌する、という平田神学が宣教使の教義となった。しかし黄泉の在処をめぐっては教説の対立が続き、矢野玄道や丸山作楽らの平田直門が、担当者でないにも関わらず関係者に神学論争を吹っ掛けた結果、平田家三代目の延胤《のぶたね》は宣教使から追い出されることになる。須賀雄も異説家批判を大いにやらかすのだが、副島種臣の友人だったからか、お咎めなしだった。あるいは八月、田中知邦が教化の実効性を求めて、神代の幽妙さや高遠な道理ばかり説くことを戒めたところ、西川須賀雄は岡吉胤とともに反論した。筋金入りの復古神道家である彼らは易行に流れず高邁な教えを説くことに拘ったのだ。ここでも教化方針は意見の一致を見なかった。いかなる神学が民衆を導く教化理論に相応しいのか、経験の薄い国学者たちが現場で問われる事態がにわかに訪れたのである。

神職身分の解体と「祭政一致」の確立

教化活動を開始したものの、キリシタンの堅い信仰を前にして宣教使が苦戦する一方、神祇官本体は、大国隆正の影響を受けた福羽美静《ふくばよししず》（一八三一〜一九〇七）ら津和野派国学者の主導の下、近代的な祭祀制度の実現に向かっていた。今日では長州閥と結んだ彼ら津和野・鳥取グループこそが、一八六八年八月の明治天皇の即位儀礼をはじめとした、明治初年の新しい祭祀・神祇制度の設計者と目されている。彼らの運営した神祇官は全国神職の直支配の方針を早々に放棄して、東京を拠点にした天神地祇・皇霊に対する天皇親祭の仕組みを整えていった。

他方、旧本所に代わる拠り所を求めた神職の平田家入門は増え、復古主義的な矢野玄道ら平田直門は、神社・神職の権益確保、京都での大嘗祭挙行を唱えるものの、神祇官当局者の容れるところにはならなかった。平田直門らが担った京都大学校や対ロシア領土交渉は一八七〇年にはおおむね暗礁に乗り上げ、丸山作楽が事態打開のために朝鮮半島侵略を計画した結果、彼らの主要部分は一八七一年三月のあいだに失脚することになる。

この年の正月、全国の社寺領は収公され、五月には世襲神職身分の廃止が打ち出されるとともに、「官社以下定額及神官職員規則」が公布されて社格（神宮、大・中・小の官幣社・国幣社と、府・藩・県・郷の諸社、村社は遅れて設定）とそれに応じた神官の職制・人数が定められた。神社は「国家の宗祀」であるとの論理が、一般社家の地位向上とは真逆の結果をもたらしたのである。続く七月には廃藩置県が断行されて武家領主身分も消滅し、統一的地方行政実施の道筋がつけられる。八月、神祇官は神祇省と化して太政官内部に組み込まれ、皇室祭祀と神社祭祀を連動させた統一的国家祭祀の実現に向けて事態は進んでいく。翌一八七二年三月に神祇省は廃止され、太政官式部寮が祭祀事務・祭式整備を担うことになり、宣教・国民教化を担う教部省が別途建てられることになった。古代神祇官から引き継がれた神殿機能は、宮中神殿に置かれた。本所に代わる神祇官を通じて神職身分を天皇と直結させようとした平田直門の夢は潰え、希望通りの規模かは兎も角、天皇が率いる太政官内部に祭祀制度を取り込んだ津和野派流の「祭政一致」が選ばれたのである。

五月には尊王論者たちのヒーローであった楠木正成らを祀る湊川神社が創建され、別格官幣社とされた。この社格は、国家に功労ある人臣を祀るために創建された神社に与えられた。世襲神職の地位剥奪と新しい社格制度の登場は、近代的祭政一致の成立とともに、近代神道史の新たな段階をもたらすものであったと言えよう。

五　教導職と国民教化の時代

教部省と大教院の発足

一八七一年は鍋島直正の死去、社領召し上げ・世襲身分の廃止、廃藩置県と、佐賀藩の神職を取り巻く環境も大きく変動する。ただし須賀雄は、その力量を生かして新たなキャリアを歩むことになる。新時代の葬礼として大々的に実施された直正の葬儀にあたっても意見を答申する立場となった。廃藩後には、伊万里県令の招請で神祇官の仕事から離れ、宣教祭典・社寺取調、肥前国彼杵《そのぎ》郡深堀町異宗徒説諭方に任じられるなど、県の神社担当・キリシタン対策担当としての地位を得た。

他方、一八七二年三月に置かれた教部省は、民衆の信仰を掌握する能力を示すことに失敗した神道家に国民教化を独占させる方針を放棄した。枝吉神陽に学んだ江藤新平が、新たな制度の大枠を固めた。翌月に定められた「敬神愛国ノ旨ヲ体スヘキ事」「天理人道ヲ明ニスヘキ事」「皇上ヲ奉戴シ朝旨ヲ遵守セシムヘキ事」という三条の教則を掲げて、神仏合同での国民教化策が実施されることになったのだ。教部省は諸宗教者を教導職として編成し、その拠点として大教院(中央本部)・中教院(府県)・小教院を置いた。

キリシタンの強制改宗策は芳しい成果を挙げないままで、西洋列強からの批判も重なっていた。一八七三年の春には、洋行中の岩倉使節団からの注文や、配流先の負担の重さもあって、キリシタンは釈放され、外務卿副島種臣は「邪宗門」禁制の高札撤去を列強に伝えた。だが新政府がキリスト教の普及を歓迎するようになったわけではない。弾圧の時代が終わらざるをえないからこそ、対抗策として積極的な国民教化が要請されたのである。

神祇省期の津和野派はアマテラス中心の国民教化策を構想していたが、長州の木戸孝允(一八三三~一八七七)らは西本願寺とのコネクションを有していた。教部省を立ち上げる際の彼らや江藤は、神道家・僧侶をともに編成して国民教化の任に当たらせることで、キリスト教防遏の実効をあげようと図っていたようだ。だが平田派シンパでもあった西郷隆盛(一八二八~一八七七)を後ろ盾にして、廃仏的姿勢の強い薩摩閥が教部省に入り込み、事態は変化する。教部省の方針は、神主仏従、造化三神を重んじる薩摩派神学が前面に出たものに変化する。江藤や福羽は去り、薩摩閥から黒田清綱が教部少輔、三島通庸が教部大丞に任じられた。一八七三年六月に開設された大教院でも、アマテラスとともにアメノミナカヌシら造化三神が祀られ、三条教則のみならず復古神道神学に基づき死後世界を説明する十一兼題が教えに掲げられた。説教の実施を求める僧侶もこの仕組みの中に巻き込まれた。見方によっては、新たな神仏習合の発生である。

この大教院開講式で説教を行ったのが、誰あろう、須賀雄であった。キリシタン弾圧方針が放棄されて任務を失ったこの三月、須賀雄は教部大丞三島通庸から羽前国田川郡羽黒山出羽神社宮司に任じられ、教導職としては権大講義の位を得た。そして上京後の六月には教部省本部の講究課・編輯課の仕事も兼務し、大教院発足初日の講壇に立つに至る。教化に長けた国学者の少なさは指摘されるところであり、近世以来の神学研究・教化活動の実践、その過程で培った人脈の故に、須賀雄はこの立場を得たのであろう。

彼はここで、造化三神とアマテラスの神徳を称えるとともに、教導職に対し、世界中の人民を大教に依らしめ、文明開化をもたらすように努力すべきことを唱えている。文明開化や西洋列強への対抗という、時代の課題を反映した議論と言えよう(なお、ここでは幽界を司るオオクニヌシについて明言していないが、他の場所では顕幽分界とオオクニヌシの役割を説いており、須賀雄が平田神学を放棄したわけではない)。

神話や歴史、文芸に科学知、通俗的なたとえ話に時代の最新情報と、様々な話題を取り交ぜて天皇の治世を翼賛し、道徳的な生き方を鼓吹する須賀雄の講義は、『教院講録』や『教場必携』、あるいは後の神道事務局時代の『神教叢語』など、業界誌に度々掲載されている。彼は代表的な神道教導職だったのだと評価できよう。その教説は、平田直門に往々にして見られた怪談・幽界交渉情報を強調する姿勢こそ認めがたいが、エジプトのピラミッドはスクナビコナの墓だと説くなど、平田神学における万教一致的姿勢を正しく受け継いでいる。そして在地の平田門人に見られた西洋文明由来の新しい文物を拒絶する姿勢を、幕末佐賀の空気の故か、須賀雄は共有しない。

出羽三山の大改革

教部省が各地の大神社をあらためて掌握しようとしたこの時期、なぜ須賀雄が出羽三山の担当になったのか。一説を紹介しよう。学友副島種臣が政府出仕を勧めるも固辞していた須賀雄は、結局望んで当地に赴任した。というのも、崇神天皇の時代、朝廷の支配に容易に服さぬ出羽に蜂子皇子が赴任して教化・鎮撫に成功したため、その神霊が祀られることになった。これが羽黒神社なのだが、後世同社は修験道の本山と化して皇子の祭祀は振るわなかったため、それを振興することが須賀雄の狙いだった。以上、安房神社の禰宜だった川名敬事から聞いたという、神作濱吉『まつり』の説明である。崇峻天皇と崇神天皇の区別さえついていないこの説を信じてよいかのかは分からないが、かかる論理によって出羽三山の信仰の在り方が作り変えられてしまったことは確かである。

羽黒山と月山（天台宗）、湯殿山（真言宗）の出羽三山は、元来羽黒修験の拠点であり、神仏判然令には羽黒山から出羽神社への看板掛け変え程度の対応をしていた。大きな変化がもたらされたのは、一八七二年に修験宗廃止令が出され、翌年須賀雄が宮司として赴任してからである。須賀雄は地方官や教部省関係者との折衝を重ねながら、廃仏毀釈の典型例として知られる改革を進めた。仏地をごく一部に限定して山内から仏像を排除した。開基者能除大師を祀った開山堂は蜂子神社に置き替えられた。梵字に代わって篤胤流の神代文字が活用され、「はちこのみこと」碑（図３）がシンボルとして建てられ、新たな拝式が出版された。祓川の「不動の滝」は「須賀の滝」になった。生臭物を修験の口に押し込んだという逸話は、須賀雄の日記を見る限りは誤り（美味そうに食べた者もいれば、気味悪がって手を付けなかった者もいた）のようだが、須賀雄の下で旧来の修験組織は赤心報国教会へと改変され、神社とは離れて旧慣を尊重したグループとの分裂が生じた。

一八七三年九月一二日、一五〇〇石を領した別当にとって代わるために任地に赴き、駕籠で出迎えを受けた際の須賀雄の日記を次に掲げよう。

あはれ、昔は手自《タヅカ》らいひをかしぎて学院に年月をかさね。みづから、おひを背におひて、けうとき山野の末にまよひ。袖のやつれをみとがめて宿かされぬをりは、花のこかげに旅ねのゆめをむすび。世の中の思ふさまならぬをかこちては、折ふし、八《ヤ》さかのなげきせし事さへありけるを。今の栄えとなりぬる事よ。思へば神のみたまのふゆ。おもへは君のおほんみめぐみ。おもへば父母の御いつくしみ。思へは学の大人のさちなりと。今こそ思ひしられてたふとくかきしのばれてなむ。せめて父母だにおましましたらましかば。この栄をみせ奉りてなぐさめ奉らまし物をと。とりどりに思ひわたせば。なみだおちてとどめがたし。（『史料集　ゆくてのすさび　羽黒山日記』出羽三山神社社務所、二〇〇九、九〜一〇頁）

佐賀藩や長崎、あるいは留学先での修業の末に、巨大な信仰拠点の掌握という栄光ある活躍の舞台を与えられたことへの感激がよく表れた一節である。世襲神職が社領や地位の保証を失い、さらには府県社や郷村社神職の待遇も悪化したこの時期は同時に、復古神道家が大神社の転勤神職としてチャンスを与えられた時期でもあった。同じく小城の神職だった宮崎晴海は、遥か弘前の岩木山神社に職を得るものの途中で諦め、結局社家ではなくなった様子である。他方で須賀雄は実力を発揮し、出羽三山の神仏分離を成し遂げ、一八七六年からは羽黒修験の信仰圏でもあった千葉県に拠点を移す。次なる仕事は安房神社の大宮司また千葉県神道事務局分局長である。

多方面にわたる須賀雄の教化活動

この時期の須賀雄の活動の舞台は、出羽三山に限られなかった。出羽赴任前の一八七三年八月に須賀雄は、ニコライ（一八三六～一九一二）の布教による宮城県における正教の広がりに対抗するため、当地中教院の落合直亮と協力して説教を実施している。翌年二月の一時帰京中には、ニコライと直接討論した。議論は須賀雄が示した『幽顕君父図』を軸に進み、我らの神こそが真の造物主であり、相手の経典は創作物に過ぎない、と相争った。アメノミナカヌシの創造神話の貧弱さを衝かれたのに対して須賀雄は、キリスト教の創造神話は細かいために却ってお粗末で人為的なものだと分かる、と反論している。

須賀雄はまたこの頃、懲役囚や軍人への説教について動いたり、旧佐賀藩士が県令を務める栃木県での教化活動に従事したりしている。宇都宮では佐賀藩の事例も挙げて、旧藩主の功績を認めつつ廃藩置県後の国体・政体について述べ、聴衆の涙を誘った。時処位に応じて新しい天皇の統治への翼賛を訴えた教導職（当時は大講義）須賀雄の持った力量が垣間見えよう。

栃木での須賀雄はまた、新たに実行社と称した不二道教団の人々の協力も受けていた。この時期には柴田花守も神道界に入り、関西の豊国神社権宮司として、キリスト教に対する危機意識を煽るとともに、文明開化の政治への翼賛を促す著作を数々出版している。とりわけ、西洋由来の文化を古代日本に先例を求めるこ

図３　神代文字の蜂子皇子碑

とで正当化する、平田篤胤ばりの論法を駆使している点、印象的である。教部省に地位を占めた須賀雄は、花守の著作刊行に協力するだけでなく、徳大寺行雅改め完爾らの教団関係者や各地の社中と連絡を取っており、栃木での説諭は、完爾の名代としての活動でもあったようだ。そして完爾に代わって実行社を率いることになった花守は、一八七五年一〇月の鹿児島巡講出立に際し、須賀雄を後継者として指名した。この時期の花守にとって、直弟子にして教部省で活躍する神道家であった須賀雄は、不二道教団の神道化の道行きを託すにふさわしい人物だったのだろう。

六　日本型政教分離の成立

大教院と教部省の崩壊

だが教部省の時代も長くは続かなかった。木戸孝允ら長州閥とのコネクションを有した真宗僧島地黙雷（一八三八〜一九一一）は、仏教者を取り込んでおきながら宗教的な神道を推進する「猿頭蛇尾ノ怪鳥教院」（安丸・宮地校注、一九八八、二四五頁）、それを生み出した教部省政策を批判した。彼に言わせれば、神道とは天皇の政治、「文明ノ治教」を求めるもので、「宗門」ではない。「霊魂ノ去来幽冥ノ禍福」を説く「宗門教師」は、宗教ならざる神道にとっては不要なのだ（牧原憲夫編『明治建白書集成』三、筑摩書房、一九八六、四三一〜四三七頁）。あるいは式部寮の飯田年平のような国学者からも、国教は死後世界を語る他の宗教と同列にあってはならないとする主張が現れた。

浄土真宗禁圧の長い伝統を持つ薩摩閥は長州閥と態度が異なっていたのだが、木戸を含む岩倉使節団の帰国後、情勢が変化する。教部省の設置はもともと使節団の渡航中は避けるはずだった大改革であり、西洋の政教関係に関する知識も批判を後押しした。政府内の意見対立は政変へと発展し、薩摩派の後ろ盾だった西郷、また副島や江藤らの下野につながった。教部省内では長州出身の教部大輔宍戸璣《たまき》の影響力が拡大した。自由な布教によってこそキリスト教対策を担いうるとする真宗グループは大教院離脱を図り、混乱の果ての一八七五年四月、大教院解散が決まった。

一八七五年一一月の口達は、「信教ノ自由」を認めると同時に、三条教則を前提に「人民ヲ善誘シ治化ヲ翼賛」して「政府ニ報ズル」義務を教法家に課した（安丸・宮地校注、一九八八、四六八頁）。諸宗教が政府に対する有用性を自由な布教を通じて示していくべき時代が来たのである。

結局一八七七年には教部省も廃止され、内務省に社寺局が設けられた。同時期には官国幣社の人員削減が進められ、式部寮の宮内省への移管も起きる。

なお、副島を残して帰国した江藤は、蜂起した不平士族の頭目として処刑されることになったのだが、須賀雄の日記の一八七四年四月一六日条——江藤らが断罪された直後である——には、副島が得たコトシロヌシの神憑りの文を借りたと記録されている。

祭神論争

大教院解散に際して、神道教導職の拠点として東京に設立されたのが神道事務局であり、伊勢神宮はそこで重要な位置を占めた。元来神宮教院は、アマテラスと造化三神を重んじる立場にあった。伊勢の浦田長民の著作である『大道本義』は、天地の主宰者も幽界の管轄者・霊魂の救済者もアマテラスだと説いた。薩摩出身で神宮大宮司になった田中頼庸の『神徳論』は、アメノミナカヌシ以下の造化三神と、「無上の至尊」アマテラスの神徳を強調するものである。

こうしたアマテラス・神宮重視の体制に、傘下の講社拡大を神宮と競った出雲大社から異論が出た。大宮司だった千家尊福《せんげたかとみ》は、大教院以来の造化三神・アマテラスのみならずオオクニヌシをも神道事務局神殿に表名合祀するよう求め、神道界を伊勢派・出雲派に二分する祭神論争を引き起こしたのである。アマテラス・オオクニヌシによる顕幽分界を重んじる須賀雄は、スサノオの子孫にして幽界主宰神であるオオクニヌシを推す尊福を、早くから擁護した。なお神宮に入っていた岡吉胤はこの時伊勢派に立ち、須賀雄と立場を異にしている。

諸説紛々の果てに、一八八一年に勅裁で結論が出され、神道事務局神殿は宮中三殿（アマテラスを祀る賢所、皇霊殿、天神地祇を祀る神殿）の遥拝所となった。オオクニヌシ合祀に失敗した出雲派にとっては敗北である。だが幽界主宰神をめぐる論争への解答はなく、伊勢派が唱えた神学の正しさが認定された訳でもない。これまで対キリスト教国民教化策のなかで様々な復古神道神学が提示されてきたのだが、国家はついに、かかる宗教としての神道説に肩入れすることを止めた。翌年には神官・教導職分離が指令され、国家の宗祀たる神社の神官は、教化活動や神葬祭に関与できないのが原則となった（府県社以下は保留）。神社を宗教の外に置くことで信教の自由を超越させる、神社非宗教論が、神社神道の基本姿勢になった。一八八四年には教導職制度も廃止され、神道によって霊魂や救済を語ろうとする宗教的な立場は、教派神道として政府から切り離されていった。

実行教から郷里へ

須賀雄は神官教導職分離に際して、大神社の宮司の地位を捨て、少教正という教導職としての地位を選んだ。つまりは宗教的な復古神道家として歩き続けることにしたのである。彼には行き場があった。同年五月に不二道教団は神道実行派として認可され、花守が初代管長になった。この頃の記録からは、須賀雄が教団の一大拠点であった信州南部を廻っている様子が窺える。不二道教団のなかには花守の神道化方針についていけずに離脱したグループも少なくなかったが、平田国学が流行し、また江戸の富士講文化の外側にあるこの地域の有力メンバーは、花守と協力して教団の神道色や教化・社会奉仕を旨とする性格を強めていた。明治の治世を翼賛する須賀雄の講義録『大道講義』は、出羽や肥前のほか、信濃の門人がまとめたもので、説教能力に優れた須賀雄の当地での徳望はなかなかのものだったのだろう。この時期の彼は実行教の権大教正・副管長などとして重んじられている。

ところで教育勅語が出されるのに西川須賀雄が関わったとの説があるが、信用し難い。神作濱吉によるその主張の要旨は、明治天皇の侍講を務めていた副島種臣経由で須賀雄が伝えた「上言」が、一八九〇年の国会開設に先立って徳教に関する勅語を求めるものであった、というものである。教導職が廃止された一八八四年八月に出された件の「上言」は、原稿を見るに、「国教を確定せられむ事を請ふ」ている。具体的なその「国教」の内容は、幽冥主宰・禍福審判の神であるオオクニヌシと、婦徳を明らかにするコノハナサクヤヒメが、ともに富士山に鎮座しており、諸教管長を動員して富士山での親祭を実施するよう天皇・皇后に求める、というものである。独自の神学的立場から天皇の介入を求めたものであって、井上毅や元田永孚らの思考との距離は明白であろう。

神作はまた、期待した一八九〇年一〇月の教育勅語渙発を機に須賀雄が帰郷したとも説いているが、この説も成り立ちにくそうだ。須賀雄は帰郷して須賀神社の祀官に戻るのだが、自筆履歴書を見るとこの年の二月、あわせて肥前国一宮與止日女《よどひめ》神社の祀官や佐賀県皇典講究所の講師になっている。つまりは一〇月以前に佐賀に戻っていたと推察されるのだ。

一八九〇年は、花守が亡くなって息子の礼一が跡を継いだ年でもあった。須賀雄も一度は後継者と目されたのであるが、一八八五年、教派神道各派が協議して教団は世襲と定まったということで、花守は長男礼一を後継管長に決めた。南信の信徒たちは須賀雄を推してこれに反対したが関東地方の信徒に支援を受けた花守が押し切ったらしい。これが、後に当地のグループが宗教色を薄め、教育勅語を奉戴する大日本実行会として実行教から分離独立していく遠因でもあり、須賀雄が故郷に骨を埋める理由にもなったのだろう。

ただ、須賀雄が後継者から外れた理由を一八八五年の管長職規程改定問題だけから説明できるかは、疑問もある。宮崎ふみ子の調査によれば、清水藤十郎筆「古記録」という稿本（実行教本庁所蔵）に、須賀雄が跡目譲りの式に付随する富士登山を完遂できなかったことが書かれているという。その後の実行教と須賀雄との関係についてなお調査すべき部分は多い。

著名な事件から言えば、一八九三年、万博開催に合わせて世界の宗教家が集められたシカゴ万国宗教会議において、柴田礼一が日本から神道家としてただ一人参加したことは、知られた事実である。だが、この時の報告書には、実は須賀雄の論文 THE THREE PRINCIPLES OF SHINTOISM も掲載されている。実行社副管長にして神官という肩書で書かれた祭・政・教に関するこの論文で須賀雄は、幕末以来説き続けて来た、天皇と神々がそれぞれ支配する顕幽（Manifest&Mysteries）の分界を再説し、両者が相俟って人間の平和と幸福をもたらすのだと主張している。プロテスタント勢力によって演出された文明間対話の劇場の片隅には、かつて西洋列強への対抗意識の中で形成され、尊王攘夷運動を鼓舞した平田神学もまた、その席を与えられていたのである。

七　おわりに

須賀雄と同じく枝吉神陽の薫陶を受け、長崎キリシタン対策を担当しながら、早々に神道による国民教化に見切りをつけた大隈重信は、次のように述べている。

想ふに、真箇の宗教たるへき要素は、種々雑多なるへしと雖も、完全なる経典を有すること、誠に必要なり。耶蘇教にバイブルあり、マホメツド教にコーランあり、儒教には四書五経あり。共に依て以て教を布き、民を導くの具と為す。我神道に至りては、此のことき経典あるなし。若しありとするも古歴史のあるのみ。是とても甚た不充分不完全にして、古事記なといふ簡単なるものに過きす。是を以て、耶蘇教を斥け、仏教に代り、以て世道人心を維持せんとは、固より難事の上の難事にして到底為し得へきことにあらす。然れとも是猶ほ可なり幾多の国学者儒学家及び神道家等か天神地祇を祭る祝詞、歴代天子の詔勅、若くは明君賢相の言行等を基礎として一教を組立つるの必要を認め、之を組立てヽ全国の民人子弟に教ゆる所あらんとせしに至つては、実に大胆至極の挙動と謂はさるへからす。仮りに当時の神祇官及ひ其一派の人々は斯くの如くして自から完全なる経典を作り得るものなりと信し、其力量もて為す能はさることを為さんと其心力を労しつゝある其間に、梭よりも疾き歳月は昨日と過ぎ、今日と暮れ、倏忽二三年を経過すれは定まりなき時勢は茲に一変するに至り。特に神道擁立の本尊たるへき神道家、国学者の如きは、其偏僻の性習にて仏教を憎み、耶蘇教を憎むのみならす、甚たしきに至つては神道家、国学者の間も相互ひに憎み且争ふことすらありし。固より出来難き経典は遂に作成せらるゝ能はす。一時革命の潮勢に乗して頗る威勢の善かりし神道も、遂に我国の国体を維持し、世道を補益し、人心を支配する真箇の宗教と為る能はさりしは偶然にあらさるなり。（円城寺清『大隈伯昔日譚』立憲改進党々報局、一八九五、三〇一～三〇二頁）

明確な教典を欠いた神道は、人心を支配して国体維持に役立つ真の宗教に必要な条件を満たしておらず、これでは仏教に代わってキリスト教を排撃し、社会秩序を維持する役割など出来ることではない。だが神道家・国学者はこの不可能な企てに拘って一教を組み立てようとして、儒仏相手どころかお互いに争い、結局確たる教典をつくりあげることは叶わなかった。これが大隈の理解である。神道を国教として国民の教化・統合を実現しようとする立場が何故挫折したのか、わかりやすい説明であろう。そして、代わって選択されたのが、かたや信教の自由を認めた諸宗教を国体維持に貢献させ、かたや天皇権威を分有する神社は「国家の宗祀」として宗教ならざる地位に留めるという、日本型政教分離だったのだ。

佐賀藩の学問熱のなかで平田系の復古神道家として成長した西川須賀雄は、政府が復古神道に国民を教化・統合する役割を期待した時代を通じて、政策の最前線に立ち続けた。だが、近代国家は神道に国民統合の基軸となる宗教の役割を与える方針を放棄し、皇室そのものを国家の基軸に置く。教派神道の立場から国民教化を継続しようとした須賀雄も、結局は故郷の神職に戻ることになった。

須賀神社には、藩の保護を受けた大規模祭礼も、朱印地も、身分世襲の保証も、もはや残っていなかった。彼が神道的宗教改革に邁進した現場のほとんどと同じく、その生まれ育った神社も、近世的な在り方を失っていた。須賀雄は、小城の町人が運営する祭礼として復活した祇園祭に関わったり、収公官有林の下げ戻しの申請に努力したりと、かつての姿を取り戻そうと格闘するのだが、経済的にはあまり恵まれなかったようだ。神作濱吉は、一九〇六年の須賀雄没後に債務のため家財も遺稿も売られてしまい、後任社掌が書類の一部を買い戻した、と伝えている。

他方、こうした状況の中でも、須賀雄は佐賀県皇典講究所の講師を務め、地域で講演を繰り返すなど、神道講釈・教化の専門家としての生き方を続けた。社会学者高田保馬《たかたやすま》（一八八三～一九七二）が伝えるには、須賀雄が神道講釈を最も盛んに行ったのは一八八四、一八八五年の頃で、極めて元気かつ短気、謹んで聴講しないものは国賊呼ばわりして叱責したという。あるいは一八九七年夏に一度だけ須賀雄に会った際の思い出も語っている。それによれば、もと神職だった家に生まれた彼は、小城桜岡公園内岡山神社の社務所で郡神職会の会合に出席した。出席者は十人ほどで、いろは四八音の意味と、『古事記』のイザナギ・イザナミの国土創造のくだりの解釈についての須賀雄の講義を聞いた。その後で詠んだ和歌の添削を求めたところ、丁寧に加筆して激励してくれた後、「おまへはまだ春秋に富んでゐる、うんと勉強しなさい」と言われたとのことである（高田保馬『回想記』改造社、一九三八、一三四頁）。

［付記］本章はＪＳＰＳ科研費17K13533の助成を受けたものです。

主要参考文献

神作濱吉（一九三一）『まつり』、宝文館
安丸良夫（一九七九）『神々の明治維新―神仏分離と廃仏毀釈―』、岩波新書
井上順孝・阪本是丸編（一九八七）『日本型政教関係の誕生』、第一書房
安丸良夫・宮地正人校注（一九八八）『宗教と国家』、岩波書店
阪本是丸（一九九四）『国家神道形成過程の研究』、岩波書店
大谷正幸（二〇一一）『角行系富士信仰―独創と盛衰の宗教―』、岩田書院
河野有理編（二〇一四）『近代日本政治思想史　荻生徂徠から網野善彦まで』、ナカニシヤ出版
三ツ松誠編（二〇一六）『花守と介次郎―明治を担った小城の人びと―』、佐賀大学地域学歴史文化研究センター
（二〇一八）『宗教研究』三九二
（二〇一八）『明治聖徳記念学会紀要』復刊五五

図の出典

図1：宮内庁三の丸尚蔵館『明治十二年　明治天皇御下命「人物写真帖」』（宮内庁、二〇一五）
図2：神作濱吉『まつり』（宝文館、一九三一）二四三頁。
図3：三ツ松撮影写真

コラム④　巫女と女性神職

小平美香

一　女性神職の否定

抑《そも》婦人へ独立の職掌を任ずること皇女を以て斎宮に任せらるゝの古例これ有り候へども、後世に於て事理不相当の事にこれ有り。

（そもそも婦人に独立した職掌を任ずることは、皇女を斎宮に任じられた古い例があるとは言っても、のちの世の道理にはそぐわない事である。）

これは一八七四（明治七）年、郷社の祠官（神職）に女性を登用したいという伺いに対し、当時の立法機関「左院」が回答した文書（「諸神社祠官へ婦人登庸ノ儀伺」『公文録』一八七四（明治七）年・国立公文書館蔵）の一節だ。「郷社」とは、近代の神社に付与された神社の格を示す言葉で、「府県社」と「村社」の中間に位置づけられた地域の産土社のことである。

神社の神職に女性を登用したいというこの伺いは、山梨県から当時の宗教行政を掌った官庁「教部省」に打診されたものである。対キリスト教政策として、神道を中心とした国民教化を人々に行うべく、当時の神職、僧侶は「教導職」を兼ねなければならなかった。

教化のために説教や儀礼を行ったこの教導職は、無給ではあったが、試験の上撰挙されるため、山梨県では人材不足による神職の欠員を補うべく教導職に堪える女性を任ずることを提案したのである。一八七三（明治六）年には、各地に尼僧や教育者など女性の教導職たちが存在していた。教部省はこの提案を左院に打診したが、左院法制課は審議した結果、女性を神職として認めない決断を下すにあたって、その理由を冒頭のように説いた。

　この文書では、「巫女と女性神職」について考える上で注目すべきことが二点ある。

二　前近代の女性神職

　一つは、女性の神職の登用を考えるにあたって、「斎宮が例にあげられていることである。「斎宮」とは、天皇に代わって、伊勢の神宮に奉仕した未婚の皇女「斎王」のことである。斎王のはじまりは、伝承では崇神天皇皇女の豊鍬入姫《とよすきいりひめ》命や、神宮鎮座に関わる倭姫《やまとひめ》命があげられるが、実際には七世紀の天武天皇の皇女、大来皇《おおくのひめ》女《みこ》に制度の始まりが求められ、以後十四世紀の後醍醐天皇の時代に廃絶するまで六十余人の斎王が記録されている。

　女性神職任用の是非を考える上で、左院はこうした古代から中世にかけて存在した斎宮の職掌を先例として挙げたのである。

> 神職といふは、神祇に奉仕するを職とするゆへに、神職といへは、伊勢の斎宮をはじめとして、男女・僧侶に限らす、我国神祇の社、につかへ奉るものを神職といふ也（「神官・神職之職号之事」『神業類要』）
>
> （神職というのは、神々に奉仕することを職とするのであって、神職といえば、伊勢（神宮）の斎宮をはじめとして、男女や僧侶に限らず、我国の神々の社にお仕えする者を神職というのである）

江戸時代、神職の本所として神社や神職を支配していた吉田家は、この『神業類要』に記されたように、伊勢の斎宮を「神職」として位置付けている。従って、女性の神職を考える上で、左院が「斎宮」を挙げたのは、近世の神職観からみても妥当なことであった。さらにこの後、男女や僧侶の別を問わず、神社で仕える者を広く「神職」と定義しており、「斎院」「斎女《いつきめ》」「女神宮司」

「女禰宜」「女祝」のほか「物忌《ものいみ》」「女物忌」「子良子《こらご》」「忌子《いご》」「巫（みこ・めかんなき）〔八乙女、神楽乙女、湯巫、一殿《いちとの》〕」など、諸社で神祭りを担ったいわゆる「巫女」と称されるさまざまな職名を、本書では「神職」として列挙する。

江戸時代の神職と、現代の神職の定義とで大きく異なるのは、このように神社の巫女が「神職」の範疇で考えられていることであろう。奈良の春日社をはじめとする諸社では、神職の母、あるいは妻たちが、巫女を勤めており、巫女は必ずしも未婚の若い女性であることが求められてはいなかった。吉田家と共に神職の本所の役割を果たした白川家の門人帳にも、神社に所属する神職と共に巫女の記載があり、許状を得ることによって巫女も近世の社会の中で自立した職掌として認知され得たのである。

三　後の世の道理

冒頭の公文書で注目される二つ目は、「斎宮」のような前例があっても、「独立した職掌」を女性に任じることは、後の世すなわち今の「道理」には合わないという結論が導かれていることである。それでは当時の「道理」とはどのようなものであろうか。

左院の文書では、この後、祠官は国家官吏に属すため、女性にこうした権利を許せば女子が戸主になって風儀が破れるなど、必ず弊害がおこるとし、断然禁止すべきであるという結論が導かれている。つまり、女性神職任用を認めないという左院の決定は、女性が国家の中で公的な職に任じられる可能性を退けたということであろう。

その道理は、女性への教化を説く女性教導職による説教の中にも見出せる。

日界の曇り無きが如く御政事もいと明らかに文明開化に進み、此の大教院において三条ノ教典を宣布あらせらるるに付き、有志の婦人を御登庸あって陰陽女男の理に従い、男女の別を正ふして女教を宣布なさしめ給ふ事、是教法の正しき大体にて、婦女子と雖度外に置かず、万民一体に人道を知らしめ給ふ有難い御主意でござる。

奥山照子「御教則第一条ノ旨ヲ演説ニ及ビマスル」
（『教院講録』第五号　一八七三（明治六）年九月）

（日界に曇り無いように政治上のことがらも明らかに文明開化が進み、この教導職の拠点である大教院で、教化の三条の教えを広く布告するにあたって、有志の女性をご登用され、陰陽女男ノ理に従い、男女の別を正しくして女性の教化を布告されることは、（女性への）教化における大事であり、婦女子も度外視せず、万民一体として人の道を知らしめ下さる有難いご主意である）

このような教導職の説教から、陰陽の原理に基づいて男女の別を正しくすることが、女性に対する教化の根底にあったことがよみとれる。それは神道思想というよりも、むしろ陰陽女男を弁別する儒教思想に基づく道理であったというべきであろう。こうした思想に則れば「官」すなわち「公」の領域を女性が担うことは「事理不相当」であった。

　女性神職をめぐる一連の左院の決定を、「復古」と「開化」という側面から考えてみると、それはかつての神職のありかたに「復古」する選択ではなく、時代に合うように「開化」させたものであったといえよう。その「開化」とは、とりもなおさず儒教思想に基づくものであったのである。

第六章　新宗教の誕生と教派神道

幡鎌一弘

一　新宗教・民衆宗教・教派神道の位置付け

新宗教論

一九世紀の日本社会では、都市部を中心に多様な神仏が誕生し、しばしば流行神となり、人々の心を引き付けた（宮田、一九七二）。わずかの間に消費され命脈がつきたものも珍しくなかったが、一定の組織を生み、教義を整備し、明治以後大きく発展した宗教教団もこのようななかから生まれた。さらにアジア・太平洋戦争後にも雨後の筍のごとく宗教教団が誕生した。その教祖はしばしば「生き神」と評された（小澤浩『生き神の思想史―日本の近代化と民衆宗教』岩波書店、一九八八）。

これら数多くの新しい宗教は「新興宗教」と呼ばれ、怪しげで低俗な宗教というレッテルを貼られたが、現代の宗教ないし社会を分析しようとするときには無視できないものになっていった。一九七〇年代、海外での宗教研究の動向もふまえ、明治以後に興隆してきた宗教に対する学術用語として、「新宗教」が定着した。このほか、「新新宗教」あるいは「近代新宗教」という言葉も登場したが、ここでは幅広い意味を持つ「新宗教」を用いることとする。

宗教の定義は宗教学者の数だけあるといわれ、おそらく学術用語としての「新宗教」の定義についても同じことになるだろう。近年精力的にこの分野の研究を重ねている寺田喜朗・塚田穂高による「（一九世紀なかば以降に台頭してきた）既成の宗教伝統とは相対的に区別される独自の宗教様式を確立させた非制度的な成立宗教」との新宗教の定義をさしあたり出発点としてみよう。西山茂の研究をふまえたもので、近代化と日本独自の宗教制度（寺請制度など）を背景にとらえつつ、具体的には江戸後期から明治初期に立教・伸長した如来教・黒住教・金光教・天理教・本門佛立講など、明治末期から大正期の大本・太霊道・ほんみちなど、大正末期から昭和初期のひとのみち教団（ＰＬ教団）・解脱会・念法眞教・霊友会など、そして戦後に誕生した数多くの教団をあげている（寺田喜朗・塚田穂高「教団類型論と宗教運動論の架橋」寺田喜朗他編『近現代日本の宗教変動　実証的宗教社会学の視座から』ハーベスト社、二〇一六、二六頁）

この定義は非常に広いものなので、輪郭をもうすこしはっきりさせるため、次に、「新宗教」を網羅的に論じた井上順孝他編『新宗教事典』（弘文堂、一九九〇）を参照してみよう。そこでは新宗教の特徴を他のカテゴリーと対比的にとらえている。上が新宗教、下がそれ以外のものである。

①宗教であること　⇕　修養団体・武道芸能団体・精神面を重んじる企業
②成立宗教であること　⇕　民間信仰・民俗宗教
③既成宗教から独立　⇕　既成教団にとどまる
④主たる担い手が民衆　⇕　知識人・中上層

本稿では単純化して整理しているが、この線引きは必ずしも固定的なものではなく、論者によってとらえ方が異なっているし、教団の状況によって収まる場所も変わってくる。たとえば、法華（日蓮）宗系の新宗教（在家教団）の先駆けである本門佛立講は既成集団内で教団改革の旗をあげたため、「教団内の教団」、「内棲宗教」と位置付けられている（西山茂『近現代日本の法華運動』春秋社、二〇一六）。もともと民間信仰や民俗宗教の中から誕生した創唱宗教では、成立宗教の要件を満たすために、既成宗教と関係を持つことが多く、②と③は成立時と発展時で異なった相貌を見せる。

②については、新宗教の発生基盤に民間宗教と習合宗教を置く島薗進の理解によるところが大きい（島薗他、二〇一九、三五八頁）。島薗は、新宗教の成立にかかわって、江戸後期における民衆的宗教運動として大衆的習合宗教に注目する。この大衆的習合宗教に、（1）大衆的群参（講）（伊勢参り（講）・四国遍路（大師講）、成田不動講、金毘羅講）、（2）大衆的山岳講（富士講・御嶽講・石鎚講）、（3）シャーマン的職能者信仰の三つをあげる。後述するようにこれらの講は組織化が進むにつれ、神道的な色彩を帯び、教派神道の教団として展開することになる。

民衆宗教論

右の①～④のうち、とくに④を強調した用語が「民衆宗教」である。この用語を用いて研究を深化させたのが『近代民衆宗教史の研究』（法藏館、一九六三増訂）の著者で『民衆宗教の思想』（岩波書店、一九七一）を編んだ村上重良である。村上の民衆宗教研究は、戦前の教派神道に属した金光教・黒住教・天理教、富士講を母体にして発展した実行教・扶桑教、そして大本を主たる対象とした。新宗教が扱う教団と重なるが、江戸時代後期から明治初期に発展した創唱系宗教に力点があって、時代も教団も限定的である。

民衆宗教という言葉には、戦後歴史学が近代国家に対抗する民衆主体の形成に着目し、民衆運動・民衆思想への関心を高めていたという背景がある。加えて、「新興宗教」という言葉に込められた素朴で原始的呪術的な宗教であるというイメージや、日本宗教が封建制＝非近代的であるとするそれまでの宗教研究の一部の理解を克服し、近代的進歩的な意味を見出そうとしていたという（昆野伸幸「村上重良「国家神道」論再考」（山口、二〇一八）)。民衆宗教にも近代が深く含意されており、その主戦場は、新宗教が宗教学・宗教社会学だったのに対して、民衆宗教は歴史学・思想史学だった。ただし、民衆宗教論では、支配体制に対する抵抗あるいは代替の運動として、支配体制や社会に対して異議申し立てを行った限りにおいてその宗教が評価されるという側面をもっていた（島薗進「民衆宗教か新宗教か」『江戸の思想』一、一九九五）。

方法論的には、新宗教研究が社会学系の構造的、比較宗教的な研究手法をもとに長期的かつ比較研究的に分析するのに対し、民衆宗教は歴史学的に文献を発掘・読解し、一つの時代・事例を丹念に読み解いていく。また、前者は現代の事象を取り上げることが多く、後者の民衆宗教研究では、戦後誕生した教団を扱うことはまれで、むしろ江戸時代後期に足場を置きながら発生論的な研究を試みるという特徴がある。

ところで、村上は、やがて民衆宗教研究から民衆宗教の対極にある「国家神道」研究にシフトしていく。近代国家は民衆宗教を抑圧・弾圧し、民衆宗教も組織化に伴って体制に組み込まれ、教祖在世時代の活力を失っていくと評される。とりわけファシズム期に民衆宗教は激しく弾圧されており、このことが村上の国家神道研究に大きな影を落とすことになった。村上の国家神道論と民衆宗教論とは車の両輪であり、近年盛んになっている国家神道の見直し論は（島薗、二〇一〇、山口、二〇一八）、同時に民衆宗教論の見直しでもなければならない。民衆運動論の退潮とも相俟って、民衆宗教という枠組みそのものが用いられなくなってきているものの、この点から検討する必要はまだまだ残されていると考えている。

教派神道論

村上の「民衆宗教」の中核には教派神道があったが、そもそも教派神道とは、戦前に宗教として公認された一三の教派、すなわち神道（神道本局の教名、神道大教、神道事務局時代もあったが、本稿では区別せずに本局と呼ぶ）・黒住教・神道修正派・大社教・扶桑教・実行教・大成教・神習教・御嶽教・神理教・禊教・金光教・天理教を指す。明治初年の宗教政策が紆余曲折する間、神道教派が公認されるようになり、一九〇八年、天理教の独立を最後に一三派の体制が整った。伊勢神宮の神官を中心に各地の伊勢講を糾合した神宮教は、一八九九年に解散し、財団法人神宮奉斎会となったため、一三派には含まれない。

いち早く教派神道を分析した中山慶一は、教派神道を山岳宗教（実行教・扶桑教・御嶽教）、村落宗教（黒住教・金光教・天理教）、その他と分類している（中山慶一『教派神道の発生過程』森山書店、一九三二）。この研究を踏まえた村上重良は、民衆宗教を、先進的農村を基盤とする創唱宗教と山岳信仰・修験道の再編成との二つに分けた。

『新宗教事典』では、この一三派を、新宗教の特徴および単一の教団らしさを備えるものと、そうでないものとに分けている。前者には創唱宗教系（天理教・金光教・黒住教）と習合神道系の禊教・神理教があり、後者には山岳宗教系（扶桑教・実行教・御嶽教）と独自の神道神学を核にして雑多な講社を組織化したもの（神道修正派・大成教・神習教）、最後まで本局に残った宗教結社、名社大社の崇敬講社（神宮教・大社教）が含まれる。

教派神道を、一三派から幅広く神道系の宗教運動に広げて理解しようとしたのが井上順孝である。井上は、神道系の宗教運動を教派神道（A）と神道系新宗教（B）、その両方の要素をもつもの（AB）の三つに分け、それぞれ以下のように定義する。また組織論として、（A）を高坏モデル、（B）を樹木モデルと、理念的に位置付ける（井上、一九九一、以下個別教派の動向については同書を参照した）。

教派神道（A）：

神社神道を中心とする神道の実践、儀礼、教え、また近世の国学・復古神道によって築かれた教義と、深い関わりや類似性を保ちながら展開した近代の宗教運動。出雲大社教・出雲教・神習教・神道修正派・大成教・本局・神宮教・神理教など　／高坏モデル

神道系新宗教（B）：

既存の神道の要素を取り込んだり、影響を受けたりしながらも、独自な要素を多く含む運動として展開し、創唱宗教的色彩が強いもの。金光教・天理教・丸山教・大本・生長の家など。　／樹木モデル

教派神道と神道系新宗教の両面の要素を持つ教団（AB）：

黒住教・禊教など

講・講社（C）：

神社への参詣や寄進などを中核にして地域に根差しつつ活動した組織。一部は神社の直轄組織として編成される。　／高坏モデル

井上の整理は、従来の一三派を基本にした教派神道理解から神道系の教団を幅広く集約することを可能にした。ここに先の島薗の習合宗教論を加えてみると、やはり高坏モデルとして各種の講（参詣講・寄進講）を位置付けることができる。そもそも神社組織は専業神職および氏子・講からなる各神社固有のもので、それが江戸時代には吉田家・白川家という本所によって緩やかに組織化された。神職資格（公認）を基本とし

た本所の機能は、教派神道（A）の本局に引き継がれている（幡鎌、二〇〇六、一二頁）。このような発想で、教派神道（A）の横に講・講社（C）として、神社により密着した参詣講・寄進講などを並べてみると、民俗信仰・習合宗教の次元から新宗教への昇華とその母体になった組織形態を把握しやすくなるだろう。現実には（A）と（C）の差は大きくない。神社には氏子とは異なる大小の講を抱えており、そもそも（A）は江戸時代において（C）として存在し、その一部が教派神道（A）の枠組みで活動することになる。こうした広範な活動は、神社神道の信仰母体を考えるときには重要な要素である。後述するように（A）から（C）へ立ち戻る例もみられるし、神社直轄ではないが、神宮教から神宮奉斎会に変わったという例もあるからである（武田、二〇一八）。さらに、（B）に属する天理教や金光教の教団化プロセスをこの構造にあわせてみれば、講（C）が誕生して、教派神道（A）として編成され、やがて神道系新宗教（B）のように一派独立した。（A）から（B）が生まれるのであり、これまで論じられてきた教団化に伴う苦悩のなにがしかはここにかかわっている。

本稿では、新宗教の発生を一九世紀の江戸時代後期の都市から振り返り、明治維新後おおよそ明治前半までを中心に扱うことにする。この間には、近代国家形成という体制の大きな変化、とりわけ神仏分離・廃仏毀釈、神道国教化や国民教化運動という宗教政策の大きな流れとともに、日本社会の近代化そのものの問題が横たわる。新宗教あるいは教派神道の発生・発展とその組織化・体制化は、これらときわめて密接に結びついている。以上の点を念頭に、第二節では江戸時代後期を、第三節では明治維新後を扱い、新宗教がどのようにして発生し、組織化していったのかを示していくことにしよう。

二　近世後期の社会と宗教

都市の心性

冒頭に記したように、都市の宗教を「流行神」として提示したのが宮田登である。その宮田が利用した文献の一つに、一八一四（文化一一）年に出版された『江戸神仏願懸重宝記』がある。この本は四冊出される予定だったが、実際には一冊で終わった（『重宝記資料集成』第三二巻、臨川書店、二〇〇七）。江戸の霊験をまとめたものだが、一八一六（文化一三）年には、大坂を中心に六九の霊験をあげる『願懸重宝記』も出された。こちらは一八二四（文政七）年に増補改題されて再版され、京・江戸をはじめとする諸国の部を出す予告が付けられた（『浪速叢書　鶏肋』浪花叢書刊行会、一九三〇）。これらを今風にいえば、パワースポットの紹介本で、ニーズが高いと認識されていたのだろう。流行神は、現代に通じるような出版物という近代的な手段によって再生産されていたのである。

『江戸神仏願懸重宝記』によれば、霊験をもたらすものは実に多様で、永代橋西詰にあった高尾稲荷は頭痛に効くとか、浅草寺観音堂が節分の時に出す札が難産の護符になるなど、三一の事例をあげている。さらに、ここには神社仏閣とおよそ関係ない場所すらある。たとえば、「北見村斉藤伊右衛門」と単に村名と百姓の名前が記される同家の札が蛇除けになるといい、由来のわからない夫婦の石像に夫婦円満の霊験があり、稲葉家江戸屋敷の老婆の石像が痰・咳（百日咳）の利益、織田家家臣の熊井戸家が出した転んでも怪我をしない守札（俗に鶏卵の守札）が紹介される。橋の欄干、町の木戸に願をかけると願いが叶うともある。

宮田は、これらの霊験を治病九、災難除け三、その他二、諸願七と分類し、生活機能に即して多様な霊験があること、さらにそれらが「諸願」として集約されて新たな救済観念が誕生していることを推測した。

この指摘は、新宗教の誕生と密接に結びつく。金光教の成立に際しては、複数の民俗的な神々との関係が革新されて、流行神的金神信仰が生神金光大神へと昇華していったと考えられている（桂島、二〇〇五）。また、尾張地域に広がった金毘羅信仰などの多様な神仏の霊験が再構成され、如来教の救済観が成立したという（神田秀雄「近世後期における宗教意識の変容と統合」『日本史研究』三六八、一九九三）。

一八一六年の『願懸重宝記』にも注目してみよう。この本は大坂にスポットを当てているが、カバーする範囲はかなり広い。例えば、妙見宮では野間村（現、大阪府豊能町）の妙見堂（いわゆる能勢の妙見）や久々知（現、尼崎市）の広済寺をあげたうえで、千日前の自安寺や高津町・天満寺町に勧請されていることをいう。大聖歓喜天（聖天）では、宝山寺（現、奈良県生駒市）・山崎観音寺（現、京都府大山崎町）から、大坂近くの南田辺村法楽寺、天下茶屋村正円寺の歓喜天、そして天満・北野などに歓喜天巡りがあることを示す。金毘羅大権現については、象頭山（讃岐国、現、香川県）が海上風波の難や火災除けで有名だとして、中の島常安町にある讃岐国高松藩蔵屋敷のほか天満・高津・生玉・千日前法善寺・堀江阿弥陀池などに勧請され、人々の参詣が絶えないと伝える。毘沙門天も信貴山（現、奈良県三郷町）のほかに市中に巡拝所一五所があるという。このほか、堺の乳守宮、紀伊国堀越観音（現、和歌山県かつらぎ町）のように大坂からかなり離れた場所も加えられている。

これらを見る限り、大坂市中と周辺村落の区別は非常にあいまいである。大阪周辺の霊験が大坂になだれ込み、大坂の人々も市中で信心を養いながら、周辺地域の霊場へ熱心に参詣するようになる。そのもっとも端的な事例が、金毘羅信仰である。

金毘羅大権現は江戸藩邸に勧請され、町人の崇敬を受けていた。大坂でも上に記された高松藩蔵屋敷以外にも丸亀藩蔵屋敷に金毘羅が祭られていた。大坂の人々は、身近に勧請された金毘羅大権現を崇敬するにつれ、讃岐国の本地へ参詣したいと思うようになったのだという（北川央『近世金毘羅信仰の展開』岩田書院、二〇一八）。讃岐国の金毘羅大権現への参詣は、伊勢や高野山への参詣、西国三十三所巡礼、備前国蓮台寺への参詣などとセットになっていることが多い。もちろんここには仕掛けがあって、大坂の金毘羅舟の舟宿や丸亀の商人などが巡礼ルートを整備していた。紀伊国加太から阿波国撫養のルートを開拓する動きが大坂の舟宿と対立したこともある。大衆的群参（参詣講）は人々の信心だけで生まれたわけではなく、交通路の整備という都市を支える環境が必要条件なのである。

なお、金毘羅講の名称には、①地名の下に「講」を付けただけの講、②何を目標としているかがやや明らかな講（やや具体的な名称を持つ）、③金毘羅だけを参詣または寄進の対象とした講、の三つがあり、時期的に見れば、初期（一八世紀初めごろ）から江戸末期に向けて、①→②→③と変化したという。創唱性のない講であっても宗教的意味（神社名や参詣・寄進等）が表象されるようになるという変化が生じていた（西牟田、二〇〇四、三四九〜三五二頁）。時期こそ違え、のちに言及する天理教でも同じような現象が起こっており、信仰が定着していくときの変化として注目できるだろう。

江戸時代後期において、多様な霊験・利益の止揚によって新宗教が発生したこととともに、さらに二点を加えておきたい。一つは、藩邸内に現れた霊験や百姓家が出す守札、あるいは新宗教の教祖が百姓であったりするように、新たな霊験は身分制という枠組みとは関係なく発生している点である。二つ目に、筆者の参照した『江戸神仏願懸重宝記』には、奥に永福丸という薬の広告が綴じられていることである。その説明に「神伝慈授の霊薬」と記され、その効能には痰や咳・胎毒・歯の痛みなど、本書の霊験と重なる部分も少なくない。この場合、医薬の効能と霊験は隣りあわせであり、近代のように両者が相反するものという認識は一般に薄かった。

近世社会では寺請制度があったために、旦那寺との関係は容易に断ち切れなかった。一方、無病息災などの個人祈願を引き受ける霊験は、それとは関係ない次元で、身分を越え、都市から農村へと幅広く展開していった。

山岳講と都市

江戸で発生した大衆的な参詣活動の代表的なものが富士講で、とくに一九世紀に盛んになったことが知られている。近年では大谷正幸が丹念にその展開を跡付けている（以下、富士講の系譜に関する記述は大谷、二〇一一、による）。

角行藤仏（一五四一～一六四六）を起点とする富士信仰（角行系富士信仰）では、一八世紀に食行身禄（一六七一～一七三三）がでた。食行の思想（大谷は師の月行の思想の可能性を示唆している）では、到来した「みろくの世」は、南無仙元大菩薩によって知恵を授けられた天皇や将軍によって運営される。また、人間は家職に務め神に祈る生活をすることが求められる。「みろくの世」が実現せず悪徳に満ちているため、食行は自らの命を絶って神の使いとなろうとしたのだという。一神教的な思想のなかに「家職勤労」という通俗道徳的な要素を色濃く持っていた。

食行身禄没後、一八世紀の終わりまでに月行系の人々が江戸とその周辺で富士講を活発に展開し、その後、禄行三志（小谷三志あるいは小谷庄兵衛とも呼ばれる、一七六五〜一八四一）が食行など先行する教えをわかりやすく説き、道歌や和讃にして人々の教化に取り組んだ。これが不二道（不二孝）で、一般の富士講とは異なって、恩・孝といった通俗的な徳目を説き、多くの信者を得るようになった。その広がりは、関東・東海・近畿に及んだ。禄行の没後、その弟子たちが「みろくの世」の実現のため食行の著作を為政者に読ませようと直訴するという事件を引き起こすのである。

以上のような富士講の特徴を、大谷に従いながら整理しておくことにしたい。一つ目に、各地の講は、全体として富士講あるいは富士信仰を共有しているものというくくりは可能であったとしても、それは緩やかなまとまりでしかなく、決して一枚岩ではなかったことである。大谷が丹念に明らかにするように、富士講の系譜といっても角行の教えがそのまま伝えられるのではなく、直接・間接につながる複数の系譜があった。組織としてのまとまりのなさという点では、御嶽講や金毘羅講なども同じであろう。

二つ目には、「みろくの世」という世界観が提示される一方で、通俗道徳的要素も加わり、どちらかといえば、わかりやすい後者が不二道の広がる要因になっていたことである。通俗道徳は民衆宗教の特徴として注目されていた（安丸良夫『日本の近代化と民衆思想』平凡社、一九九九）。不二道の教えに石門心学が影響しているといわれているが、道歌や和讃にして受け入れやすくし、教化・布教のために各地へ遊説するスタイルも石門心学と類似している。

三つ目に、富士講は、江戸を中心に現在の地名でいえば千葉県や埼玉県・神奈川県にも相当の広がりを持っていたことである（岩科小一郎『富士講の歴史』名著出版、一九八三、二四〇〜二四一頁）。実際には農村も都市との関係を強め、経済・文化などで都市化が進んでいたことと無関係ではない。このことは、『願懸重宝記』が示していたことと同じだといえよう。都市とは無関係に見える山への信仰だったとしても、都市が強い影響力を持ったことに疑いはない。

四つ目に、その活動は宗教者ではなく、多くは在俗の人々によって担われているということである。富士講は、行衣を着て鈴や数珠をもって門付けし、木魚をたたいて騒ぎ、その行動が目に余るようになると取締の対象になった。その理由は、木魚講・題目講・念仏講と同じように、俗人でありながら宗教者のような行動をすることにあったが、実際は処罰されることはほとんどなかった。同じころ、「新義異流」の罪科で禊教を開教した井上正鐵（一七九〇〜一八四九）が遠島の処罰を受けたことと比べれば（以下、禊教関係の記述は荻原、二〇一八、による）、そもそも宗教者ではない富士講の人々の罪が軽かったのはしかるべきことだったのかもしれない。

富士講と同じように山岳講と位置付けられるのが、御嶽講である。一八世紀後半、覚明（一七一八〜一七八六）が御嶽山への重潔斎の廃止を求め、普寛（一七三一〜一八〇一）が王滝口登山道を開いて、軽精進による講中登山を始めた。これらにより、登山が大衆へ解放された。御嶽講は地域住民と神職によって支えられていたが、修験者と地域外の講、とくに江戸の在俗信者が主導的な位置を占めるようになった（中山、二〇〇七）。富士講と同じように、御嶽講も江戸町人が強い影響力を持ったのであり、中山慶一や村上のいう教派神道の属性の一つである山岳宗教（信仰）もまた都市なしには成立しえなかったのである。

江戸時代の社会と新宗教

村上が民衆宗教（教派神道）を分類したときに念頭に置いていた「先進的農村」とはどのような場所だったのだろうか。こちらもまた都市の強い影響力のもとにあった。

神道系新宗教（B）とされる天理教でいえば、先進的農村とは、大和国あるいは大坂周辺（摂津国・河内国・和泉国）になるだろう。大阪周辺の農村では綿加工業をはじめとする農業外の稼ぎが進み、内部では全く農業に従事しない人々が増えていた。和泉国泉郡には無作の比率が三二％に及ぶ村もあったという（谷山正道『民衆運動からみる幕末維新』清文堂出版、二〇一七、一八～一九頁）。農村はもはや農業だけでは成り立っていなかった。米を買って暮らしているのみならず、娯楽に興じ、本を読み、都市で流行した芸能がすぐに村に伝わっていることなど、文化的にも都市とさして変わりはない。これは先の『願懸重宝記』からも示唆されるだろう。そもそも都市と農村とは二分法的に峻別できるものではなく、農村でも確実に都市化が進んでいた。

新たに誕生した神仏の発展は、都市と都市あるいは都市と農村のネットワークに支えられていた。一九三八（天保九）年一〇月に中山みき（一七九八～一八八七）の神がかりによって立教した天理教の幕末頃の信者は、大和国の国中とよばれる盆地中心に広がり、大和川水運を媒介する経済圏と重なっていた。教えが早くから伝わった大坂は明治以後には天理教が広がっていく拠点となった。滋賀県に教えが伝わると、近江商人の人脈もあって、北陸・関東・東北へと広がっている（辻井正和「大和川と初期伝道」『天理教学研究』三三、一九九五）。人と物と情報を結び付ける都市は新宗教の広がりに欠かせない存在で、金光教においても大阪は大きな拠点となった。

それぞれの教団の歴史を振り返ってみると、江戸時代と明治以降とでは、教えや実践に少なからず変化がある。よって単純に比較するのは困難だが、明治以降の官憲の取締に比べて江戸時代のほうが緩やかだったと思われる。吉田家や白川家から神職資格を得ることにより、あるいは武士の帰依を受けることで幕藩権力や地域社会からの批判を遠ざけることができたからである。たしかに、禊教の井上正鐵は、白川家から神職資格を獲得し、なおかつ宮津藩主本庄宗秀の帰依を受けていながら、「新義異流」として遠島の処罰を受けた。しかし、広く見渡してみると、抑圧をやり過ごした例のほうが多い。黒住教の黒住宗忠(一七八〇〜一八五〇)は備前国御野郡上中野村今村宮の神職の家に生まれ、一八一四(文化一一)年に天命直授を体験した後、一八二四(文政七)年に吉田家から裁許を受けている。立教直後から中傷を受けるが、やがて岡山藩士などの帰依を受け、宗忠没後の幕末には、京都での布教の結果、公家の九条尚忠・二条斉敬・三条実美らの帰依を受けるようになった。金光教は一八五八(安政六)年、金光大神(一八一四〜一八八三)が取次専念の知らせをうけた(立教神伝)。立教後、修験者に訴えられるようなこともあり、神職としての資格を得るため、一八六四(元治元)年、白川家に入門している。天理教でも、幕末になって多くの人が集まるようになると、神職・僧侶・修験者などが論難や乱暴しにやってくるようになった。津藩の取り調べを受けたこともあって、一八六七(慶応三)年、みきの子秀司は吉田家から神職の資格を得た。

神道ではないが、如来教は尾張藩士が入信していたことで、藩の統制は弱まったといわれる(神田、二〇一七、二六三頁)。法華宗内で長松日扇(一八一七〜一八九〇)が開講した本門佛立講は高松藩主松平頼儀の子である頼該の庇護のもとで広がっており、なにより僧ではない頼該が本山とは違う教えを説いても、誰もそれを咎めなかった（冠賢一「高松八品講の成立と展開」本門佛立宗開導百遠諱記念論文集編纂委員会編『佛立開導長松日扇とその教団』平楽寺書店、一九九一、四四〜五二頁）。

このように、新たな霊験（教え）が「新義異流」「異説」と判断されても、朝廷を本所とした神職資格を得たり、信者が武士や公家階級に広がったりすると、その取締は容易ではなかった。身分制社会は新宗教の発展をどこかで咎めながらも、厳しい取締に対する壁にもなった。身分制を解消させ、新たな規範によって動き始めるのが明治に他ならないのである。

三　教派神道の成立

明治初年の政治と宗教

一八六七（慶応三）年、江戸幕府二六〇年の歴史に終止符が打たれ、天皇を中心とする新政府が誕生した。江戸時代後期に誕生した宗教が組織化し、教派神道と呼ばれるようになるのは、新政府の諸政策と深く関係するので、まずは事実を追っておこう。

一八六八年三月、祭政一致と神祇官を再興する旨を布告し、諸家の執奏を廃して諸神社神主等を神祇官に附属させた。これにより、神職は政府（神祇官）に直属することになり、吉田・白川両家による神職支配、神職身分は否定され、それまで両家から得ていた神職資格は意味を失った。続いて出された神仏判然令は、一部で激しい廃仏毀釈を引き起こし、神道が仏教との習合あるいはその支配を脱し、独自の地位を確立することにつながっていく。最も深く神仏が習合した状態にあった修験道（宗）は、ややおくれて一八七二年九月の太政官布告により廃止、天台・真言のどちらかに付属することになり、大きなダメージを受けた。

一八七〇年正月の大教宣布の詔により、神祇官に所属する宣教使によって国民教化が進められることになった。同年四月に出された「宣教使心得書」には、世を惑わし人をだますような説教を禁止し、希望する者がいたとしても禁厭祈祷を禁じること等が定められている。一八七一年五月、世襲神官を免職して新たに神職を任命し、神社の国家統治を強めた。この時、「神社の儀は国家の宗祀にて一人一家の私有にすべきにあらざる」と宣言された。ここには、国家と私（家）を分離するという大原則が示される。そのうえで同年七月、氏子取調が行われることとなり、江戸時代の寺院による宗門改めが廃止された。とはいえ、氏子取調も一八七三年六月に停止され、戸籍制度と宗教は分離されることとなる。

一八七二年三月、神祇省は廃止され（これに伴い宣教使も廃止）、かわって教部省が設置された。教部省体制下では、神仏儒が一致して国民教化にあたるため、東京に大教院、各府県に中教院、その下に小教院を置いた。同年四月、教部省は教導職制度をつくり、教化の理念として敬神愛国・天理人道・皇上奉戴朝旨遵守を要旨とする「三条の教則」を定めた。これを具体化するものとして、一八七三年には、神道的な内容の一一兼題と富国強兵・文明化などの開化政策を項目に含む一七兼題が定められた。

一八七三年八月の「教会大意」は一〇条からなり、そこには、三条の教則の遵守のほか、異説邪説の信仰禁止などの条項が含まれていた。これにより、「黒住・吐普加美・富士・御嶽・不動・観音・念仏・題目等神仏の諸講」が教会組織となる道が付けられた。一八七三年一月には、梓巫・市子・憑祈禱・狐下げ等と唱え、玉占・口寄せ等の所業を禁止し、一八七四年六月には禁厭祈祷による医薬妨害が禁じられている。教部省期には教化の原則が整えられるとともに、文明開化に伴う合理性が前面に出てくるようになった。禁厭やつとめ・さづけを重んじる黒住教・天理教に対して、明治以後批判が強まったのは、当然の流れであった。教部省内では神道と仏教が対立し、信教の自由を主張する真宗教団は、一八七五年一月に大教院体制からの離脱が認められた。これにより、同年四月には神仏合同布教は終焉を迎える。一方、元来まとまりのなかった神道は組織化が遅れ、一八七五年三月になって神道事務局（本局）を作り組織の体裁を整え始めた。教部省は一八七七年一月に廃止され、神道に関することは内務省に引き継がれた。

維新以降の一〇年ほどの間に、祭政一致・神道国教化とその後退という政策の紆余曲折の間に、教会組織の基礎が整い、三条の教則・教会大意といった教化の方針が示された。その一方、文明開化あるいは近代的思考により、まじないなどが露骨に抑圧された。講社・教会が布教活動を公認されるためには、三条の教則等を受け入れ、かつまた異端的な教説を自ら抑圧しなければならなくなったのである。

一八八二年一月、官国幣社神官が教導職を兼ねることが禁止された（神官教導職分離）。国家の宗祀を担う神社の神官が、個人の祈願から葬式まで担う教導職＝宗教者と区別されるという原則で、神道（教派神道）の組織化が出発した。神道からの教派の独立は、一八七六年一〇年に公認された黒住教・神道修正派、ついで一八八二年五月に神宮教・大社教・扶桑教・実行教・神道大成教・神習教・御獄教と続いた。遅れて、一八九四年一〇月に禊教・神理教、一九〇〇年六月金光教、一九〇八年一一月天理教が独立した。

明治期前半の宗教政策を概略してもわかるように、明治維新以来、国家と宗教の関係は大きく揺れ動いていた。国家の宗祀、神道国教化、神職の官吏化のごとく、神社と神道を公的なものとして位置付けようとした。神社が国家の宗祀ならば、江戸時代に比して、近代国家は神社を通して人々の日常生活の中に深く立ち入ろうとしたということになる。

しかし実際には、当初は画餅にすぎなかった。戸籍編制に宗教がかかわることはなくなり、私的な営みとしての信教の自由を受け入れ、神官と教導職を分離する。その政策は公（国家の宗祀・神社非宗教）と私（個人の信仰）の分離という近代的な政策基調のなかにある。明治一二年には府県社以下は民祭の神社と位置付けられ、一八八七年には官国社も保存金制度によって国家から切り離されることになった（阪本是丸『国家神道形成課程の研究』岩波書店、一九九四）。

公私の分離という政策はほかでも実施された。たとえば地租改正は、宗教政策の人々の受け止め方にも一定の影響を及ぼしたのではないかと私は考えている。地租改正により、土地の私的所有権が正式に認められ、それ以外は公有地・官有地として収公された。納税方法（主体）は村から個人（家）に改められた。実質的に家単位で納税されるから、村請制度のもとで強制力を持っていた村落共同体が後景化することで、家は村落共同体の支えを失う代わり、自由度も高まった。逆に人々には、納税＝国民の義務と家の維持の二つの責任が近世以上に重くのしかかってきたはずである。国家と私の分離は、国家を遠ざけたり、国家と私を対立的に認識したりするだけでなく、国家が人々の内面に深く入り込むことでもあった。こうした明治初年の政策ゆえに、新宗教は、新たに立ち現れ不安を抱えた多くの家（創出された国民）を市場とする民衆宗教として、江戸時代以上に広汎に広がりえたのである（幡鎌、二〇一八ａ）。

講社と教派神道

公私の分離の再検討は、新宗教の教団化を扱う際に必ずクローズアップされる国家本位の建前と信仰次元の独自の立場という「二重構造論」の脱構築と同根である（永岡崇、二〇一五）。そのような視点を参照して、神官教導職分離による教派神道（教法部類）と神社神道（非宗教）の二分法的見方も再検討してみたい。井上の整理による教派神道（A）と、神社に近い参詣講や寄進講である（C）が交わる事例があって、教派神道（A）と神社の線引きは、実際には実にあいまいである。

神社の参詣講を組織化する動きとして代表的なものは、教派神道（A）の神宮教や大社教である。このうち神宮教は、江戸時代まで伊勢の御師が全国に檀家を持っていたこともあって、一八九四年に信徒が一六八万人いたという。しかし、神宮教は一八九九年に解散して財団法人神宮奉斎会となった。（A）が（C）に改められたのである。

このほか大規模な講社として、金刀比羅本宮崇敬講社は約八八万人、多賀講社は約二九万人を数えた（一九三二年末）。近代になって神社が創建され京都市民を講員とする平安神宮附属平安講社の約九五万人に次いで、官国幣社のなかでも突出して大きな講社であった（藤本頼生「近代における神社講社制度の沿革と稲荷講」『朱』五八、二〇一五）。多賀講社・金刀比羅宮崇敬講社は、神社に付属していた講（C）がいったん教派神道（A）に属し、再び直属の講（C）へ戻った例になる。

多賀神社境内の四箇寺の僧侶は修験道行者（多賀坊人）として配札のために各地を回っていたが、神仏分離により失職を余儀なくされた。一八七六年五月、元坊人が中心になって各地の講が結集され、本局に属する「多賀教会講社」が誕生した。一八七七年一一月、日吉神社宮司西川吉輔を教長として開筵式を執行し、西川の辞職後大成教の平山省斎が教長を兼務した。その後、大成教が一派独立したこともあり、一八八三年一二月に大成教へ所属する。一八九一年七月には神社直属の貴寿講社を設立し、多賀教会講社の教会講員を加入替えさせた。さらに一八九四年七月には貴寿講社を多賀講社と改称する（中西守「多賀講社について」『神道史研究』一八―五・六、一九七〇）。講社名を「貴寿」としたのは、一八八八年四月社寺局通牒本局第五五が教会講社名に神社名を用いることを禁じたためであろう。しかしながら、最後には多賀講社に戻っている。以上のように多賀講社は、神社→本局→大成教→神社（直属講社）と帰属が変わった。

前述の通り、江戸後期に民衆の信心を獲得し、多くの参詣講を生み出した金毘羅大権現も、明治維新によって大きな打撃を受けた。別当金光院以下の僧侶は還俗、社頭の神仏分離が進められて、社名も琴平神社さらに金刀比羅宮（事比羅宮）と改められた。混乱から立ち直り、近世中後期に各地に生まれた講を組織化し、一八七四年一一月に「金刀比羅宮崇敬講社」が開講した。講社では三条の教則の遵守やキリスト教反対をうたう一方、神社内陣に入り守札を授与される特典を講社員だけに与えて、組織化を促した。崇敬講社はやがて教義などを説教する場として金刀比羅崇敬教会と呼ばれるようになり、一八八〇年一二月に神道本局直轄教会の認可を受けた。一八八二年一月の官国幣社神職教導職分離に伴い、社務所と崇敬教会を分離した。定め通りの対応だが、一八八六年二月に教会所の附属講社を神社に戻している（西牟田、二〇〇四、三五三～四三四頁）。すぐに本局との関係を解消したのは、一八八二年一一月の内務省丁第三号達「神官及官国幣社附属の講社にして教法部類にあらざるもの新たに結集する者は地方庁を経て伺出しむ」を、教法部類といわれないように表立って宗教を表明さえしなければ講社結集が可能だと解釈したのだろう。ここでは、神社直属の講（C）が教派神道（A）となり、再び神社の講社（C）になった。

教派神道（A）に属す教会を設立した人物が神社創建以前に精力的に活動していた例が橿原神宮である。一八九〇年四月の橿原神宮創建以前から神武天皇・神武陵の宣揚活動をしていた新海梅麿が本局所属の神道畝火教会を設立、やはり同様の活動をしていた奥野陣七が大成教所属の畝傍橿原教会を設立した。橿原神宮設立後にも大成教所属畝傍太祖教会が作られた。しかし、大成教所属の二教会は、橿原神宮の建言によって一九〇三年に教会認可を取り消されている。教会が取り消された翌年に、橿原神宮では本殿造営のための敬神会（講）を発足させ、一九〇五年に認可を受けた。橿原神宮の場合、神社より教会が先行していたという特殊事情があり、教会と講社と利害対立が表に出たこともあって、教会としての活動が否定された。しかし、解散に追い込まれたそれぞれの教会長は、その後敬神講の役員として橿原神宮に協力しているので、決定的に対立したわけではなく、人々を神社に引き付ける彼らの力は必要とされていたのである（幡鎌、二〇一八b）。ここでは教派神道（A）が担っていた機能が講（C）へと移行した形になる。

このように、講社が教派に属するか神社に属するかは、必ずしも固定していたわけではない。神官教導職分離の際、教会となる道をとらなかった稲荷神社の瑞穂講社は、その後衰退したが、それぞれの地域では命脈を保っていたという（児玉権之助「稲荷講社に就いて」『神道研究』二―二、一九四一）。一八八九年に創建された吉野神宮では一八九二年に直属講社が結成されているし、平安神宮も同様である。つまり、神官教導職の分離が原則とはいえ、官国幣社の神社と講・教会の関係は、国家の宗祀と私の敬神の間で揺らぎながらも、実際には個別の事情に合わせて、両者の間を緩やかに行き来しながら運営が図られていた。神官教導職分離は、たしかに国家と神道の関係の理解、神道の組織形態に大きな影響をもたらした。しかし、「国家の宗祀」あるいは「神道非宗教」といっても、最後には私（信心）によって支えられなければならず、足元を見れば、両者はどこかで相互補完関係を保つことによってのみ成り立ちえたのである。

教派神道と新宗教

最後に、教派神道（A）と神道系新宗教（B）の関係について注目してみよう。教派神道（A）が、各地に点在しそれほどはっきりしたまとまりを持たない講を教派として整えていくことは、一面容易のようにみえるが、やはり相応の困難さもつきまとった。さらに神道系新宗教（B）は、活動の障害を減らすために教派神道（A）の本局などに所属していた段階から、神道系新宗教（B）へと独立を志向した。教祖の存在――実質はその没後――が組織の結節点になるとはいえ、教団化は一筋縄ではいかなかった。そのため教派神道（A）と（B）とは、依存・分断・対立などを含め複雑に絡み合った。

井上正鐵の門下は吐菩加美講として一八七二年八月に公認され、一八七三年身禊講社、一八七七年に禊教社となった。もっとも内部では対立が続き、一八七九年の井上神社創建を分岐点として、一三派の一つとなる禊教と大成教禊教およびそれぞれと距離をとった神宮教系の三つに分裂する。禊教となるのは坂田鐵安（一八二〇～一八九〇）門下で、鐵安は惟神教会に属し、その惟神教会は本局配下となった。鐵安が神道禊教長となると、すぐに大社教に所属替えしている。鐵安没後、坂田安治が跡を継いで、一八九四年に独立を果たした。教えや実践に対する理解、さらには中心となる人々の関係によって、組織は分かれていった。

幕末から明治初年、金光教・天理教の信者は熱心に布教し各地に講が誕生した。しかし教えや活動に対して激しい反対にあい、なおかつ組織化に至るまでに時間がかかったため、各地の講は地域の実情に合わせて公認の道を模索した。このため、教団をまとめるに際し、痛みを伴うことになった。

金光教の各地の講（広前）は一派独立の過程で個別の動きを始めており、大阪の布教師は本局の事務分局派出説教所として活動することが多く、そのほかは神風講社（神宮教）や御嶽講に加入していた。一八八三年、教祖金光大神の死去の前後から公認化の動きが具体化し、一八八五年六月、神道備中事務分局所属金光教会が設置認可され、のち神道事務局直轄金光教会となった。各地の教会・信者を金光教会に所属替えさせる一方、本部の趣旨に従わない講は排除されたという（小沢、二〇〇四、七七頁）。

天理教では、一八七四年に奈良県・中教院の取り調べをうけて以後、中山みきや信者が投獄されるなどの処罰を受け、便法として風呂屋・宿屋などを営んだ。一八八〇年になって、真言宗金剛山地福寺配下の転輪王講社を結成し、大和・河内・大阪の講社を結集した。幕末に大和国国内で誕生していた講には村の名前が冠されていたが、転輪王講社名簿では、天恵組・明心組など教理・信仰に即した名前に変わっている。これは、前述した金毘羅講社の変化と同じで、講が広がり定着するにつれ、宗教的意味が表象されるようになった結果であろう。

その後、転輪王講社から神道本局所属の天理教会へ、つまり仏教から神道へと枠組みを大きく変えた。一八八五年に本局への加入による教会設立運動が本格化したが、大阪府の認可を得られず、教会が公認されたのは、一八八八年のことであった。布教活動が公認された天理教は、以後飛躍的に広がっていくことになる（天理教教義及史料集成部『稿本中山眞之亮伝』天理教道友社、二〇〇二）。金光教同様、この公認運動の過程で、徳島県下で一八八六年に結成されていた神道修正派天理部（のちの天理教撫養大教会）を教会本部へ所属替えさせている（天理教撫養大教会史料集成部編『撫養大教会史』一九六九）。

天理教本部が公認されると、天理教の周辺では分派が発生し、それらの教会は他の神道教派、具体的には御嶽教・神習教・大成教に属することで姿を現すことになった（幡鎌、二〇一八a）。たとえば御嶽教天龍教会は、本部と異なる吉田家配下時代の神名を掲げて発足した。御嶽教天輪王教会所（のち転輪王教会所）は今井惣治郎（一八四〇～一九一八）が始めた。惣治郎の兄新治郎（助造、一八三二～一八九一）も中山みきの教えに接したのちに独自の教会を作っている。天理教本部以上に盛んになっていた時期もあり、御嶽教天輪王教会所は奈良から大阪にかけて広がっていた。神習教天輪王教会は、京都の明誠組の講元が袂を分かち、一八八八年に神習教に加入し、奈良県下に教務所を置いた。大成教天倫教会所は、もともと奈良町を拠点に活動していた人々が、天理教本部の所属として認められなかったため、大成教に加入して誕生した。

天理教・金光教は本部を中心とした樹木型で同一性が強い組織となった典型例である。しかし、とりわけ教えの広がりに比して公認＝組織化が遅れていたために、組織化の出発点においては、すでに各地の講は地域の実情に合わせて教派神道（A）に属すなどして活動していた。さらに教団の歴史的な歩み、指導者層の人間関係などが影を落とすことになった。神道系新宗教（B）は、内部に同一性を求めるがゆえに、その成立段階で、方針に反対する講を切り落とし、あるいは自立的に組織化していた各地の講を接ぎ木して、樹木型の基礎を固めた。その排除の論理によって発生した分派を引き受け、活動を保証したのも、ほかならぬ教派神道（A）だったのである。

四　おわりに

黒住教や金光教・天理教は、布教公認の段階ですでにかなりの信者や講を抱えていた。そもそも各種の霊験が風聞や出版などを通して広がっていたのと同様に、新宗教もまたその霊験が口の端に上り、助けを求めて、あるいは助けられた人々が、信者となって講を結成した。その霊験や教えは、いまなら、インターネットによって瞬時に世界中に情報が広がる可能性があるが、明治のころは人々の移動そのものに規定されていた。

たとえば明治初年の黒住講には伊勢までの定宿があった。これは、金毘羅や伊勢に向かう参詣の宿屋・舟宿のネットワークそのものであった。黒住教として一八九〇年に一万人を超える伊勢参宮を計画したとき、大阪で蒸気船や駅舎の調査、宿屋と調整しているは、交通機関の発達に伴って伊勢参宮も近代化していたからである。金光教が四国に伝わり多くの信者が生まれたことには、瀬戸内の水運が大きな役割を果たした。徳島の藍玉商人が営業先の兵庫県南部や京都府北部へ天理教の教えを広げ、近江商人のネットワークと重なるようにして天理教の布教線は東日本に伸びていた。また、東京を拠点として周辺県にも広がっていたのは、東京と周辺社会との結びつきそのものであろう。人々の移動に伴ってやがて教えは海外へ広がるのである。

このような人々の活動は、近代になって個人（家）の持つ意味が相対的に大きくなったことと無関係ではない。都市に流れ出てきた人々が新たに一家をなしたいという欲求も強調してもいいだろう。文明開化のもとで、新宗教を淫祀邪教とし、それを信奉する人々を無知蒙昧だとする強烈な愚民観があったとしても、現実には多くの人々は近代の荒波にもまれ、貧病争に苦しんでいたがゆえに、苦悩からの救いを新しい宗教に求めた。「新宗教」の定義からすればトートロジーでしかないが、やはり国家・社会の近代化なしに新宗教の存在意義も発展もなかったのである。

本稿第二節第二項では、官国幣社神官教導職分離について、講社・教会の実態的な面から迫ってみた。神社と教会（教法部類）とはたしかに制度的に区別されてはいたが、実態として区別なく展開した場合もあった。二項対立的な区分は必ずしも自明ではないのである。おなじように、国家／民衆・教派という区分もまた、有効であり無効でもあるだろう。国家は、あるときには民衆を抑圧するが、国民たる民衆に支えられなければ機能しないという相互補完関係にある。国家は国家制度や機関として外在すると同時に民衆（国民）に内在する。国家神道論・民衆宗教論では、決して解消しえない二項対立（二重構造）をどのように把握するのかが問われているのである。

参考文献

井上順孝（一九九一）『教派神道の形成』弘文堂
大谷正幸（二〇一一）『角行系富士信仰―独創と盛衰の宗教―』岩田書院
荻原稔（二〇一八）『井上正鐵門中・禊教の成立と展開―慎食・調息・信心の教え―』思想の科学社
桂島宣弘（二〇〇五）『幕末民衆思想の研究　増補改訂版』文理閣
神田秀雄（二〇一七）『如来教の成立・展開と史的基盤―江戸後期の社会と宗教―』吉川弘文館
小澤浩（二〇〇四）『民衆宗教と国家神道』山川出版社
島薗進（二〇一〇）『国家神道と日本人』岩波書店
島薗進・安丸良夫・磯前順一編（二〇一九）『民衆宗教論　宗教的主体化とは何か』東京大学出版会
武田幸也（二〇一八）『近代の神宮と教化活動』弘文堂
永岡崇（二〇一五）『新宗教と総力戦』名古屋大学出版会
中山郁（二〇〇七）『修験と神道のあいだ―木曽御嶽信仰の近世・近代―』弘文堂
西牟田崇生（二〇〇四）『黎明期の金刀比羅宮と琴陵宥常』国書刊行会
幡鎌一弘（二〇〇六）「徳川時代後期の神道と白川家」『天理大学おやさと研究所年報』一二

――――（二〇一二）『語られた教祖―近世・近現代の信仰史―』法藏館
――――（二〇一八a）「近代化社会と民衆宗教」『宗教研究』三九二
――――（二〇一八b）「神武陵と橿原神宮の周辺―国家神道・教派神道再考」高木博志編『近代天皇制と社会』思文閣出版
宮田登（一九七二）『近世の流行神』評論社
山口輝臣編（二〇一八）『戦後史のなかの「国家神道」』山川出版社

コラム⑤　仏書の近代化

万波寿子

一　『教行信証』の変遷

中世まで、宗祖の著作は超越的なものであったため、広範で総合的な学術的対象になりにくかった。しかし近世になると、状況は一変する。それは出版文化が社会に定着したことが大きい。その影響は近世期を通じて展開し、近代にまで及んだ。そういったことを、ここでは親鸞の主著で浄土真宗の根本聖典である『教行信証』の出版状況を追いながら見てみよう。

周知の通り、『教行信証』はそのほとんどが各種の漢文経典からの引用文で構成されている。そこには親鸞独自の引用法があるのに加え、親鸞独特の読み方がなされているとされている。こうしたことは、中世に多少自覚した人もいたが、近世でも明確には析出できなかった。発見されたのは大正年間になってからである。

二　寂如の革新

一六八六（貞享三）年、西本願寺第十四世宗主寂如（一六五一～一七二五）が行った『教行信証』伝授（いわゆる「寂如上人御講義」）は近世期の幕開けを示す好例である（三浦真証、二〇一九）。その内容は驚くべきものであった。寂如は、『教行信証』の引用文の読み方を、親鸞独自の読みを含む守り伝えられてきた読み方ではなく、通仏教的な読み方に直してしまったのだ。さらに、本来であれば伝授では本山の御堂衆が用意した写本を用いるのが決まりであるが、この伝授は町版（民間の出版物）で行われたのだった。この時すでに、巷間には『教行信証』町版が三版（寛永版、明暦版、寛文版）あり、いずれも書店で買うことができた。

果たしてこの伝授の目的は、新しい近世的教学の宣言と、中世以来の伝統の排斥であった。当時は本末制度に基づく体制維持のために、本山の権威の源となる独自教学の確立が不可欠の時代であった。しかしそれは、出版文化が定着しあらゆる本が流通する社会の中にあっては、教団内外の疑問や批判に耐えうる客観的な学問でなくてはならない。「秘密の教えではこうなっている」は通用しないのである。寂如は町版を用いて通仏教的な講義を行うことで、近世的教学を目指し出版文化と共に生きることを宣言したのだった。この講義の九年後、伝授を司っていた光善寺が東本願寺に転派し、西本願寺の『教行信証』伝授は終わった。

三　町版の統制

寂如伝授の後も、『教行信証』を別格の聖教、宝典として扱う風は残された。しかしその一方で、学術的な挑戦も続いた。例えば、西本願寺の高僧智暹（一六九〇～一七八六）も『教行信証』を校訂したが、寂如の立場を支持したものとなっている。一方で、同じく西本願寺の碩学玄智（一七二四～一七九四）は『教行信証光融録』四〇巻という大部の注釈書を独力で作ったが、彼は独特の読み方に意義があることに気付いていた。

ただし、一七〇〇年代後半には版本『教行信証』の入手には制限ができていた。本山である東西の本願寺が、町版三種のうち寛永版と明暦版の二つをそれぞれ買い取った。末寺が町版を買い取って勝手に流布するのを阻止するという政治的思惑からだった。寛永版と明暦版は、本山からその教団の末寺へのみ下付される免物となった。民間に残された寛文版も両本願寺の監視下に置かれ、勝手な改変が禁じられた。

しかし、近世後期からは地方でも私塾が形成され、中央の学僧だけでなく多くの人が『教行信証』に向き合う機運が醸成されていた。その一方で、相変わらず東西本願寺は『教行信証』を下付物として位置づけていた。しかも、町版である寛文版を含め、一六〇〇年代に出されたものはいずれも版本として最も大型の大本（A４版より一回り大きいサイズ）であった。見た目は立派で、身分社会における格としては最上の姿をしているが、最上であるが故に注などを付して利便性を高めるのは不敬となるため、本気で学ぶ者の利用には不向きであった。

四　実用的な『教行信証』

このような状況に風穴を開けたのは、教学を授ける西本願寺檀林ではなく、安芸の末寺の僧悟澄であった。彼は今日悟澄本または安芸本と呼ばれる、新しい『教行信証』を刊行した。すなわち、従来の大本『教行信証』を半分の大きさである中本にし、薄葉という極薄の紙を使用することで四冊以上あったものを二冊にまとめた。しかも『異訳三部経』、『七祖聖教』など参考となる主立った引用書の丁数を注記し、その他参照すべき聖教を傍注で示した。実用性を重視し、本の格付けなどは度外視している。

これは極めて好評で、地方の私版であったにも関わらずあっという間に中央の檀林にまで浸透した。大坂の本屋がこっそりと印刷製本し、学僧たちは秘密の紹介状を持参して続々と購入したのだった。面目をつぶされた西本願寺は奉行所へ訴え、天保九年正月摘発、悟澄本は絶版（廃版に追い込まれること）となり、悟澄は根本聖典に注を付けたことが不敬とされ僧籍剥奪となった。しかし悟澄本の影響は大きく、西本願寺は自家の明暦版を縮刷し、しかも他の版本との校異を頭注に付けたものを出さざるを得なかった。

小型本のよい所は、携帯に便利で手軽に参照できる点である。従来の大本と違って自宅に文庫がないような人でも抵抗なく購入できる。場合によっては自坊を持たない人であっても、いつでも自由に読み、あるいは周囲の者と共に考えることができるのだ。『教行信証』に限らず、幕末期には大本という身分を振り捨てた小型の仏書開版が相次ぐようになっていた。

明治期にもなると、細かな文字も明瞭に印刷できる銅版印刷も発達し、この傾向に一層拍車がかかった。民間からも各種小型仏書が陸続と出され、その末尾には詳細な広告が載せられるのが常であった。そして、ほとんどの場合、広告には「郵税」といって郵送料も記載されている。はがきで注文し、自宅へ郵送してもらえるのだ。もはや本屋にさえ行かず、いながらにして望みの本を入手できる時代となった。

さて、幕末から近代にかけての『教行信証』版本で注目すべきは、校異が肥大していくことである。頭注で校異を示していた西本願寺の縮刷本も、「教行信証追加校異」として詳しい校異を一〇丁ほど掲載するようになる。やがてこれが独立して一冊となり、本編とあわせて三冊で行われた。幕末に出された佛光寺版『教行信証』も校異を欠いていたのは当初のみで、やがて巻末校異が二〇丁ほど付されるようになる。諸本との文字の違いだけでなく、訓点にも注意が払われるようになった。

一九二〇（大正九）年、西本願寺は縮刷『教行信証』を再版した。これは西本願寺が秘蔵する写本を底本とし、木版の本文編二冊に加えて活版の校異一冊を付けたもの。大正時代にあってもまだ本文が木版なのは、江戸時代と同じレイアウトを守るためと推測される。頭注には旧版と引用原本との校異を載せ、校異編では九種の異本との文字訓読等の異同を示してある。この本はよく普及したものと見え、今日でもよく見かける。近世的な縮刷・校異を目玉にした本は、近代に入っても生きていた。

その一方で、同年九月、仏教大学（現龍谷大学）教授で、前述の再版本の校訂者であった中井玄道（一八七八～一九四五）が、近代的な活字本で『教行信証附録』を刊行した。『附録』は明治の縮刷蔵（大日本校訂大蔵経）を含む十八種の異本解説、校異は訓読や省略まで調べており、その緻密さで格段の進歩があった。この研究ではじめて、『教行信証』には独特の引用法や訓み方があることが明確にされた。もちろん当時はなお諸本の閲覧に制限があり、中井の研究も十分とはいえない。しかし、近世期には明確に析出できなかったものが、活字本の時代になって主体的に研究され始めたのだった。

近世と近代には断絶があると考えがちである。しかし、少なくともこうした例を見ると、近世前期から大正年間まで、歴史を追って展開しているようである。

第七章　胎動する近代仏教

近藤俊太郎

一　はじめに――島地黙雷と清沢満之の間

戦後に出発した近代仏教史研究で重要な研究課題となったのは、明治初期の政府の宗教政策に対する島地《しまじ》黙雷《もくらい》らの抵抗運動、世紀転換期の境野黄洋・高島米峰らを中心とした「新仏教」運動、清沢満之《きよざわまんし》とその門下による「精神主義」運動などであった。無論、論者によって関心は様々であったけれども、共通する課題となったのは、島地黙雷研究が近代日本における「政教分離」「信教自由」の内実を問うこと、「新仏教」運動研究や「精神主義」運動研究が社会的実践と信仰の内面性という特質をそれぞれ時代状況との関係から捉えることであった。そして、「新仏教」運動と「精神主義」運動を近代仏教の確立として位置づける点は、多くの論者の共有事項となっていた。

二〇〇〇年代に入ってから、戦後の仏教史研究の検証が徐々に進められ、近代仏教史研究についても従来の立場と方法の相対化が試みられた。その結果、戦後の近代仏教史研究の主たる推進力であった吉田久一・柏原祐泉・池田英俊らの関心が戦後の思想課題に応答する近代化論に立っており、それゆえ、彼らの研究が戦後という時空間で説得力をもつとともに、時代的制約を強く背負っていたことが次々と解明された（林淳「近代仏教と国家神道――研究史の素描と問題点の整理」『禅研究所紀要』第三四号、愛知学院大学禅研究所、二〇〇六、大谷栄一、二〇一二）。

こうした研究主体の立場性の問い直しは、従来の研究方法はもちろん、研究対象の再検討という動向を生み出した。一八七五（明治八）年にひとまず終息する島地らによる抵抗運動から、一九〇〇年に出発する

「新仏教」運動やその翌年に本格化する清沢らの「精神主義」運動までの間には一体何があったのか。近年、この島地と清沢の間——一八八〇～九〇年代に研究者の関心が向けられつつあり、近代仏教の確立に加えて、近代仏教の生成が重要な研究課題となりつつある。その結果、この時期の欧化主義から国粋主義に転回する思想潮流と仏教との関係や、当時の仏教改革運動に大きな影響力を与えた井上円了や中西牛郎らの言論活動が、徐々にではあるが注目されるようになってきた。

こうした研究動向の要因としては、戦後の近代仏教史研究の相対化とともに、仏教メディア研究の活性化を考慮しなければならない。大谷栄一の調査によれば、明治期には八九六もの仏教新聞・雑誌が創刊されており（継続紙・誌を含む）、一八八〇～九〇年代はその草創期に当たる。そして、仏教雑誌創刊の背景には、同時期に仏教結社が数多く結成されていたという事情がある（大谷栄一、二〇二〇）。こうした仏教メディアに関する実態把握が進むにつれて、仏教結社の担い手や活動の内実が解明され、その延長線上に一九〇〇年以降の仏教運動が位置づけられるようになってきた（大谷栄一、二〇一二）。

こうした研究動向は、真宗の近代史を主旋律として構成している点や、吉田久一らによる戦後の研究が描き出した近代化論を刷新しきってはいない点で、なお課題を残している。研究の現状と当時の実態からして、真宗中心の叙述は避け難いとしても、改革運動にばかり焦点を当てた近代化論は、思想研究として実践的に重要な意味を帯びていることが少なくないとはいえ、当時の仏教界の全体像と乖離した歴史像を肥大化させ過ぎているように感じられる。「新仏教」や「精神主義」といった着地点に収斂していく改革運動の系譜を前提せずに、仏教の近代的再編を当時の仏教徒の課題に即して解明することが必要ではなかろうか。

そこで本稿は、明治初年の宗教政策と仏教との関係を起点とし、伝統教団の近代的再編と仏教改革運動を取り上げ、両者の関係に留意しつつ、与えられた「胎動する近代仏教」というテーマについて考えてみたい。従来、あまり積極的に取り上げられてこなかった伝統教団の動向を視野に入れることで、仏教の近代的再編を重層的に捉えることを目指したい。

二　宗教制度の近代的再編

神道国教化政策と仏教

新政府は、欧米列強のアジア侵出と対峙しうるだけの国家形成を課題として、現人神天皇の神聖・絶対性を中核に置く祭政一致体制を構想し、神社神道を国家統治の中心に据えるため、神道国教化政策を推進した。その一連の政策は、近代仏教史にほとんど決定的な影響を及ぼした。以下、明治初年の一連の政策を追跡し、仏教の近代的再編とその歴史的前提について考えたい。

一八六八（慶應四）年三月、新政府は「王政復古神武創業ノ始」に基づき、祭政一致の「回復」と神祇官再興を宣言し（「第一五三」『法令全書』）、同月には神社から仏教色を廃すべく神仏判然令を発した。神仏の相違を判然し、神道の純化を志向する政策は種々の混乱を招くことになる。すなわち、各地で仏像の破壊や廃合寺がおこなわれ、民衆の信仰世界との間に摩擦が生じたのである。また、八幡大菩薩の称号を廃したほか、法華宗の曼荼羅に天照皇太神の神号を加えることを禁止するなどした。神道国教化政策は、一八六九（明治二）年七月の宣教使設置および翌七〇年一月の大教宣布の詔によってさらなる推進をみた。

一八七一年、政府は神道関係の一連の政策を一気に推進した。五月の太政官布告で「神社ノ儀ハ国家ノ宗祀」（「太政官布告第二三四」）と規定したほか、八月には神祇官を神祇省に改組し、祭祀・諸社・諸陵・宣教などに関することを管掌させた。また、御所・門跡・院家・院室などの号の全廃、勅願所と勅修法会の廃止と内裏の御黒戸に奉安していた仏像・位牌の泉涌寺への移遷に加え、地方官による住職任免権の掌握を決定した。一八七二年二月には、従来宣下によって授けられていた僧位僧官を全廃した。

政府は一八七一年四月に戸籍法を制定し、同年一〇月には宗門人別帳を廃止した。これに伴い、仏教は近世以来の人別統制という公的領域での役割を喪失した。他方、同年七月に布告された氏子調は、全国民を神社の氏子に再編するものであり、神道国教化政策のなかで重要な位置を占めていた。だが氏子調が機能不全に終わったことと、葬送儀礼による檀家制の事実上の存続によって、近代の仏教教団の基盤は近世以来のそれを継承することになったのである。この基盤は、家父長制的な家観念や祖先崇拝と一体化した家の宗教として世襲化されてきたものであったから、近代天皇制の基盤としても機能する性格にあった。ただし、同年一月の社寺領上知令と一八七五年六月の社寺境内外区画取調規則により、寺院は境内地、つまりは祭典法要に必需の場所以外の土地を没収され、経済的困窮に直面することとなった。特に、広大な寺領を保有していた天台宗・真言宗・臨済宗・浄土宗などが大きな影響を受けた。他方、真宗が寺内町を法的には失ったものの、ほぼ従来通りであったことは、その後の真宗勢力が種々の運動を推進するうえで軽視しえない歴史的条件を形成したのである。

こうした動向のなか、真宗の西本願寺は一八七〇年八月に島地黙雷・大洲鉄然を東上させ、状況の打開を図った。大洲は新たに寺院寮を設けて諸国の寺院を管理させるよう、政府に建議を提出した。当時、民部省内の社寺掛が寺院を管掌する一方で、神社は神祇官が管轄していたために、神社と寺院との位置づけには大きな差があった。寺院寮設置は、直接には政府の内部に寺院を専門にする官庁を設けることだったが、廃仏毀釈が進むなかで仏教の失地回復を目指すものでもあった。

一八七〇年閏一〇月にこれが許可され、民部省のなかに寺院寮が設置された。島地や大洲は、旧長州藩の人脈を積極的に活用することで、事態を有利に進めたようである。しかし、この矢先、寺院寮が設置されたにもかかわらず、富山藩で廃合寺が一方的に強行され、当地の真宗も大きな影響を受けた。このことは、寺院寮の設置後も廃仏毀釈が終わっていなかったことを意味していた。一八七一年七月、民部省廃止を機に寺院寮も廃止され、以降、社寺に関する庶務は戸籍寮のなかに設けられた社寺課で管理された。

以上のように、明治初年の神道国教化政策によって、仏教界は旧来の国家的地位を喪失した。これを受け、仏教界の動揺は様々な形態をとって現われることになる。

注目すべき仏教界の動向に、一八六八年一二月に京都の興正寺で開かれた諸宗同徳会盟がある。会盟は、臨済宗大隆寺韜谷《とうこく》が宇和島藩における神葬祭採用の広がりに危機感を持ち、西本願寺の赤松連城とともに真宗興正寺の華園摂信を訪ね、相談を持ちかけたことが発足のきっかけとなった。会盟は、諸宗から参加者を得て、「王法仏法不離」「邪教研窮毀斥」「自宗教書研覈」「三道鼎立錬磨」「自宗旧弊一洗」「新規学校営繕」「宗々人材登庸」「諸州民間教諭」などを論題とした（「諸宗同徳会盟規約」、辻善之助『日本仏教史之研究』続編、金港堂書籍、一九三一年、八三九頁）。ここには、近世の仏教の護法思想の継承と近代社会における仏教の自己再編についての展望が明確に示されていて興味深い。特に重要なのは、世俗権力との親和性、キリスト教の研究・排除である。会盟はこれらを議題にして、一八七二年頃まで各所で会合を重ね、激変する状況下で仏教のとるべき立場を探った。そして、真言宗東寺の観智院覚宝の尽力により、会盟は次第に拡大し、東京・大阪・金沢でも組織されるに至った（川村覚昭「明治維新期に於ける廃仏毀釈と京都諸宗同徳会盟」『京都産業大学日本文化研究所紀要』第九号、京都産業大学日本文化研究所、二〇〇四）。

近世の仏教が宗派単位での活動に終始したのに対し、会盟は仏教界が宗派を超えて連帯した点で新たな傾向を示していた。ただし、華園摂信の三十三回忌に寄せた赤松連城の回顧談によると、「雲照律師等は例の持律論で、真宗僧等とは共に歯するも耻づると云ふ見幕、又其内輪から此危急存亡の場合に迫つてソンナ頑固論は唱へては居られぬ等と、甲論乙駁で随分の大激論であつた、併し終に一致に帰し芽出度全国の大合同が成立した」という状態で、宗派の連帯が必ずしも円滑に進んだわけではなかったようである（摂信上人遺稿編纂会編『摂信上人勤王護法録』興教書院、一九〇九、附録二三頁）。

ここに登場した真言宗の釈雲照は、浄土宗の福田行誡とともに戒律復興運動の代表選手で、両者を中心とした運動は仏教の世俗化への対抗として位置づけられる。一八七二年四月の肉食妻帯蓄髪の解禁による僧侶の俗人化、さらには僧侶身分の職分化など、仏教の世俗化は急速に進められるなか、彼らは、近世中期に真言宗の慈雲飲光《じうんおんこう》によって提唱された十善戒の実践を説く正法律《しょうぼうりつ》に傾倒し、持戒主義的立場を明確にすることを通して仏教の世俗を超えた側面を実践的次元で回復しようと試みた。他方、真宗の場合は、代々世襲で寺院の運営をしていたことにより、肉食妻帯の解禁に伴う影響も他宗と比して小さかった。

国民教化政策と仏教

西本願寺の島地黙雷らは、神祇省によるキリスト教対策に仏教と儒教の勢力を加えることが必要だと論じ、江藤新平らの協力を得ることで、寺院寮に続く仏教の勢力回復を具体的に進めた。島地は一八七一（明治四）年九月に教部省開設を求めて建言を提出した。左院では江藤が関与して一〇月に寺院省の設置を建議するが、一二月には名称を教部省と改めて再び建議した。島地らの取り組みが奏功し、一八七二年三月二三日には神祇省が廃止されて教部省が創設された。これに伴い、祭祀関係が式部寮に移され、宣教関係が教部省の管掌となった。

教部省では、一八七二年四月に三条教則を定め、同月設置した教導職による国民教化の基本方針とした。教導職は、無給の国家官吏で神官・僧侶などが任命され、三条教則に示された「敬神愛国ノ旨ヲ体スヘキ事」「天理人道ヲ明ニスヘキ事」「皇上ヲ奉戴シ朝旨ヲ遵守セシムヘキ事」（「教部省達」『法令全書』）といった徳目を国民に説教し、現人神天皇の神聖・絶対性を基軸とする国家のありようを国民に内面化させるべく活動した。さらに六月、政府は仏教七宗に教導職管長を置き、それを通して仏教を統制することとした。これにより、教導職管長に教団運営の大きな権限が認められ、各宗本山の権限は大きく回復したのである。

政府は全国的な教化体制を構築すべく、一八七三年一月に大教院を開院し、翌年にかけて地方に中教院を設置した。また、一八七二年八月には各神社を、一一月には各寺院をそれぞれ小教院とした。このように大教院体制が整備されていくなかで、仏教は神道偏重・排仏傾向の現状打破を企図し、国民教化に積極的に協力する姿勢を見せていた。というのも、そもそも大教院の設立は仏教各宗連合が願い出たものだったからである。けれども、国民教化は徐々に神道中心主義に傾斜していった。

神道中心主義の国民教化政策に対して、島地黙雷らは、護法意識と「政教分離」の立場から抵抗し、大教院分離運動を展開した。島地の運動には、彼自身の海外教状視察の経験が活かされていたようだ。島地らの抵抗運動は、大教院を解散に追い込み、一八七五年一一月二七日の教部省口達書で「信教ノ自由」を獲得するに至った。

抑政府ヨリ神仏各宗共信教ノ自由ヲ保護シテ之ヲシテ暢達セシムル以上ハ乃又之ヲシテ行政上ノ裨益ナルモ妨害タラシメス以テ保護ノ終始ヲ完全スル是レ政府ノ教法家ニ対スル所以ニシテ而シテ其教法家ハ信教ノ自由ヲ得テ行政上ノ保護ヲ受クル以上ハ能ク　朝旨ノ所在ヲ認メ啻ニ政治ノ妨害トナラサルニ注意スルノミナラス務テ此人民ヲ善誘シ治化ヲ翼賛スルニ至ルヘキ是レ教法家ノ政府ニ報スル所以ノ義務ト謂フヘシ（「教部省口達書」『法令全書』）

ここに示された「信教ノ自由」の内実は、宗教者が国家の宗教性を受容したうえで「人民ヲ善誘シ治化ヲ翼賛スル」役割を担うことが承認されたに過ぎず、実質的には各宗教者による布教が国家の宗教性と一体化してはじめて可能になるという事態を確認するものであった。つまり、島地らの抵抗運動は、天皇制国家の批判にまでは至らず、布教の自由を獲得して終息したのである（福嶋寛隆「近代天皇制国家と信教自由論の展開」、二葉憲香・福嶋寛隆編『島地黙雷全集』第二巻、本願寺出版協会、一九七三）。

こうした島地らの試みは、廃仏毀釈後の仏教界の失地回復という課題に加え、文明国の宗教として仏教を再定位しようとする問題意識とも不可分であった（ハンス・マーティン・クレーマ「近代日本における「宗教」概念の西洋的起源——島地黙雷のヨーロッパ滞在を中心に」『宗教研究』第八八巻第三輯、日本宗教学会、二〇一四）。そして、後者の問題意識は、やがて仏教改革の動きに結びついていくのである。

三　伝統教団の近代

教団の近代的再編

従来、仏教の近代化は、一部の改革運動と強く結び付けられる一方、教団とは無縁の問題と考えてられてきた傾向にある。というのも、教団は、前近代の伝統に縛られており、近代的な仏教改革運動の対抗的存在と位置づけられてきたからである。そのため、廃仏毀釈で近世以来の国家的保護を喪失した後の教団史はあまり注目されてこなかった。ただし、仏教教団もまた、新たな時代状況に対応するなかで自己再編をおこなっていたのである。以下、西本願寺を事例に、伝統教団の近代化について考えてみたい（以下、本願寺史料研究所編、二〇一九参照）。

明治初期の政府の宗教政策のなかで、一八七二（明治五）年が真宗にとって大きな転機となった。同年三月の「真宗」公称許可、真宗各派本山住職の華族化、東西本願寺法主の共同巡回許可、さらには親鸞への大師号宣下、興正寺の別派独立など、これらは教部省のもとで実現した。教部省設置の背景にキリスト教対策と真宗対策があったとされる所以である（羽賀祥二「明治国家形成期の政教関係――教導職制と教団形成」『日本史研究』第二七一号、日本史研究会、一九八五）。

教団の近代化にとって不可欠となったのが法的規定である。一八七五年八月二九日、教部省は各宗管長に宛て各宗の従来の宗規を取り調べて届け出るようにと達した。これによって、仏教各宗は、それまで遵守してきた規則等を調査し、整備しなおす必要に迫られた。当時、真宗各派で管長一名を置いていた関係から、真宗各派（専修寺・錦織寺・東本願寺・西本願寺）は共同して宗規綱領を作成し、一八七六年四月に提出した（翌年四月に各派に管長一名を置くことが許可された）。

この宗規綱領は、従来の宗規の確認という趣旨を越えて、真宗教団の近代的形態への変容を大きく方向づけた。たとえば、従来の本末制度における数段階の上寺・下寺関係を解消して、末寺の平等化を図った点は軽視しえない（二葉憲香「真宗教団近代化の動向――布教権の回復と末寺平等化指向」『龍谷大学論集』第三八八号、龍谷学会、一九六九）。これ以降、教団の再編が進められ、廃藩置県・府県制を踏まえた統括地域・組織を制定したほか、近世以来の触頭制度を廃止して、本山―教区―組《そ》―末寺の統括制度を新たに定めた。

こうした組織改革に加え、一八七二年の太陽暦への改暦を受け、一八七四年以降、宗祖親鸞の忌日をはじめとして、法要を新暦換算し、年中行事の執行日時を変更した。一八七四年、真宗各派の代表が集まった会議の席で、島地黙雷は、改暦を国家の重大問題・国際関係上の必要性とし、それを理解することが「識者ノ伍トナルコト」だと論じた。つまり、改暦は「日本帝国ノ一大美事」であり、この法要の変更は教団の文明化を進める「真宗ノ一美事」と捉えられていたのである（大喜直彦「明治初期、改暦事業の一様相――西本願寺の文化受容の一様相」『行信学報』第一二号、行信文化研究所、一九九九）。

教育制度の改革も進められた。近世以来、西本願寺では僧侶の教育機関として学林を設置していたが、幕末・維新期から政情の激変を背景とした教育改革が叫ばれるようになっていた。こうした関心のもと、学林では勤王への姿勢を明確化するとともに、キリスト教や西欧文化・歴史について研究し、状況の変化に対応すべく準備を始めた。こうした動向は、やがて破邪・国学・暦学・儒学といった外学《げがく》とよばれる学問領域を教育課程のなかに組み込むことを結果した。そして外学は普通学という名称でさらなる展開を見せ、従来の宗学（教義研究）を中心とした教育に大きな変化をもたらすことになるのである。

普通学の導入は、一八七五年に法主明如が赤松連城に学林改革を委任したのを契機として、一挙に推進された。特に注目すべきは、一八八四年九月に開校した普通教校である。普通教校では、内学科に加えて漢学科・英学科・数学科が設置された。ちょうど欧化の風潮が高まっていたこともあり、普通学の導入に加えて英語教育や洋服採用なども特徴とした。教育制度の文明化は急速に進められたのである（龍谷大学三百五十年史編集委員会編、二〇〇〇）。

教団と国家

伝統教団の近代化過程でとりわけ重要な問題が天皇やその国家との関係である。近代の仏教教団は天皇とその国家に対して、終始、親和的であったといってよい。たとえば、天皇による大師号や国師号の賜与は、近代の仏教教団が天皇とその国家との積極的な関係を絶えず想起させる拠り所となった。真宗では、前述の親鸞の「見真大師」号に続き、一八八二（明治一五）年三月に中興の祖とされる蓮如にも「慧燈大師」の号が宣下された。

一八八四年八月、政府は教導職を廃止し、教団統制を管長に委任すると布達した。ここに、仏教教団の「自治」が成立することになるのである。この布達では、条件五条を定め、その第一条に「各宗派妄リニ分合ヲ唱ヘ或ハ宗派ノ間ニ争論ヲ為ス可ラス」といい、第四条では「管長ハ各其立教開宗ノ主義ニ由テ左項ノ条規ヲ定メ内務卿ノ認可ヲ得可シ」とし、あわせて仏道管長が定めるべきこととして「一、宗制／一、寺法／一、僧侶並ニ教師タルノ分限及称号ヲ定ムル事／一、寺院ノ住職任免及教師ノ等級進退ノ事／一、寺院ニ属スル古文書宝物什器ノ類ヲ保存スル事」（「太政官布達第一九号」『法令全書』）と規定した。これを受け、各仏教教団では、宗制・寺法制定など、教団の法的制度の整備を本格的に進めることになった。

一八八六年一月、西本願寺は、真宗本願寺派宗制寺法を定めた。宗制の冒頭部には、次のようにある。

> 第一章／宗祖見真大師大無量寿経ニ依テ一宗ヲ開キ浄土真宗ト名ク其要義載セテ教行信証文類ニアリ／第二章／一宗ノ教旨ハ仏号ヲ聞信シ大悲ヲ念報スル之ヲ真諦ト云ヒ人道ヲ履行シ王法ヲ遵守スル之ヲ俗諦ト云是即チ他力ノ安心ニ住シ報恩ノ経営ヲナスモノナレハ之ヲ二諦相資ノ妙旨トス（『真宗本願寺派宗制寺法』）

一八七六年一一月に親鸞に大師号が宣下されたのを受け、第一章には宗祖の親鸞が「見真大師」と書き込まれ、また第二章には真俗二諦の教旨を正統教義とする旨が記された。真俗二諦とは、死後の浄土往生を真諦とし、現世における世俗権力への服属を俗諦とする二元論的信仰理解で、両者が共に「諦」（＝真実）として位置づけられる点に特徴をもつ。近代の真宗が国家との親和性を主張する際、この真俗二諦は繰り返し持ち出され、国家への従属を教学的に正当化し続けたのである。

また、西本願寺では、一八八一年一〇月に教団の議会となる集会《しゅうえ》を開いた。議員は三〇～五〇名が置かれ、会衆《えしゅう》と呼ばれた。法主の特選による特選会衆と、教団内僧侶の総代として各地方の投票選挙によって選出された総代会衆とが集会を構成した。とはいえ、議案提出権は原則として法主にあり、会衆の議案提出は執行を経て法主に許可された場合のみ可能であった。また、会衆の一〇分の一が常在衆として置かれ、法主の諮詢や執行の協議に答える役割を担った。こうした教団の議会には帝国議会との構造的共通性を指摘できるだろう。

改めていうまでもないが、西本願寺における宗制・寺法の制定は大日本帝国憲法の発布・施行よりも先駆けた動きであり、集会の開設もまた帝国議会に先んじたものである。西本願寺の宗制・寺法の原案作成には三条実美や井上馨らが協力し、集会開設にあたっては岩倉具視の意向が重視されていた。これらは、仏教教団の自治の内実や国家との関係を考えるうえで興味深い事実だといえる。つまり、西本願寺は大日本帝国の実験場として活用された側面があり、教団の種々の取り組みは国家の制度・組織の形成に大いに役立てられたのではなかろうか。

以下では、そうした仏教教団における法的制度の整備および国家との関係について、皇室典範をめぐる問題から考えてみたい。

一八八九年二月、大日本帝国憲法が発布された。憲法制定に際して、天皇は、告文で神霊に対して皇室典範と帝国憲法の制定を述べた。帝国憲法は、天皇を「大日本帝国ハ万世一系ノ天皇之ヲ統治ス」(第一条)、「天皇ハ神聖ニシテ侵スベカラズ」(第三条) などと規定し、万世一系で神聖不可侵であると法的に位置づけた。大日本帝国憲法であきらかにされたように、天皇は万世一系で神聖不可侵とされ、その神聖性は皇統を背負うことにおいて成立するとされていた。したがって、天皇は「皇祖皇宗ノ遺訓」(「教育ニ関スル勅語」)の伝達者としてはじめて権威たりうる存在であった。また、信教の自由については、「日本臣民ハ安寧秩序ヲ妨ケス及臣民タルノ義務ニ背カザル限ニ於テ信教ノ自由ヲ有ス」(第二八条) とし、一八七五年一一月の教部省口達書を追認するものとなっていた。

また、大日本帝国憲法と同年に定められた皇室典範では、皇位継承や践祚即位などが制度化された。皇室典範の上諭には、以下のようにある。

天佑ヲ享有シタル我カ日本帝国ノ宝祚ハ万世一系歴代継承シ以テ朕カ躬ニ至ル惟フニ祖宗肇国ノ初大憲一タヒ定マリ昭ナルコト日星ノ如シ今ノ時ニ当リ宜ク遺訓ヲ明徴ニシ皇家ノ成典ヲ制立シ以テ丕基ヲ永遠ニ鞏固ニスヘシ茲ニ枢密顧問ノ諮詢ヲ経皇室典範ヲ裁定シ朕カ後嗣及子孫ヲシテ遵守スル所アラシム（「皇室典範」一八八九年）

このように、天皇が万世一系の皇統の継承者であることが確認された。皇室典範の成立に関しても遺訓を明徴にすることがあわせて示された。

以上を踏まえ、一八九一年にまとめられた本願寺内範を見てみよう。本願寺内範には次のように、皇室典範と重なる内容が記されている。

真宗本願寺派ノ法統ハ大師開宗已来二十一世六百有余年伝承以テ予ノ躬ニ至レリ是レ歴世自ラ一定ノ模範アリテ以テ不易ノ規準タルニ由ルナリ今ヤ世局ノ進運ニ膺リ人文ノ発達ニ随ヒ宜ク祖先ノ遺意ニ依リ典憲ヲ成立シ条章ヲ昭示シ以テ後嗣子孫ノ遵守スル所ト為シ宗祖ノ基業ヲ永遠ニ鞏固ニスヘシ茲ニ親族及宿老ノ諮詢ヲ経本願寺内範ヲ制定ス後嗣子孫慎テ焉ニ率由シ旧図ヲ墜ス勿レ／明治廿四年六月廿九日／大谷光尊（『本願寺内範』一八九一年、龍谷大学図書館所蔵）

ここでは、親鸞以来の法統が現法主の明如（大谷光尊）に流れ込んでいることを確認し、歴代の法主の遺志を踏まえてこれが定められたと説明している。本願寺内範と皇室典範との構造的類似性はあきらかであろう。皇室典範の「第一条　大日本国皇位ハ祖宗ノ皇統ニシテ男系ノ男子之ヲ継承ス」という皇位継承の規定は、本願寺内範における「第一条　本願寺派ノ法主即チ本願寺ノ住職ハ大谷宗家ノ戸主タル者トス其継承ハ男系ノ男子ニ限ル」（一頁）と同質である。つまり、本願寺教団においては、天皇制的契機を取り込んだ法主制が構造化されていた。この点、法主＝生き仏信仰ともいわれる前近代からの信仰実態からすれば、むしろ天皇制こそが法主制的契機を取り込んだというべきかもしれない。いずれにせよ、本願寺内範と皇室典範の比較から、万世一系で神聖不可侵たる現人神天皇の統治する大日本帝国と、宗祖親鸞の血脈を継承した法主の管轄する西本願寺教団の相似形的構造を指摘できるのではなかろうか。

宗制寺法・議会が帝国憲法・帝国議会に先行し、本願寺内範が皇室典範を模倣したような内容となるのは、教団と国家が相互に影響を受け合いながら近代化を推進していったからであろう。教団と国家が結果として相似形的特徴を持ちえたのは、何も不思議なことではなかった。

教団近代化の困難

ところで、西本願寺の近代的再編は、全てが順調に推進されたわけではない。教団の近代的再編を主導したのは大洲鉄然・島地黙雷・香川葆晃・赤松連城ら防長（周防・長門）僧侶で、彼らは新政府の木戸孝允・伊藤博文・井上馨らとの親交を背景に種々の改革を実行に移し、廃仏毀釈や興正寺独立問題、さらには教団財政問題などの困難を克服すべく活動した。その過程で、防長僧侶により教団運営の主導権掌握は、法主の専権事項であった宗意安心判定権にまで事実上及ぶことになった。これに反発した法主明如は、紀州出身の北畠道龍を登用して防長僧侶の教団行政の独占状況を打開すべく、島地黙雷の異安心問題を突破口に寺務所の東京移転を企図し、それを実行に移したのである。

一八七九（明治一二）年に生じた東京移転問題の渦中では、明如の東上をきっかけに教団運営をおこなう機関が東京と京都の二か所に存在するなど、教団は混乱を極めた。当時は自由民権運動の高揚期であり、社会的存在感の大きい西本願寺教団の問題が政治対立や混乱を惹き起こすかもしれないと警戒したため、政府は問題の早期解決を求めて積極的に介入したのである。三条実美や岩倉具視らの働きかけもあり、問題はわずか三か月余りで収束に向かった。結果、明如は京都に戻り、防長僧侶と北畠はともに退けられた。この問題は、伝統教団の近代的再編に伴う困難を象徴するものであった。ただし、結果的に分裂した教団を融和するために要請されたのが教団の議会開設であり、そのことが教団のさらなる近代化を推進することになるのである（平野武『西本願寺寺法と「立憲主義」——近代日本の国家形成と宗教組織』法律文化社、一九八八、福間光超『真宗史の研究』永田文昌堂、一九九九）。

以上、伝統教団の近代化について考えてみた。従来の研究史のなかでは、仏教教団が改革運動の思想的達成の陰画として描き出される傾向にあるが、実際に近代日本の現実のなかで影響力を誇ったのは、改革運動ではなく伝統教団であろう。近代仏教史の全体像を考えるとき、この点は改めて留意されるべきである。無論、伝統教団の近代化は、政府の諸政策への対応という基調をもって遂行された点で、多くの制約を負っていた。ただし、近代化過程で伝統教団が設置した高等教育機関や、教団を近代化する際に再編した結社等の組織は、新たな仏教改革運動を惹き起こしていく基盤となっていく。したがって、伝統教団と改革運動を対立関係でのみ捉えるのは適切でない。伝統教団と改革運動の関係は重層的で絡まりあうものだったのである。

また、ここで取り上げた西本願寺の事例をそのまま伝統教団一般の動向と考えることも適切ではない。西本願寺による政府への働きかけや教団の近代的再編に対する取り組みは、他の伝統教団と必ずしも共通してはいない。今後、伝統教団の近代化については、他の教団との比較検討する作業などを通してさらに追及されねばならない。

四　仏教改革運動

国際化と結社

西本願寺の改革を主導した防長僧侶のうち、島地黙雷と赤松連城が一八七二（明治五）年に海外視察・留学をしていたことは、仏教の近代的再編にとって軽視しえない経験であった。島地は西本願寺の梅上沢融《うめがみたくゆう》の随行としてイギリス・フランス・ドイツ・スイス・イタリアの諸国をめぐって各国の宗教事情を視察し、その後、岩倉使節団の福地源一郎と同行して、パリからローマ・ギリシア・トルコを経由してエルサレムを訪ね、エジプト巡回を経てインド視察の後、帰国している。赤松はイギリス留学中の報告において、キリスト教に基づく教育の展開や聖職者の存在感、信教自由の確保状況、聖書の翻訳・出版事情について言及し、ヨーロッパにおけるキリスト教の社会的地位や教勢を展望しつつ、日本仏教徒の奮起を促している。こうした島地や赤松による海外教状視察は、西本願寺、ひいては仏教界をどう再編すべきかを考える際、有力な指針を与えたのである（本願寺史料研究所編、二〇一九）。

海外留学の経験はまた、日本の仏教研究を大きく規定することにもなった。特に、一八七六年六月に東本願寺の南条文雄《なんじょうぶんゆう》と笠原研寿《かさはらけんじゅ》が教団から留学を命じられて出発し、一八七九年二月からオックスフォード大学のマックス・ミュラーのもとでサンスクリットを学んだ経験は、その後の日本の仏教研究に文献主義的方向を与えた点で重要である。文明化を背景とした文献学的手法による仏教研究は、村上専精《むらかみせんしょう》らの仏教史研究に継承され、大乗非仏説論へと接続したのに加え、アジア諸地域の仏教に対する日本仏教の優越性の主張とも結びつくことになった。

一八九三年九月には、世界の多様な宗教的伝統の相互理解を目的として、シカゴで万国宗教会議が開催された。延べ一五万人の聴衆を動員したこの会議には、臨済宗の釈宗演《しゃくそうえん》、真言宗の土宜法龍《どきほうりゅう》、天台宗の蘆津《あしづ》実全《じつぜん》、西本願寺の八淵蟠龍《やつぶちばんりゅう》らが参加した。多様な宗教的伝統を持つ宗教者によるこの会議は、比較宗教学への関心を高める契機となったのである。

そして、このとき釈宗演の講演原稿を英訳したのが、彼の門下にいた鈴木大拙《すずきだいせつ》であった。鈴木は、一八九七年に渡米してオープン・コート出版社で上司のポール・ケーラスの編集助手を務めるかたわら、仏教とりわけ大乗仏教に関する英語の著作を数多く発表することになる。

こうした仏教の動向は、絶えず欧米列強とキリスト教を意識しつつ展開したといってよい。日本が文明化を推進するなかで、日本の仏教はキリスト教を敵視しつつも、文明社会に相応しい宗教のモデルをキリスト教に求め、それを目標として日本の仏教改革を組み立てていくのである。

この問題意識をいち早く理論化したのが井上円了の著作『仏教活論序論』（哲学書院、一八八七）である。井上は、「護国愛理」の立場から仏教の国家的性格を論じる一方で、「泰西講スル所ノ理哲諸学ノ原理ニ符号スル」（「緒言」一頁）ことを論拠に、仏教の文明世界のなかでの有用性を主張した。

唯余カ愛スル所ノモノハ真理ニシテ余カ悪ム所ノモノハ非真理ナリ今耶蘇教ハ真理トシテ取ルベカラサル成分アリ仏教ハ非真理トシテ捨ツヘカラサル元素アリ是レ余カ飽マテ其一ヲ排シ其二ヲ助クル所以ナ

リ（「緒言」二頁）

井上の主張に一貫して見られるのは、このようなキリスト教や西洋的知の体系を強烈に自覚した論理構成である。井上は、「仏教ヲ改良シテ之ヲ開明世界ノ宗教トナ」（一〇頁）さんとし、その担い手を「余ハ世間ノ学者才子中苟モ真理ヲ愛シ国家ヲ誰スルノ志ヲ有スルモノアラハ之ト共ニ其力ヲ尽サンヿヲ期シ併セテ学者才子ニ対シテ僧侶ノ外ニ其教ノ真理ヲ求メラレンヿヲ望ムナリ」（「緒言」四頁）と述べ、「学者才人」に求めたのである。

井上による哲学的手法に立った仏教の真理性の再確認や、それを踏まえたキリスト教批判と仏教改良の提言は、仏教徒に大きな衝撃を与えた。井上の期待に応え、仏教改革運動の有力な担い手になったのが結社である。そもそも結社の組織化は、当初、伝統教団が近代的再編を進めるなかで統括地域・制度などを変更したため、従来の寺檀関係とは別の形態で僧侶・信者を組織する必要が生じたことに起因するものであったが、やがて教団組織とは別に独自の発展を遂げていくようになる。

以下、仏教徒の結社を幅広く調査した中西直樹の研究を参照しながら、結社運動について考えてみよう（中西直樹、二〇一八）。一八七五年一一月二七日の教部省口達書から数年のうちに組織された明治初期仏教結社は、各宗派高僧や有力在家者（居士《こじ》）の協力による結社（和敬会・明道協会など）、前近代的講社の伝統を継ぐ地域的結社（前橋積善会・広島闡教部など）、宗派護持を目的に組織された結社（酬恩社・弘教講など）、自由民権運動に影響を受けた政治的結社（仏教党など）に分類できる。ただし、やがて結社のなかには酬恩社や弘教講など、在家信者の協賛を得て巨大化したものが現出した。伝統教団は、そうした巨大結社を解体し、教団・僧侶の統制下に再編すべく、制度変更をおこなった。

一八八〇年代になると、各地で新たに通仏教的傾向を持つ仏教青年会・仏教婦人会・少年教会などの結社ができた。ここでいう通仏教とは一宗派に偏らず仏教全般に共通する教説を指し、通仏教的結社とはそうした教説を前提して仏教徒が宗派を超えて組織した結社をいう。この時期の仏教結社は、教育機関の経営（女学校など）、慈善救済活動、新聞雑誌発行などの各種事業に取り組んだ。

こうした結社活動を促した歴史的条件として特に注目すべきは、前述したように、キリスト教の急速な教勢拡大である。一八八一年、仏教徒の手によって『耶蘇教の無道理』や『耶蘇教国害論』などの排耶書が刊行されたことは、仏教界のキリスト教対策として目立ったものである。一八八三年七月に鹿鳴館が落成し、欧化主義全盛時代を迎えるとともに、同年にキリスト教のリバイバル運動が全国的に展開したことで、仏教界は大きな危機感を抱いた。これに加え、一八八四年八月の教導職廃止により、それまで神官と僧侶に与えられていた布教特権を喪失したことは、仏教界の危機感をさらに高めた。宗派を超えた結社の組織化は、こうした危機感を共有した仏教徒によって進められることになるのである。

その際、管長制による各伝統教団の自治実現が、結果として教団内の勢力争いを惹起し、それが地方での仏教勢力の活性化へと結びついたことが、結社運動の多様性を創出した要件として見逃せない。各地の仏教勢力は、松方デフレ後の地域経済活性化による第一次企業勃興と連動しながら、通仏教的結社の組織化を進めたのである。たとえば、この時期に各地に創設された仏教婦人会の多様性は、各地域の特性を反映することでもたらされていた（岩田真美・中西直樹編、二〇一九）。

反省会と「新仏教」

この時期の結社活動のなかで、仏教青年会は、少年教会や仏教婦人会に比べて会員の主体的意識が強くみられた。青年仏教徒のなかにはキリスト教の教勢拡大に刺激を受け、自己修養と社会矯風を目指す者が現われており、こうした動向を代表するのが反省会（当初は反省有志会として発足）であった（中西直樹・近藤俊太郎編、二〇一七）。

反省会は、一八八六（明治一九）年三月に西本願寺の普通教校の有志によって結成された組織で、「禁酒進徳」の普及を主たる目的としながら、それを通じた仏教改革を目指した。発足時は、沢井洵（のち高楠順次郎）と常光得然を会幹とした組織で、櫻井《さくらい》義肇《ぎちょう》、古河勇（老川《ろうせん》）らが中心的役割を担った。結成翌月に発表された「反省有志会趣意書」では、次のように問題関心の所在が表明された。

嗚呼我同胞三千八百万帝国公民中に位せる我最も信愛し及信用する所の同窓二百有余同志の諸君よ諸君が固有する天賦の豁眼を開いて以て西洋各宗教徒の情態を察せよ彼輩夙に此の弊害を観知し堅く之を制し今に至りて未だ嘗て酒盃を手にせず道義相接す其の美事自他共に欽羨する所にあらすや又眼を転して我仏教徒の五戒を見よ早くも飲酒を禁するに非すや（「反省有志会趣意書」『奇日新報』第五四四号、一八八六年四月二二日、三九七頁）

ここからは、反省会のメンバーが仏教徒としての自覚に立って、キリスト教に対抗すべく禁酒運動を開始しようとしたことが読み取れる。また反省会は、一八八六年八月に機関誌『反省会雑誌』を創刊し、仏教改革運動を呼びかけていった。キリスト教の教線拡大は、彼ら青年仏教徒にとって大きな脅威として映じており、そこから生じる危機感は仏教の現状に対する不満と結びついていたのである。そして、古河が「借問す純正の仏教何くにかある、今日の仏教は儀式、迷信、歴史、格班の深林中唯一点の微灯のみ、我々は先づ之を改良して清鮮なる新仏教と為さゞるべからず、之を為すは要するに復古するに外ならず、」（「二十四年已後の二大教徒（続）」『反省会雑誌』第六年第五号、反省会本部、一八九一年五月、四頁）と論じたように、反省会に集った青年仏教徒たちの仏教改革の展望に輪郭を与えたのが「新仏教」という概念であった。

この「新仏教」概念の理論化によって青年仏教徒の改革運動に大きな影響を与えたのが中西牛郎である。中西は一八八九年二月に『宗教革命論』（博文堂）を刊行して注目され、赤松連城の紹介によって西本願寺の法主明如と引き合わされた。同年六月にアメリカに渡航して政教視察をおこない、翌一八九〇年一月に帰国して同年一〇月に文学寮の教頭兼教授に就任した。文学寮とは、一八八八年一〇月の大学林令に基づき、普通教校を再編した学校である。こうした中西の活動には、明如の意向が強く作用していたようだ。というのも、中西の「新仏教」の構想は、法主を中心とした教団体制の強化という、明如の企図に理論的方向性を与えるものだったからである（中西直樹「明治期仏教教団の在家者教育の一齣――一八九二年「文学寮改正事件」と中西牛郎」、赤松徹眞編『日本仏教の受容と変容』永田文昌堂、二〇一三）。実際に中西は文学寮や反省会を通して影響力を大きくしていった。

古河は右の論説で、中西牛郎の『宗教革命論』（博文堂、一八八九年二月）を引用して次のように述べている。

此改良此復古には一の標準を要す、我々此に至りて中西氏の宗教革命論を回顧せざるべからず中西氏嘗て旧仏教新仏教を比較して曰く／㈠旧仏教は保守的新仏教は進歩的／㈡旧仏教は貴族的新仏教は平民的／㈢旧仏教は物質的新仏教は精神的／㈣旧仏教は学問的新仏教は信仰的／㈤旧仏教は独個的新仏教は社会的／㈥旧仏教は教理的新仏教は歴史的／㈦旧仏教は妄想的新仏教は道理的／氏の此比較には我々全然賛同する者なり、其一々の解は凡て革命論に譲り我々は取敢へず之を標準となし即ち進歩的、平民的、精神的、信仰的、歴史的、社会的に我二十四年已後の仏陀教を活用し運転し上千年の弊事を正し下万代の大本を定め之を日本一国裡に確ふし更に五大州中に翺翔せしめんと欲す、若し果して此の如きを得ば是れ我教万年の大計定まれるなり初めて以て賀するに足る、（「二十四年已後の二大教徒（続）」、四～五頁）

古河が引用して示したように、中西は「新仏教」概念を旧仏教との二項対立的図式のなかで論じ、「進歩的」「平民的」「精神的」「信仰的」「社会的」「歴史的」「道理的」だと特徴づけた。こうした中西の構想は、その妥当性や理論的完成度はともかく、古河ら青年仏教徒のみならず、島地黙雷のような教団中枢の人物にまで大きな影響を与えた（中西直樹・近藤俊太郎編、二〇一七）。

古河が右の論説を発表した一八九一年二月、中西は反省会副会長に就任し、同年に「日本と仏教」と題する論説を執筆した。ここには、中西の問題意識が集中的に表現されている。

我か日本の文化を進歩し我が日本の独立を保維したるものは、我が万世一系の皇統と宇宙惟一の真理なる仏教とに外ならず、顧ふに忠君愛国の感情に富みたる我同胞三千八百万の多数は、言不祥に似たりと雖ども彼の欧州に於ける民主共和の主義にして、漸く将に我邦に進入し勢力を得て王室に反対するの時機あらば、王室の忠臣となり義僕となりて逆焔を撲滅し、我二千有余年の王室をして富岳の泰に置くが為めには鮮血を濺ぐことを辞せざる可し、（「日本と仏教（続）」『反省会雑誌』第六年第六号、反省会本部、一八九一年六月、一頁）

このように、中西によれば、仏教の真理性とは天皇制国家に対する有用性にほかならない。それゆえ、「吾人は敢て断言す我国家と我仏教、我仏教と我反省会、此三者は其盛衰存亡の上に於て互に密着の関係を有することを」(三頁)と、国家と仏教と反省会の関係性が説かれることにもなるのである。こうした時代状況との即自的同質化は、中西の拠って立つ仏教理解の空洞化ゆえに可能になったといえるかもしれない。

会員わずか十数名で出発した反省会は、一八八八年末には一六七二名となり、その後も会員は増加し続け、一八九三年には一六四五六名に達した。また『反省会雑誌』は、一八九二年五月に『反省雑誌』に誌名を変更し、一八九六年一二月に発行元を東京に移転して、徐々に総合雑誌としての性格を強めていった。そして一八九九年には再び誌名を変更して『中央公論』となった。

仏教改革運動の性格

反省会と極めて近い関係にあり、世界の仏教者との緊密な交流と海外布教の実施を目指した組織に海外宣教会がある。海外宣教会は、普通教校の英語教師であった松山松太郎ら同校教員らによって結成された欧米通信会が一八八八(明治二一)年八月に改組されて誕生した。海外宣教会は、通仏教的志向を持ち、海外の仏教との提携を目指しつつ、海外布教と日本の仏教改革を一体のものと考える点に基本的立場を有した。実際に海外布教を実現することなくわずか数年で消滅したが、『海外仏教事情』の刊行を通して海外の仏教の情報を広く国内に紹介して、日本仏教界に大きな影響を及ぼす一方、*Bijou of Asia* を刊行して世界各地に発送することで海外仏教徒と交流したことは、日本が対外戦争を繰り返すなかで進められた海外布教とは性格の異なる活動として注目すべきものである。

また、海外宣教会は出発当初より神智学会と関係が深かったこともあり、一八八九年二月に元アメリカ陸軍大佐で神智学協会会長のヘンリー・S・オルコットがダルマパーラ・アナガーリカと来日した際には、大きな役割を果たした。オルコットの来日は当時の日本仏教界にとって強烈な印象を残した。というのも、オルコット来日は、当時の日本の仏教徒にとって、仏教が欧米圏で通用する可能性の証明にほかならなかったからである（中西直樹・吉永進一、二〇一五）。

反省会が東京に移転し、組織としてさらなる発展を遂げようとしていくなか、東京でも東京専門学校（早稲田大学）の早稲田教友会、第一高等中学校の徳風会、慶應義塾の三田仏教会などで仏教青年会が創設されていった。一八九二年一月、これらに哲学館（東洋大学）、法学院（中央大学）の学生らも加わって会合を開き、共同での事業について協議し、同年四月に釈尊降誕会を、同年七月に夏期講習会をおこなった。さらに一八九四年一月には、右の学生ら六、七〇名が集まり、東京諸学校仏教連合会を開き、さらに同年四月八日の釈尊降誕会を期して日本仏教青年会を結成した。

この時期、仏教青年会をリードした古河老川は、「東京仏教の将来」（『仏教』第九九号、仏教学会、一八九五年二月）という注目すべき論説を雑誌『仏教』に寄稿した。そこで古河は、大日本帝国の中心たる東京が日清戦争により東洋の中心たらんとする現状を踏まえ、「先づ吾人が全国仏教徒の注意を喚起せんとするは爾来仏教諸般の運動をなす京都中心を改めて東京中心となすべきこと是なり」（四四頁）と論じた。

古河はさらに、仏教の基礎を攻究する「活学問」とそのための一大学校、東京の堕落を救ふ「活伝道」とそのための一大会堂、天下の輿論を制する「活議論」とそのための一大新聞および一大雑誌の発行がそれぞれ必要だと論じ、その主たる担い手を「青年」に求めた。そして論説を次のように結んだ。

時勢は急転直下の勢を以て変化せり、時を云はゞ明治廿八年、処を云はゞ東京、是れ寧ろ後進青年の仏徒が之に代つて大に奮ふべき機会ならずとせんや、唯青年性急なり、往々事を過ち易し、幸に先輩諸老の之を指揮誘掖せらるゝあらば、是れ所謂上下心を一にするもの其事業必ず観るに足らん、今や青年団体として大いに観るべきもの、二つあり、一は京都の反省会、一は東京の日本仏教青年会、二会の前途必ず観るべきものあらん、嗚呼東京既に日本の首府たり、東京仏教豈日本仏教の首府たらざるべけんや、東京将に東洋の中心たらんとす、東京仏教豈亦東洋仏教の中心たらざるべけんや、（四六～四七頁）

この古河の論説は、東洋の中心たる東京で、青年仏教徒の結社運動がどのような方法によって仏教改革を推進すべきかを明示した点で優れていた。ただし、仏教改革運動の将来的展望が具体的であればあるだけ、古河が運動の宗教的立場の内実について踏み込んだ議論を展開しなかったことが浮き彫りとなってくる。このことは、ひとり古河の問題でなく、当時の仏教改革運動の実態を反映した結果だったともいえる。古河のように仏教改革に積極的に取り組んだ仏教徒は、近代という新たな時代に適合的な仏教の存在形態を模索に積極的でありながら、そうした取り組みを近代の歴史的世界の全体性とそこに生きる自己の宗教性への問い直しと不可分だという認識は希薄だったようである。

五　おわりに

以上、本稿では、明治維新から一八九〇年頃までに進められた仏教の近代的再編について考えてきた。本稿で扱ったのは、真宗（特に西本願寺）を中心としたもので、当該期仏教史の一側面に過ぎないが、時代の転換期に仏教徒が何を課題として自己再編を進めたかについて、その一端があきらかにできたのではないか。

仏教は近代に突入し、神道やキリスト教といった共通の敵を目の前にして、近世の仏教を特徴づけた宗派主義を超え、通仏教的立場を模索する動きを示した。また、共通の敵であった神道と同じように万世一系の現人神天皇を中核とする帝国日本を受けいれ、また脅威として映じていたキリスト教をモデルにして文明国の宗教たるべく自己変容を遂げようとした。前者は教団に顕著な傾向であり、後者は改革運動の典型的な方向であったが、両者はそれぞれに単純に振り分けられるようなものではなく、近代の仏教を貫いているというべきかもしれない。

これらは激変する状況のなかで仏教の社会的存在感の維持という課題に切実に向き合った末に選び取られた立場であった。こうして仏教は、対抗的存在の性格を自己再編の際の有力な参照項として近代世界への適合化に向かったのである。それは、近代の仏教が自らの存在意義を帝国日本や西洋文明へと求めたことを意味していた。そうした方向にひとまず歩み始めた近代の仏教にとっては、その国家や文明を超える価値をどのように再確認するかが次の課題となるはずであった。

参考文献

赤松徹眞編（二〇一八）『『反省会雑誌』とその周辺』法藏館
岩田真美・中西直樹編（二〇一九）『仏教婦人雑誌の創刊』法藏館
大谷栄一（二〇一二）『近代仏教という視座――戦争・アジア・社会主義』ぺりかん社
――――（二〇二〇）『近代仏教というメディア――出版と社会活動』ぺりかん社

大谷栄一・吉永進一・近藤俊太郎編（二〇一六）『近代仏教スタディーズ――仏教からみたもうひとつの近代』法藏館
末木文美士他編（二〇一一）『新アジア仏教史　近代国家と仏教』佼成出版社
谷川穣（二〇一六）「維新期の東西本願寺をめぐって」（明治維新史学会編『講座明治維新一一　明治維新の宗教と文化』有志舎）
中西直樹・吉永進一（二〇一五）『仏教国際ネットワークの源流――海外宣教会（一八八八年～一八九三年）の光と影』三人社
中西直樹・近藤俊太郎編（二〇一七）『令知会と明治仏教』不二出版
中西直樹（二〇一八年）『新仏教とは何であったか――近代仏教改革のゆくえ』法藏館
本願寺史料研究所編（二〇一九）『増補改訂　本願寺史』第三巻、本願寺出版社
龍谷大学三百五十年史編集委員会編（二〇〇〇）『龍谷大学三百五十年史』通史編上巻、龍谷大学

コラム⑥　浄土真宗の中国布教

陳継東

一　中国仏教者との対話

一九七三年七月、日清修好条約が正式に発効された数ヶ月後、小栗栖香頂（一八三一〜一九〇五）は長崎から上海に渡航し、翌月北京にたどり着いた。九世紀の円仁の『入唐求法巡礼行記』に代表されるように、日本僧の中国渡航の目的と言えば求法と巡礼であったが、小栗栖は、キリスト教の日本への浸透から仏教を如何に守るか中国の諸賢と討議することを願って中国を訪れた。一年の留学と視察の後には、沈滞した中国仏教界に対して真宗の仏教を積極的に布教することを主張するようになった。真宗の中国布教には、日本政府の中国進出戦略と密接に連携することによって、明治初期の「廃仏毀釈」の打撃から立ち直りたい、という意図も有った。中国布教の先陣を切ったのが真宗であったのは、真宗が本来中国の影響から独立して成立・発展してきた歴史を思えば自然だと言えよう。

北京滞在中、小栗栖は多くの中国の仏教者と交流し広く論議を重ねたが、双方の間に共通認識が形成されることはなかった。香頂の対話から浮かび上がる日中仏教界の思想的差異こそが、近代日中仏教交流の原点であった。そこから小栗栖は、中国における自らの使命を確信し、『支那開宗見込』『北京護法論』の二書を著した。『支那開宗見込』は、日本の本山上層部に向けて書かれた「日本仏教中国発展戦略計画」とも言うべき内容で、日本仏教史上他に類を見ない。大きく四つの部分に分かれ、第一部分は、日本が文明開化によって中国への指導的な立場を獲得したことを指摘し、真宗がいかにこの歴史的な趨勢に順応するかを論じ、中国仏教の現状、民風、布教の可能性とその具体的な方法などを説く。その中には、次のような具体的構想が見える。「眞宗ヲ興サント欲セハ、長城以東ノ地ニ一本寺ヲ作ルヘシ、長城以西ハ喇嘛教大ニ繁昌シテアリ、回教モ及ハヌ、長城以西ノ舊漢地ハ、南京ヲ以テ中央トスヘシ、南京ニ寺ヲ作ルコト大ニ可ナルヘシ、爰ニ東西ノ御連枝一人ヲ繭主トスヘシ、舟ノ便利モヨシ。」第二部分は喇嘛教（チベット系仏教）、第三部分は回教（中国イスラム教）の紹介であり、ラマ教と連合して、キリスト教や回教と対抗する方略も提起している。最後の部分は、布教のための語学習得、学寮の設置、中国における真宗の衣服制度、婚礼、葬式、また真宗自身の改革などに関する具体的提案である。

中国の仏教者に自己変革を呼びかける改革案として書かれた『北京護法論』は、キリスト教の侵食から仏法を守る護法策一三条からなり、仏教内部の改革と仏教外部との協調と二つの内容に大別される。内部改革では、出家僧の革新、仏教組織、仏教教育、民衆教化の改革が挙げられている。外部との協調の第一は、中国国内において儒・佛・道三教が一致団結してキリスト教と対抗すること。次に、日本・中国・インド三国の仏教同盟を実現すること。日本・中国・インドを含む地域を仏教圏と認識し、その歴史的連帯感を利用して、三国協調でキリスト教を排除しようとするものだが、小栗栖は中国仏教界の現状に大きな不満を持っており、まず中国仏教を振興させなければ、三国同盟などとても無理だと考えていた。

二　戦争と中国布教

一八七六年八月二〇日、小栗栖香頂は再び上海の地に現れ、上海別院の創設式典に臨んだ。彼が描いた夢が正に現実となったのだが、その後、中国人の入信者は一向に増えず、中国仏教者からの抵抗も益々増大していくこととなった。木場明志らの研究に明らかなように、一八九四〜九五年の日清戦争以後、浄土真宗の中国布教は大きく変化する。新たな領土になった台湾での布教が急速に展開されたほか、大陸での布教も活発化した。一八九九年に上海別院内に清国開教本部が、翌年には台北布教所に台湾及清国両広布教監督部が設置されたほか、在留日本人の増加に伴って、布教所や別院、更に関連の教育施設、女子受業所・医院、幼稚園、慈善施設なども増えた。浄土真宗西本願寺派も台湾と大陸での布教に参入し、若い法嗣大谷光瑞の推進によって台北別院や北京布教所が設置され、上海には清国開教総監部が置かれ（一九〇五年）、日露戦争中、中国東北部にも布教拠点が開設された。東西両本願寺派による布教は、背後に日本政府が控えていたから、中国における存在感は大きく、例えば、一九〇五年に清政府が実施した廟産興学政策への対応として、浙江省の多くの寺が浄土真宗東本願寺派に改宗して、保護を求めている。これらの事件は、中国社会に批判的輿論を引き起こした。その後、大谷光瑞を中心とする日本仏教界の意向を汲んで、一九一五年の「対華二一カ条」には日本人の布教権も加えられていたが、中国の幅広い輿論の反対を受けて、要求から削除された。

一九三〇年の満洲事件後、東西本願寺はそれぞれ新都新京（長春）と大連を布教の中心地にして、国策満洲移民に対応した布教事業を展開した。一九三七年の日中戦争の勃発以後、布教に対する日本国の統制が強まり、一九四一年には「対支進出宗教団体指導要領」が通達され、完全に国家の管理下に置かれた。日本仏教の布教は、既に侵略活動の一翼となっていたから、第二次世界大戦の終結に伴って、浄土真宗も七〇年間中国大陸や台湾で築いてきた布教の成果を全て失うこととなった。

三　中国布教の遺産

しかし、浄土真宗の中国布教は、興味深い思想的遺産を今に伝えている。ここでは、漢文で書かれた布教テキスト四種を紹介したい。

『真宗教旨』（一八七六年）は小栗栖香頂が始めて上海に渡る前に撰述したもので、真宗の創始や教義及び儀式を簡明に紹介し、信心念仏を基盤とする忠孝報国の思想を強調する一方で、中国仏教の現状や社会現象に批判を行っている。清末の著名な仏教者である楊文会は、『真宗教旨』に見られる「選択」という考えを、排他的で仏教経典に背く思想だと批判し、小栗栖らと約三年間の論争を続けた。

『南京語説教』（一八七六年）は、小栗栖が上海で布教する際に使った布教テキストで、中国人の協力を得て、中国語の口語を駆使して真宗の教義を平明に語ったもの。完本は見つかっておらず、現存する部分は「第五號　念佛爲本」、「第六号　選擇本願」、「第七号　正像末法」、「第八号　聖道淨土」である。

『清国捕虜説教』は、日清戦争中の中国捕虜に対して、一八九五年に小栗栖が東京の浅草本願寺で行なった一一回の説教の草案である。口語体の北京語で書かれており、日本では刊行されなかったが、一九四一年に『真宗十講』と改題されて上海で出版された。序文（一九三六年）を寄せた芝峰は、日中浄土思想の異同を指摘しながら、小栗栖香頂の仏教のため、国のため、人のためという精神を学ぶべきものとして評価し、中国仏教者に発奮を呼びかけた。

もう一種の『真宗教旨』（一八九九年）は、小栗憲一が大谷派の海外開教局からの依頼によって著したもの。開宗立教、三経大綱、七祖要領、六字名号、信心為本、他力廻向、報恩念佛、現生十益、二諦相資、大師略伝の十章から成り、特に「信心為本」「報恩念仏」の二章で真宗独自の教義が明確にされている。明治初期の海外伝道のテキストでは法然の考え方が主だが、後期になると親鸞の独自性が強調されるようになっている。真宗教義の理解に関して、明治の前期と後期の間の変遷は、今後探究されるべき興味深い課題である。

かつて東本願寺派（大谷派）の中国布教に深く携わっていた藤井草宣（一八九六〜一九七一）は、一九二八年の文章で、浄土真宗は国民性の異なる中国人民に無条件で受け入れられる道理がなく、その布教も「まんまと失敗には帰して仕舞った」と認めながら、同時に、衰微した中国仏教を覚醒せしめる「最も重大なる成功を成し遂げた」、とも指摘していた。浄土真宗の中国布教が、中国仏教界に一種の近代的なモデルを提示する役割を果たしたことは、確かに否定できない。楊文会と南条文雄の交流を観察してみれば、真宗の中国布教と表裏一体を成す仏教の近代化が、中国仏教に根本的とも言える深い影響を与えていることが、容易に実感されるであろう。

第八章　キリスト教をめぐるポリティクス

星野靖二

一　はじめに

本章では、明治の日本においてキリスト教がどのように受容され、その際にどのような交渉があったのかということを概観する。まず近世において禁教であったキリスト教が、幕末から明治期にかけて政策的にどのように取り扱われたのかを確認し、次にキリスト教の展開について、どのような人々によって受け入れられ、またどのような活動をしたのかを見ていく。そして、キリスト教がどのようなものとして提示され、それがどのように解釈され、受容されたのかという思想的な側面を検討し、最後に既存の宗教伝統との関わりについて、特にキリスト教と仏教との相互交渉に焦点を合わせて論じる。

本章で取り扱う時代の範囲について、幕末維新期から明治前期を中心とし、一八九〇年ごろまでをひとまずの区切りとする。この区切りについて、まず一八八九年に大日本帝国憲法が公布され、翌年「教育ニ関スル勅語」が発布され、国家とキリスト教の関係に転機がもたらされることになる。また、本章で取り上げるように一八八〇年代においては欧化主義の風潮と結びついてキリスト教の教勢の伸張が見られたが、一八九〇年代に入ると欧化主義を再考する風潮が見られ、そこで日本におけるキリスト教のあり方を再検討する動きが顕在化していくことになる。この再検討の動きを含めて、その後の展開については本シリーズ第二巻において論じられるが、本章ではそこに至るまでの過程を見ていく。

二　キリスト教の政治的な取り扱いをめぐって

諸外国との条約（一八五八年頃）と各派宣教師の来日

近世において江戸幕府は、鎖国政策を行うことによって諸外国との間の交通・交易を制限しながら、「切支丹」を邪宗門として禁じていた。その「切支丹」について、禁じられた結果、実体としてのキリスト教が公的には不在であるとされる中で、秩序を乱す邪教としての像が、いわば一人歩きする形で増幅されていったことが指摘されている（大橋、一九九四）。明治初期における、そしておそらくは近代日本におけるキリスト教について、そのような像を切り離して考えることはできない。明治期においても、「切支丹」や「耶蘇」という他称が、実体としてのキリスト教との関わりを必ずしも問題とせずに、共同体の秩序を乱す存在に対して投げかけられるという場合があったのである。

他方、一八五八年に締結された日米修好通商条約を皮切りに、諸外国と同様の条約が結ばれていくことになるが、その際に横浜・長崎・箱館（函館）などの開港場において、滞日外国人のためにキリスト教の教会堂を設けて宗教活動を行うことが認められる。これを重要な契機として、これ以降ローマ・カトリックとプロテスタント諸教派の宣教師が来日し、ハリストス正教も一八五八年から函館に領事館付司祭を派遣している。

このように、幕末になってキリスト教とその実践が新しく、あるいは再び日本にもたらされることになるが、それはキリスト教を積極的に承認するという政治的な意図の下で行われたものではなく、また広く共有されていたキリスト教に対する邪教意識が拭い去られたわけでもなかった。キリスト教に対する一般的な語りについていえば、キリスト教は諸国の海外進出の先兵であり、日本を害するものであるというキリスト教国害論が更に強化されることにもなったのである。

政策としても、旧幕府は切支丹禁制を解くことはなく、かつ明治新政府もこれを引き継いだ。特に明治初年の新政府は、祭政一致を掲げて神祇官を復活させ、神仏分離令(一八六八年)や大教宣布(一八七〇年)の詔書を出すなどして、神道を中心とした国家形成を試みており、そのような国家構想においてキリスト教は引き続き排除されるべきものとされた。一八六八年には、キリスト教が禁じられていることをあらためて確認する太政官布告が出され、「切支丹邪宗門ノ儀ハ堅ク御禁制タリ若不審ナル者有之ハ其筋之役所へ可申出御褒美可被下事」とする禁制の高札が掲示されている。

切支丹禁制と浦上四番崩れ(一八六七年)

このようにキリスト教が禁制であることが再確認された一方で、幕末から明治初年にかけて、キリスト教者であると自認する日本人の存在が明らかになるという事態が長崎で生じた。これがキリスト教者の取り扱いをめぐる問題を引き起こし、幕府と、そして新政府は対応を迫られることになる。

背景を見ておくと、一七世紀に東洋伝道のために設立されたカトリックのパリ外国宣教会は、一九世紀中葉に琉球に上陸し、更に日本伝道へと展開させていくことを企図していた。同会は日本とフランスとの間に通商条約が締結されたのを受けて、一八五九年に宣教師の日本派遣を開始し、一八六二年に横浜に上陸したプティジャン（一八二九～一八八四）は、一八六五年に長崎でカトリックの教会を完成させた。現在では国宝かつ世界遺産となっている大浦天主堂である。

翌年、浦上村の人々がそこを訪れ、プティジャンに対して自分たちも「あなた様と同じ心」を持つキリスト教者であると告げたとされる。これは日本に滞在していた諸外国の使節や宣教師たちの注目を集め、キリスト教国において、日本におけるキリスト教の復活として広く報じられることになる。しかし、やがて浦上の信徒たちの中から、従来の寺請け制度を公然と否定して、僧侶の立ち会い無しに自分たちで葬儀を行うものが出る。ここに至って幕府は従来通り厳しく対処することになり、一八六七年に浦上村に立ち入って中心的な信徒を捕縛している。キリシタンに対する検挙・弾圧事件を「崩れ」と呼ぶが、既に浦上では一八世紀末から三度に渡って「崩れ」が起きていたため、この一連の事件は「浦上四番崩れ」と呼ばれている。

明治維新を経て新政府が事件の対応を担うことになるが、前述のように新政府もキリスト教の禁制を堅持しており、厳しい処分を下した。最終的に浦上村の村民三千人以上が他藩に流配され、説諭とそして拷問によって強く改宗を迫られた。後、一八七三年の禁制の高札の撤去を受けて、流配信徒たちは釈放されるが、結果として六百名以上が殉教している。

フルベッキの「ブリーフ・スケッチ」（一八七一年）と宗教的寛容

この事件について、諸外国の公使たちは旧幕府と新政府に対して抗議を行っており、この時期のキリスト教の取り扱いは、内政の問題であるだけではなく、外交の問題でもあったことになる。そしてそれは、キリスト教国における宗教の政治的な取り扱い方を、明治政府も参照せざるをえないということでもあった。

このことを考える際に、米国オランダ改革派の宣教師であるG・F・フルベッキ（一八三〇～一八九八）による「ブリーフ・スケッチ」と呼ばれる文書は示唆的である。フルベッキは、一八五九年に長崎に到着して後、幕府が設立した長崎洋学所や、佐賀藩が長崎に設立した英学教授のための藩校である致遠館において、大隈重信や副島種臣らに英学を教えており、そうした縁もあって一八六九年に上京して大学南校の教頭となり、かつ新政府の顧問となった。

一八七一年末から七三年にかけて、岩倉具視を特命全権大使とする使節団が欧米視察を行うことになるが、フルベッキはその派遣の前に視察すべき国や視察内容などを大隈に提言しており、その提言は岩倉と大隈によって、フルベッキを交えて詳細に検討された。それは公開を目的としたものではなかったが、戦後になって、このフルベッキの提言をまとめた文書である「ブリーフ・スケッチ」が他の書簡などと共に米国で保管されていることが明らかになっている。

既に日本におけるキリスト教の取り扱いが報道されていたこともあって、岩倉使節団の訪問先において、それが実際に問題となることになるが（本書　第四章　二　岩倉使節団の経験　参照）、「ブリーフ・スケッチ」においてフルベッキは、禁制の高札を将来的に取り下げると回答することを薦めた上で、最後に「宗教的寛容に関するノートNote about religious toleration」という一文を付して、「宗教的寛容」という考え方について特別に説明を加えている。

フルベッキはこれを、政府がキリスト教のような特定の宗教を公認して後押しするというものではないとした上で、「国民が天皇に忠誠で、その国の法律に従い、隣人と平和に生活し、正直にその営業を営み、何ら公然たる犯罪、または不道徳を行なわない限り」、いかなる宗教であっても、それを奉じて実践することを容認することであると説いている。そこには、キリスト教者は同時に良き国民たりうる――ここでは両者が衝突する可能性は想定されていない――のであり、それは欧米諸国の実地視察によって明らかになるというフルベッキの確信があった。ノートの末尾では仏教の僧侶や攘夷的な考えを持つ保守的な人物をも使節に含むことができれば、彼らもそれを知るようになるであろうから、なお良いということも述べられている（『フルベッキ書簡集』）。

近代日本におけるキリスト教は基本的に外からもたらされたものであった。また、そうであるが故に宣教師を送り出した諸外国との関係性を考え合わせなければならず、かつキリスト教は外教であって日本という国に害をなすとする語りはキリスト教批判において繰り返されていくことになる。

しかしながら、フルベッキは国法の下での宗教的寛容を述べ、また他のプロテスタント宣教師の中にも、キリスト教者は国法に従うものであるため、キリスト教を信ずることによって捕縛されたならば、外国からの政治的介入を期待するのではなく、甘んじて捕縛を受け入れよと述べるものもあった（『植村正久と其の時代』一巻）。やがて日本人キリスト教者たちは、日本においてキリスト教を奉じるということはどういうことであるのか、ということを、自らの問題として考えていくことになるのである。

禁制の高札の撤去（一八七三年）とキリスト教の黙許

岩倉使節団などによって、キリスト教の取り扱いが内政の問題に留まらないことが明らかになった一方で、『明六雑誌』上での諸議論に見られるように、日本の知識人たちもキリスト教を含む「宗教」を、どのように政体の中に組み込むべきかを議論するようになっていた。そうした中で、一八七三年に太政官布告が出されて禁制の高札が撤去され、副島種臣外務卿は外国使節に対してキリスト教の取り扱いを改めたという通知を出している。

しかしながら、布告の文言は「従来高札面ノ儀ハ一般熟知ノ事ニ付向後取除キ可申事」となっており、禁制であることは既に周知のことであるので撤去しても構わないとする説明が国内的にはなされていた。明治政府は必ずしも積極的にキリスト教を承認したわけではなく、キリスト教を信じて実践することに対する法的な承認は、一八八九年に発布された大日本帝国憲法の第二八条に、「信教の自由」が「安寧秩序ヲ妨ケス及臣民タルノ義務ニ背カサル限ニ於テ」という条件を付けて記されるのを待たなければならなかった。

このようなキリスト教をめぐる状況について、キリスト教を奉じることが消極的に黙認されたとして「黙許」という言葉が用いられることがあるが、その黙認される範囲について明確な基準があったわけではなかった。

実際の活動や思想的な展開などについては後段で検討するが、確かにこの時期に、宣教師も日本人キリスト教者も、禁制下に比べてより活発に活動することになる。やや時代が下るが、一八八一年六月に大阪でキリスト教の演説会が行われた際に、現地の浄土宗僧侶で教導職でもあった浅野義順らが、キリスト教は未だ公許されたわけではないので、演説会を居留地の外で行うことは認められないのではないかという意見書を大阪府に対して繰り返し提出し、最終的には訴状を出している。しかし、少なくとも大阪ではこれが問題とされることはなく、訴状も却下された旨、当時の仏教新聞である『明教新誌』に述べられている。

同時に、一つの具体的な争点としてキリスト教式の葬儀の問題がある。これは一八七二年の太政官布告であらためて禁止が確認されており、自葬の禁が解かれる一八八四年まで、キリスト教式の葬儀をめぐって日本各地で問題が生じることになるが、その認否や処罰の判断に、やはり明確な基準があったわけではなく、黙認された場合もあれば、禁錮刑に処されたりする場合もあったのであった（小澤三郎『日本プロテスタント史研究』東海大学出版会、一九六四）。

三　キリスト教の展開をめぐって

次に、キリスト教の展開に焦点を合わせたい。既に確認したように、幕末に宣教師が来日してからしばらくは禁制下であり、キリスト教の活動は幾つかの例外を除いて主として開港場において行われた。続いて、禁制の高札が撤去された一八七三年以降の、いわゆる黙許の時期においては、開港場の外側でもキリスト教の活動が行われるようになり、特に一八八〇年代に入ると日本人キリスト教者による伝道活動も各地で活発化し、いわゆる欧化の風潮と相俟って、信者数の増加が見られるようになる。

しかし、これはキリスト教を邪教とするまなざしが劇的に変化したことを意味していたわけではなく、キリスト教の教勢の伸張に対して、各地で対抗的に暴力の行使を含む反キリスト教運動が行われ、一八八四年の岡山の高梁教会に対する迫害事件などが知られている。これらの反キリスト教運動の多くに仏教者たちが関わっていたが、これについては後述する。

「三バンド」と明治初期のキリスト教

具体的な展開の例として、最初にいわゆる「三バンド」、つまり札幌・横浜・熊本においてそれぞれ形成された、プロテスタントのキリスト教者たちの群について述べておきたい。

札幌について、札幌農学校は一八七六年に開校されたが、その際に初代教頭として当時マサチューセッツ農科大学の学長であったW・S・クラーク（一八二六〜一八八六）を米国から招聘した。クラークの在任期間は一年に満たなかったが、生徒たちにキリスト教に基づいた教育を通じて感化を与え、一八七七年には同校の第一期生一六名全員がクラークの起草による「イエスを信ずる者の誓約」に署名してキリストを信ずる旨を表明し、後に二期生の中から一五名が加わる。二期生の中には内村鑑三（一八六一〜一九三〇）・新渡戸稲造（一八六二〜一九三三）らがおり、やがて内村は米国留学などを経て独自の無教会主義キリスト教を提唱するに至り、聖書研究会と出版メディアを通じて多くの若者に影響を与えることになる。

開港場であった横浜では、一八五九年に米国オランダ改革派のS・R・ブラウン（一八一〇〜一八八〇）や米国長老派のJ・C・ヘボン（一八一五〜一九一一）といった宣教師たちが来日していた。宣教師たちは、禁制下においては直接的な伝道活動を行えなかったため、まず日本語学習と聖書翻訳を進めることになった。例えば「ヘボン式」ローマ字にその名前を残すヘボンは、伝道のための日本語学習の結実として、日本で最初の和英辞典となる『和英語林集成』を一八六七年に出し、聖書の翻訳を進めた。なお、一八八〇年に多くの日本在留宣教師たちによる協業として『新約聖書』の日本語訳が刊行されるが、その際にブラウンやヘボンの訳業が大きな役割を果たした。

そうした中、米国オランダ改革派の宣教師J・H・バラ（一八三二〜一九二〇）は、一八六五年に自らの日本語教師であった矢野隆山に洗礼を授け、矢野は日本で最初のプロテスタント・キリスト教の受洗者となった。更にバラは、依然として禁制下であった一八七二年に、自ら洗礼を授けた日本人一一名——その中には政府が送り込んだ諜者も含まれていた——と共に日本最初のプロテスタント教会である日本基督公会を横浜居留地内に設立し、翌七三年に同教会は井深梶之助（一八五四～一九四〇）・植村正久（一八五七～一九二五）・奥野昌綱（一八二三～一九一〇）らを含んで会員五八名を数えるまでになった。

この日本基督公会は、後に日本基督一致教会、日本基督教会といった教派へとつながっていくが、これらは日本のキリスト教界において一つの重要な位置を占めることになる。植村らはそこで指導的な役割を果たすが、設立の背景もあって教派的には長老派と改革派の影響を受けている。

熊本では、一八七一年に教師としてL・L・ジェーンズ（一八三八～一九〇九）を米国より招いて熊本洋学校が開校された。ジェーンズに期待されていたのは英語によって西洋の学問を教授することであったが、熱心なキリスト教の平信徒であったジェーンズは、やがて学生を自宅に招いて聖書を講じることになる。その結果、一部の学生がキリスト教を奉じる決意を強め、一八七六年に海老名弾正《えびなだんじょう》（一八五六～一九三七）・宮川経輝《みやがわつねてる》（一八五七～一九三六）ら三五名が、キリスト教を「皇国ニ布キ大ニ人民ノ蒙昧ヲ開カント欲ス」とする「奉教趣意書」に署名するに至り、後に小崎弘道（一八五六～一九三八）ら五名が加わる。これは地元の人々に衝撃を与え、同年ジェーンズが解雇されて熊本洋学校は閉校となり、学生たちはジェーンズの口添えを受け、新島襄（一八四三～一八九〇）が七五年に京都に設立していた同志社に転じることになる。

なお、新島は一八六四年に米国に密航し、アマースト大学・アンドーバー神学校で学んで米国会衆派の牧師となり、会衆派とつながりの深い伝道協会であるアメリカン・ボードから派遣される形で帰国した。同志社はこのアメリカン・ボードからの資金援助を受けて設立された学校であり、同志社の学生や卒業生たちと同ボードの宣教師たちは、やがて京阪神地域を中心として日本各地に会衆派の教会を設立していく。後にそれら会衆派の諸教会をまとめた日本組合基督教会という教派が設立されて、これも日本のキリスト教界において一つの重要な位置を占めることになるが、そこで海老名らは指導的な役割を果たすことになる。

これらいわゆる「三バンド」は良く知られているが、札幌については、その後内村鑑三が無教会キリスト教運動を展開させていったことが大きく、横浜と熊本については、それぞれ日本基督教会と日本組合基督教会という、その後日本のキリスト教界で重要な位置を占めることになる教派との関係が深いことが背景になっている。関連して、一八八三年頃から日本基督教会の前身である日本基督一致教会と日本組合基督教会との間で合同が模索されたが、様々な事情からそれは果たされず、その動きは一八九〇年に潰えている。

同時代にも、これらの三つの集団を並べる見方は存在していたが、もちろんこれらの「三バンド」だけで近代日本におけるキリスト教の展開を語ることはできない。プロテスタント諸派についても、例えば米国聖公会のC・M・ウィリアムズ（一八二九〜一九一〇）は、一八五九年に長崎に到着しており、大阪などでの活動を経て一八七三年に東京に移り、外国人の居住が特別に認められるようになっていた築地で活動を行って、翌年に後に立教学院へと展開する私塾を開いて後の日本聖公会の基礎を築いた。美以教会、つまりメソジストの日本伝道は一八七三年に始まるが、横浜バンドから出た本多庸一《ほんだよういつ》（一八四八〜一九一二）が同派に転じて後に日本メソジスト教会の初代監督となる。同派は幾つかの学校を合同させ、一八八三年に青山に新校舎を建てて、東京英和学校とした。なお同校は、一八九四年に当時院長であった本多の発案で青山学院に改称して現在に至る。

プロテスタントの全体的な活動について、上述のように教育活動が盛んに行われ、特に女子教育については、公教育における対応が遅れたこともあって、大きな位置を占めることになる。その際に、例えばオランダ改革派の女性宣教使M・E・キダー（一八三四～一九一〇）が一八七〇年に後にフェリス女学院へと展開する私塾を横浜で開いたように、女性宣教使が重要な役割を果たした（小檜山ルイ『アメリカ婦人宣教師──来日の背景とその影響』東京大学出版会、一九九二）。

また、医者の資格を持って来日して医療活動を行う宣教医も多く、前述のヘボンも施療事業を行っていた。社会事業について、当初は宣教師による慈善事業が中心であり、育児事業などが推進されたが、一八八〇年に東京基督教青年会（YMCA）が結成され、やがて大阪や横浜などでも設立されるが、そこで青少年教化が試みられ、後には廃娼事業など各種の事業が推進されていくことになる。

ハリストス正教について、ニコライ（一八三六～一九一二）が一八六一年に函館に到着し、日本語を学習しながら教えを説き、一八六八年には沢辺琢磨（一八三五～一九一三）ら三名に洗礼を授けた。ニコライは後一時帰国して伝道会社を設立し、再来日して一八七二年に東京に移って日本ハリストス正教会の基礎を固めていくが、その間沢辺ら日本人信者は、函館や仙台周辺などで、時には逮捕されたり投獄されたりしながらも伝道活動を行って信者を増やしていった。同派の活動はこの時期かなり目立っており、一八八一年には「外教諸派の中にも尤も毒焔さかんなり」とする仏教側からの評も見られている（『開導新聞』）。

カトリックについては、前述したように長崎での活動が「浦上四番崩れ」につながった面があったが、それ以外でも多くの居留地に司祭を派遣し、また修道会も来日している。この時期のカトリックの活動について、積極的に慈善事業を推進し、特に孤児の養育施設を多く設立した。例えばサンモール修道会（現在の幼きイエス会）は一八七二年に来日して横浜や築地で育児施設を運営した。これらの施設は後により教育に重点を置くようになり、現在の雙葉学園などにつながっていく。また長崎では、流配から戻ってきた浦上のカトリック信徒である岩永マキが、パリ外国宣教会のド・ロ司祭の指導のもと一八七四年に孤児の養育施設を設立した。これが現在の浦上養育院となる。更に神戸や函館などでも養育施設が設立された。

受容者とその限定性

次に、当時どのような人々がキリスト教を奉じるようになったのかについて、プロテスタントを念頭に置いて見ていく。山路愛山は「現代日本教会史論」（一九〇六）において、初代の日本人キリスト教者たちの中に佐幕派士族が多かったことを指摘した上で、彼らがキリスト教に日本の精神面における維新を仮託していたことを「精神的革命は時代の陰より出づ」という言葉で振り返って述べている。例えば前述の本多庸一は、「又彼等［＝士族］は新に世界の形勢を知り、如何にして愛する国家を列強と並伍せしめ国命を泰山に置かんと欲し、欧米文明の其の生命は基督教にありと信じたるが故に猶予なく採用するに至れるなり」（『本多庸一先生遺稿』一九一八）と振り返っており、旧士族たちが日本の文明化を念頭に置いて、文明の宗教としてキリスト教を受容したと述べていた。そこには、そもそも同時代的に「宗教」と「文明」がどこまで切り分けられていたのかという問題もあるだろう。

もちろん、山路が述べたような議論で総てを説明できるわけではない。例えば農村におけるキリスト教受容について実証的な研究が積み重ねられ、明治前期において単に士族のみがキリスト教を受容したわけではなかったことは指摘されてきている。しかし、前述の三バンドと同様、その後の日本のキリスト教界の展開から振り返って見た場合に、指導的な位置を占めることになるキリスト教者の中に旧士族出身者たちが多いことも確かである。更に、やがて農村伝道の伸びが鈍化し、明治中期以降、日本基督教会などの教派は都市中間層を主要な伝道対象とするようになる。それ故、結果として農村のキリスト教に相対的に目が向けられなくなるということもあった。

また同時代的な受容について、一八八三年から八四年にかけて、熱烈な信仰覚醒《リバイバル》の波が横浜から始まって同志社など日本各地に伝わっていったということがあった。その波の中で熱狂的な伝道活動が行われて多くの受洗者を出したが、その終息後にはあまり積極的に顧みられなかった面がある。少なくともこれを反省的に検討して、自らのキリスト教理解の中に組み込むというような動きはほとんど見られなかった。

関連した例として、一八八〇年代中頃の成瀬仁蔵（一八五八〜一九一九）は大和郡山でキリスト教伝道に従事していたが、当時の日記からは熱烈な献身の様子が窺われ、聖書を読むべきこと、聖霊に導かれるべきことなどを述べる一方で、神学やキリスト教をめぐる学問的な議論については、むしろ斥けるような姿勢が見られた。しかし、そうした成瀬のような伝道者たちが、組織化されつつあった日本のキリスト教界において大きな影響力を持つことはなかった。成瀬自身も、やがてより自由主義的な立場を取るようになり、既存のキリスト教から離れることになる。

四　キリスト教の受容と解釈をめぐって

本節では、明治前期におけるキリスト教の受容と解釈を概観する。まずキリスト教がどのように提示され、また日本語で論じられるようになったのかを確認し、この時期の代表的なキリスト教書である植村正久の『真理一斑』（一八八四）と小崎弘道の『政教新論』（一八八六）について、論点を絞って紹介する。

提示されたキリスト教

まず、来日した宣教師たちによって、どのようにキリスト教が提示されたのかを簡単に確認しておくが、キリスト教化と文明化が密接に結びついたものとして、あるいはそもそも一体のものとして提示されたということが基調となる。

初期に来日した宣教師たちの中には、前述のS・R・ブラウンやC・M・ウィリアムズのように、最初から日本語を学習して日本に派遣されたのではなく、以前は中国で伝道活動に従事していた者も多かった。それもあって幕末維新期から明治初期にかけては、中国でキリスト教伝道に用いられた漢文のキリスト教書が流通し、キリスト教についての知識を得るためのものとして、漢文を読めた日本人たちからも重用された面があった。

例えば、米国長老派の宣教師であるW・A・P・マーティンが中国で一八五四年に出した『天道遡原』は、自然界の事物に秩序と法則性が見られることを天文学などの当時の科学的知見を用いて例示し、それによって神の存在を弁証した上で、贖罪や復活などの教義を概説するキリスト教書である（吉田、一九九三）。同書は中国古典からの引用が豊富で儒教伝統との連続性が意識されており、当時の中国知識人にとって受け入れられやすい形でキリスト教を提示するものであったが、日本においても漢文と儒教の素養のある知識人たちに広く読まれた。同書は代表的なキリスト教書と見なされ、これが直接的間接的に入信の動機となったとする回顧もある（『基督者列伝：信仰三十年』、一九二一）。

その受容と関連して、旧幕府で儒官を勤めた中村正直（一八三二〜一八九一）は、一八七五年頃には『天道遡原』に訓点を付して刊行しており、これによって同書は更に広く読まれることになる。なお、中村のキリスト教理解については、一八六六年から六八年にかけての英国留学を経てキリスト教に接近し、一八七四年に受洗するに至るが、儒教的な思想基盤に基づいてキリスト教を理解していたため、晩年には儒教に回帰するとするのが一般的な議論である（小泉仰『中村敬宇とキリスト教』北樹出版、一九九一）。確かに中村の議論においてはキリスト論や贖罪の問題が欠落しているが、これは中村の儒教の素養に加えて、中村に提示されたキリスト教の内実についても考えておく必要があるように思われる。すなわち、『天道遡原』が最初に強調しているように、秩序ある宇宙から主宰者を立てる自然神学的なキリスト教の提示において、そこから有神論は引き出されるとしても、それがキリスト教の神でありイエス・キリストである必然性は即弁証されるわけではない。原著者であるマーティンにとってはおそらく自明であった両者の結び付きは、必ずしもそのまま受け入れられたわけでは無かった。これは、日本人キリスト教者たちが「キリスト教」として捉えたものが何であったのかという問題にもつながっている。

日本語で論じられたキリスト教

次に、日本語でどのようにキリスト教が論じられたのかに目を向けると、キリスト教雑誌が創刊されており、一八七五年に神戸で『七一雑報《しちいちざっぽう》』が、一八八〇年に東京で『六合雑誌《りくごうざっし》』が出されている。両誌共に、狭義の宗教、キリスト教に留まらず、社会や文化に関わる事柄を広く取り上げており、文明の宗教としてのキリスト教を提示する面があった。『七一雑報』の創刊号は読者に対して「この新聞し〔＝『七一雑報』〕をよんで開化の仲間入をなさる様にお願申します」と呼びかけている。

掲載論説の論調について、同時代において宗教に批判的な議論が行われていることを前提として、これに対抗する形でキリスト教を弁証するという姿勢が共有されており、『六合雑誌』は創刊に際して「世の誤謬を開いて基督教の真理を公に」することを目的として掲げている。

当時の宗教批判論について、植村正久は後に「福澤派」と「大学派」が一八八〇年前後における主要な論敵であったと回顧している（『植村正久と其の時代』五巻）。「福澤派」として挙げられているのは、福澤諭吉や交詢社の同人たちによる議論であり、その基調となっていたのは既に『明六雑誌』上の諸論説において見られていたような、開化のための道具として宗教を捉えるような功利主義的な立場であった。確かに、そこでは宗教に、例えば愚夫愚婦の教導といった局面における限定的な有効性が認められることもあったが、それは必ずしも宗教そのものに積極的な意義を見出すものではなかった。

他方、「大学派」として挙げられているのは、外山正一や加藤弘之、そしてE・S・モースら東京大学に関わる人々による議論である。思想的にはミル、ベンサム、スペンサーなどに言及しながら、合理的な、あるいは不可知論的な立場から宗教を批判する議論が出され、これに加えて、進化論の日本への紹介を一つのきっかけとして、キリスト教は学問的な知見と矛盾するという批判がなされるようになった。一八七七年に外山正一の要請によって東京大学で動物学を教えるようになったモースは、公開講義などを通して多くの人々に進化論を説いたが、それは反キリスト教的な色合いの強いものであり、科学と宗教は相容れないものとして提示されていた。

言いかえるならば、この時期のキリスト教と進化論との相克は「「文明」の名における正当性、優位性をめぐる衝突」（田代、一九七七）であったのであり、キリスト教を文明の宗教として自己理解していた日本人キリスト教者たちに動揺を与えた面があった。例えば松村介石《まつむらかいせき》（一八五九〜一九三九）は「ダーウインの進化論の出た時には、実に非常に驚かされた。［…中略…］実に茫然自失して、殆んど為すところを知らなかったほどであったのである」と回顧している（『信仰五十年』、一九二六）。また、こうした議論の広がりについて、一部の仏教者たちはこれをキリスト教批判の根拠として好意的に受け入れており、例えばJ・W・ドレイパーの一八七四年の著作である *History of the Conflict Between Religion and Science* は、一八八三年に『学教史論：一名・耶蘇教と実学との争闘』という題名で翻訳され、愛国護法社から刊行されている。「福澤派」にしても「大学派」にしても、知識人の書き手が知識人に対して議論を提示するという営みが中心であったため、この時期キリスト教者たちは、そこに参与してキリスト教の弁証を行う必要があった。この知識人教化という課題を遂行するにあたって、やはり出版が大きな役割を果たすことになる。この時期超教派のキリスト教出版社である警醒社が、前述の『六合雑誌』の刊行を引き受け、また次に取り上げる植村正久の『真理一斑』と小崎弘道の『政教新論』を出版することになる。

植村正久と『真理一斑』（一八八四年）

植村正久による『真理一斑』も、同時代における宗教批判・キリスト教批判の風潮を前提とした上で、これに反駁する著作と考えることができる。例えば一八八三年に井上哲次郎が「耶蘇弁惑序」（『東洋学芸雑誌』一八号）を出してキリスト教を批判し、植村は「耶蘇弁惑序を読み併はせて学術と宗教との関係を論ず」（『六合雑誌』三四号）を出してこれに反駁するということがあったが、この井上への反駁論説が『真理一斑』の最終章である第九章「学術宗教ノ関係ヲ論ス」の下敷きになっている（大内三郎『植村正久』日本キリスト教団出版局、二〇〇二)。

同書で植村は、まず宗教そのものについて、人間にはより高い理想を求める心、すなわち宗教心が本来的に備わっているということを前提として置く。その上で、世の中が文明化していくにつれて、既存の宗教と学問との間に矛盾が生じているように見えるとしても、それは宗教そのものが不要であることを示すものではなく、真正な宗教は学問と矛盾することはないと論じる。植村は、進化論は神の存在を否定することはできず、更に万物の主宰者としての神の存在を想定した場合に進化論はより妥当なものとなるとして、「正当なる進化説は基督教の友侶なり決して其の怨敵に非るなり」と述べるのである。

『真理一斑』について石原謙は「理性が最後の根拠であり、従って所謂自然神学的立場が保持」されているとするが、それは植村の論敵たちが拠って立っていた「当時の啓蒙的精神」を、植村も同時代人として共有していたからに他ならない(『植村正久と其の時代』五巻)。植村の主張の一つは、学術と宗教——進化論とキリスト教——は究極的には調和するということであったが、この時期の日本のキリスト教界において、これはある程度共有されていた見解でもあったのである。

例えば、同志社で学び、将来を嘱望されていたが夭折した山崎為徳《やまざきためのり》(一八五七~一八八一)の『天地大原因論』(一八八〇)は宣教師J・T・ギュリックやH・フォールズの影響を受けて有神論的進化論を説いていた。また『六合雑誌』の創刊号に巻頭論文として掲げられた高橋五郎(当時は吾良、一八五六~一九三五)の「宗教と理学の関係及び其緊要を論ず」は、キリスト教ではなく総称としての「宗教」と、学問を総合的に捉えたジェネラル・サイエンスとしての「理学」の調和について論じるものであった。高橋もまた真の宗教と真の理学は矛盾しないとし、更にキリスト教こそがその真の宗教であるとすることで、他の宗教伝統との比較においてキリスト教の真正性を弁証しようとしたのである。なお、高橋はバラから受洗し、横浜バンドの人々と交流があった。後に「教育と宗教の衝突」論争で井上哲次郎と論戦を繰り広げることになる。

また、『真理一斑』についていえば、現実の世界とは別のところに人間が求めるべき理想があるとしたことも読者に影響を与えた。植村は他にも例えば『六合雑誌』一二号に寄せた「宗教論」において、「それ奉教の念は、かくのごとくに深く人性に固着して、須臾も離るべからざるなり」とし、人は「永遠動かざるもの」を希求すると論じている。ここで植村は、自らのキリスト教理解に基づき、人間には宗教を求める心があり、より高次の理想を希求する存在であるということを、宗教不要論に抗して主張していたことになるが、これはある意味で先駆的な主張であった。キリスト教をキリスト教として、あるいは宗教を自律的な宗教の領域において捉え、論じるという営みは、明治中期以降、とりわけ世紀転換期において本格的に展開させられていくことになる。

小崎弘道と『政教新論』(一八八六年)

小崎弘道による『政教新論』も、宗教批判・キリスト教批判に対して反駁するものであり、特に宗教の必要性を道徳の観点から訴え、その際に儒教とキリスト教を比較して論じている。

同書で小崎は、西洋諸国においてはキリスト教が人々に主体的に道徳を行わせており、それによって国家の政治が成立し、文明が支えられているとする。逆に言えば、道徳は道徳のみでは力を持たず、宗教の持つ権威と感化の力を通してはじめて実践されると論じているのであり、またそれによって宗教の必要性を弁証している。

その上で小崎は視点を日本に向け、儒教が伝統的に「聖賢の君を得て王道を布き天下を平かにせんとするの意」を示していたことについて、そこに権威と感化による道徳実践の試みを見て取り、儒教が「政教を一致にし以て国家真正の治を図るに至」っていることを、「暗に基督教天国の教旨に符号せる所ありと謂はざる可らず」として、キリスト教と連続するものとして一定の評価を与える。

もちろん、小崎の結論は、キリスト教という「教」を採用することで日本の「政」がより良く行われ、文明化していくというものであり、儒教については、そもそも政教一致であることが批判的に指摘され、また君主が必ずしも「聖賢」であるとは限らないことや、そもそもの「教」が貧弱であることなども論じられている。その意味でキリスト教と儒教の間には優劣があることになるが、同時に両者の間に質的な連続性も想定されていることになる。

このキリスト教と他宗教の関係について、小崎がかつて翻訳した『宗教要論』(一八八一)と比較してみたい。原著はアマースト大学における教育活動によって知られているJ・H・シーリーの手になる *The way, the Truth, and the Life*(一八七三)であり、シーリーが一八七二年にインドのボンベイで行った講演を下敷きにした著作である。原著の副題には Lectures to educated Hindus とあり、現地の知識層に対するキリスト教の提示であったことが窺われる。なお、新島襄も内村鑑三もアマースト大学でシーリーから薫陶を受けており、新島は『宗教要論』に序を寄せている。

『宗教要論』がキリスト教を弁証するものであることはいうまでもないが、その際にシーリーは、キリスト教の神学から引き出す形で、宗教には神からの啓示に基づく宗教と、人間が創り出した宗教の二種類しかないとする。そして、前者こそが真正な宗教であるとした上で、これにあてはまるのはキリスト教のみであるとし、キリスト教以外の宗教には積極的な意義を見出していない。『政教新論』においても、この二類型は用いられており、それぞれ「天啓教」、「自然教」とされ、かつ「天啓教」はキリスト教のみであるとされる。このように基本的な枠組は共有しつつ、しかし小崎は「自然教」について「皆な積極の点或は消極の点より基督教に至るの階梯準備たらざるはなし」と述べ、キリスト教と他宗教を断絶したものとせず、「階梯準備」として連続性において捉えており、またそのようなものとして儒教を評していた。

この時期小崎は、麹町に番町教会を設立し、また後に霊南坂教会となる教会堂を赤坂に建立するなどして、東京で伝道活動を行っており、儒教的素養を備える日本の知識人に対してどのようにキリスト教を提示するのかということが実践的な課題としてあった。『政教新論』においてキリスト教が儒教より高位の「階梯」に位置付けられているのは、そうした背景から引き出されたキリスト教の解釈であり、これは知識人教化という当時の日本人キリスト教者たちにとっての課題に応えようとするものでもあったのである。

五　キリスト教と仏教の交渉

それでは、日本にもたらされたキリスト教は、既存の宗教伝統とどのような関わりを持つことになったのだろうか。本節ではキリスト教と仏教の交渉について見ていく。

仏教側から見たキリスト教

幕末維新期に仏教者たちは漢文のキリスト教書を検討しており、特にジョセフ・エドキンスによる仏教批判書である『釈教正謬』については、鵜飼徹定《うがいてつじょう》（一八一四～一八九一）らによって反駁が積み重ねられた。また、洋行中にキリスト教について学ぶ機会のあった島地黙雷《しまじもくらい》（一八三八～一九一一）は、仏教雑誌『報四叢談《ほうしそうだん》』に、聖書の記述を合理的に解釈し、復活などの不可能性を指摘するという先駆的な論説を出している。

前述のように一八八〇年代に入ると、各地で反キリスト教運動が行われ、その多くに仏教者が関わっていたが、そこにはキリスト教に対抗することで、仏教の国家社会への有用性を示すという意図も重ねられていた。例えば真宗本願寺派は『耶蘇教之無道理』のようなキリスト教批判の小冊子を大量に配布し、また一八七九年に大内青巒《おおうちせいらん》（一八四五～一九一八）によって設立された和敬会は、諸宗派共同の仏教結社の先駆けとなり、同会やその後各地に設立された様々な規模の仏教結社は、キリスト教への対抗を念頭に置いて、演説や出版といった活動を行っていくことになる。

この時期の仏教演説において、よくキリスト教国害論が強調されており、それは一般的なキリスト教観に沿うものでもあっただろう。他方で、キリスト教者たちと同様、仏教者たちも知識人教化を試みており、そこでキリスト教は道理に適っていないとする議論も出されることになる。しかし、仏教の方がより道理に適う優れた宗教であるという弁証論が、哲学や比較宗教などの学問的知見を参照して説得的に提示されるのは、一八八〇年代後半以降の井上円了（一八五八～一九一九）や中西牛郎《なかにしうしろう》（一八五九～一九三〇）による議論を待たなくてはならなかった。

いずれにしても、これらの議論は当然ながらキリスト教批判を目的とするものであったが、一八八〇年代におけるキリスト教の教勢の伸張を目の当たりにした仏教者たちの中から、仏教の教えの方が優れているということを前提とした上で、それでもキリスト教者の人品や、出版や演説を含めた教えの説き方などについては見るべきところがあるのではないかとする議論も出されるようになる(星野、二〇一九)。このような仏教者の自己反省は、一八九〇年代以降の仏教改良運動に流れ込んでいくことになるが、そこにはある意味でキリスト教を宗教の範型とするような見方があったのである。

キリスト教側から見た仏教

それでは、キリスト教者たちの仏教理解はどのようなものであったのだろうか。

まず宣教師について、キリスト教の優越性に対する確信が基調としてあり、取るに足らないものとしてかなり戦闘的な態度を取ったものもあった。他方、仏教を競合相手として意識した者もあり、例えばアメリカン・ボードの宣教師であり、同志社で教えたM・L・ゴードン(一八四三〜一九〇〇)は、西洋の仏教研究を参照して『六合雑誌』に仏教についての論説を寄稿している。そこでゴードンは、M・ミュラーらに言及して大乗非仏説を述べ、仏教は本来涅槃の教説を中心とするのに、日本の仏教諸派はそこから離れてしまっており、更に僧侶に不品行な者がいたり、祈祷のような呪術を行っていたりすると批判する。そして涅槃の教説そのものについても、例えばそれは社会の進歩に結びつかないといった批判を加えている。

日本人キリスト教者について、この時期最も盛んに仏教を論じていたのは前出の高橋五郎であり、『仏道新論』(一八八〇)や『仏教新解』(一八八三)などがある。高橋は若い頃に仏教を学んでいたこともあって、論説内に仏教経典の引用も多く、仏教者の注意を引いた。一部の論説は『明教新誌』などに転載され、また蘆津実全ら仏教者から反論がなされて論争になっている（星野、二〇〇七）。

高橋も大乗非仏説の立場を取るが、ゴードンとは異なりそれによって日本の仏教を斥けることはしない。しかし高橋も涅槃の教説を仏教の中心に置き、これが非仏説である大乗を含めた総体としての仏教に通底する理であるとしている。そして、方便であるとしても涅槃と矛盾する形で地獄や極楽浄土を説いていることや、あるいは仏教経典における記述が当時の天文学の知見と齟齬することなどを指摘して、仏教が道理に適っていないと論じる。また涅槃の教説について、これは空寂を説くもので、それによって得られるものは無いとし、ゴードン同様社会の進歩に結びつかないことを問題視している。なお、前述したように高橋には真の宗教と真の理学は調和するという確信が前提としてあった。

六　おわりに

以上、本章では、まずキリスト教をめぐる政策を確認した上で、キリスト教の展開を、その受容に関わる交渉や解釈の諸相に目を配りながら概観してきた。

いうまでもなくキリスト教は日本に外からもたらされたものであるが、しかし日本人キリスト者たちが、もたらされたキリスト教をそのまま受容したわけではなかった。例えば植村や小崎らは、同時代の宗教批判の風潮に抗してキリスト教の弁証を試みていたが、小崎が道徳的感化から見た宗教の有用性を主張し、植村が学術と宗教が矛盾しないことを訴えていたように、批判者が宗教の功利性や合理性を争点としていたことについては、それをある意味で共有していた。更に言えば、この争点は、仏教者がキリスト教を批判する際にも、キリスト教者が仏教を批判する際にも持ち出されていたのである。

こうした姿勢は、一面において弁証のための方便であったかもしれないが、しかし同時に自らが奉じるキリスト教に対しても向けられることになる。この時期、日本人キリスト教者の中には、書物などを通して西洋における自由主義的なキリスト教解釈について学んだ者があり、聖書を啓示そのものではなく歴史的に成立したテクストとして、つまり理性による検討の対象たりえるものとして捉える視点が取り込まれていた。

来日宣教師たちの中には、そのような視点を喜ばず、反動的に保守的な聖書理解を打ち出したものもあり、日本人キリスト教者との間に齟齬が生じることもあった。例えば一八八四年の秋に同志社の神学科に進学した安部磯雄と村井知至は、学校側に教師として保守的な神学を教えていた宣教師を交代させるよう訴え、これが受け入れられなかったことを受けて一時的に退学している。このように、一八八〇年代中葉には日本人キリスト者が自らキリスト教の合理的解釈を試みるようになっていたのであり、これはキリスト教のキリスト教たるゆえんを問い直し、日本においてキリスト教を奉じるということはどういうことであるのかをあらためて再検討するような一八九〇年代以降の——内村鑑三不敬事件（一八九一年）後の——営みにつながっていくのである。

参考文献

大橋幸泰（一九九四）『近世潜伏宗教論』校倉書房
鈴木範久（二〇一七）『日本キリスト教史——年表で読む』教文館

高橋昌郎（二〇〇三）『明治のキリスト教』吉川弘文館
田代和久（一九七七）「明治十年代におけるキリスト教の弁証――山崎為徳『天地大原因論』から植村正久『真理一斑』へ」（『日本思想史研究』九号）
同志社大学人文科学研究所編（一九八九）『排耶論の研究』教文館
土肥昭夫（二〇〇四）『日本プロテスタントキリスト教史（第五版）』新教出版社
日本キリスト教社会福祉学会編（二〇一四）『日本キリスト教社会福祉の歴史』ミネルヴァ書房
星野靖二（二〇〇七）「明治十年代におけるある仏基論争の位相――高橋五郎と蘆津実全を中心に」『宗教学論集』二六輯
――（二〇一二）『近代日本の宗教概念――宗教者の言葉と近代』有志舎
――（二〇一九）「明治前期における仏教者のキリスト教観――『明教新誌』を中心に」『國學院大學研究開発推進機構紀要』一一号
吉田寅（一九九三）『中国キリスト教伝道文書の研究――『天道遡原』の研究・附訳注』汲古書院

編者紹介

島薗進（しまぞの・すすむ）
一九四八年生まれ、東京大学大学院人文科学研究科博士課程単位取得退学、東京大学名誉教授、上智大学教授。

末木文美士（すえき・ふみひこ）
一九四九年生まれ、東京大学大学院人文科学研究科博士課程単位取得退学・博士（文学）、東京大学名誉教授、国際日本文化研究センター名誉教授。

大谷栄一（おおたに・えいいち）
一九六八年生まれ、東洋大学大学院社会学研究科社会学専攻博士後期課程修了・博士（社会学）、佛教大学教授。

西村明（にしむら・あきら）
一九七三年生まれ、東京大学大学院人文社会系研究科基礎文化研究専攻宗教学宗教史学専門分野博士課程単位取得退学・博士（文学）、東京大学准教授。

本論執筆者紹介

末木文美士（すえき・ふみひこ）

一九四九年生まれ、東京大学大学院人文科学研究科博士課程単位取得退学・博士（文学）、東京大学名誉教授、国際日本文化研究センター名誉教授。

ジョン・ブリーン

一九五六年生まれ、Cambridge 大学博士号取得、国際日本文化研究所教授。

桐原健真（きりはら・けんしん）

一九七五年生まれ、東北大学大学院文学研究科博士課程後期修了・博士（文学）、金城学院大学文学部教授。

桂島宣弘（かつらじま・のぶひろ）

一九五三年生まれ、立命館大学大学院文学研究科博士後期課程修了・博士（文学）、立命館大学文学部名誉教授。

三ツ松誠（みつまつ・まこと）

一九八二年生まれ、東京大学大学院人文社会系研究科博士課程修了・博士（文学）、佐賀大学地域学歴史文化研究センター講師。

幡鎌一弘（はたかま・かずひろ）

一九六一年生まれ、神戸大学大学院文学研究科修士課程修了、天理大学文学部教授。

近藤俊太郎（こんどう・しゅんたろう）

一九八〇年生まれ、龍谷大学大学院文学研究科博士後期課程修了・博士（文学）、本願寺史料研究所研究員。

星野靖二（ほしの・せいじ）

一九七三年生まれ、東京大学大学院人文社会系研究科修了・博士（文学）、國學院大學研究開発推進機構准教授。

コラム執筆者紹介

岡田正彦（おかだ・まさひこ）

一九六二年生まれ、米国スタンフォード大学博士課程（Ph.D（哲学博士）・宗教学）、天理大学人間学部教授。

小島毅（こじま・つよし）

一九六二年生まれ、東京大学大学院人文科学研究科修士課程修了、東京大学大学院人文社会系研究科教授。

岩田真美（いわた・まみ）
一九八〇年生まれ、龍谷大学大学院博士後期課程修了、龍谷大学文学部准教授。

小平美香（おだいら・みか）
一九六六年生まれ、学習院大学大学院人文科学研究科哲学専攻博士後期課程修了、学習院大学非常勤講師。

万波寿子（まんなみ・ひさこ）
一九七七年生まれ、龍谷大学大学院文学研究科博士後期課程単位取得満期退学・博士（文学）、龍谷大学文学部非常勤講師。

陳継東（ちん・けいとう）
一九六三年生まれ、東京大学大学院人文社会系研究科アジア文化研究専攻博士課程単位取得退学・博士（文学）、青山学院大学教授。

近代日本宗教史　第一巻
維新の衝撃——幕末～明治前期
二〇二〇年九月二十日　第一刷発行

編　者　島薗　進・末木文美士・大谷栄一・西村　明
発行者　神田　明
発行所　株式会社　春秋社
東京都千代田区外神田二—一八—六（〒一〇一—〇〇二一）
電話〇三—三二五五—九六一一　振替〇〇一八〇—六—二四八六一
https://www.shunjusha.co.jp/
印刷・製本　萩原印刷株式会社
装　丁　美柑和俊
定価はカバー等に表示してあります
ISBN 978-4-393-29961-6

近代日本宗教史［全6巻］

第1巻　維新の衝撃——幕末〜明治前期

明治維新による国家の近代化が宗教に与えた衝撃とは。過渡期に模索された様々な可能性に触れつつ、神道、仏教、キリスト教の動きや、西洋思想受容の過程を論じる。（第1回配本）

第2巻　国家と信仰——明治後期

近代国家日本として国際社会に乗り出し、ある程度の安定を得た明治後期。西洋文化の受容により生まれた新たな知識人層が活躍を見せる中で宗教はどのような意味を有したのか。（第5回配本）

第3巻　教養と生命——大正期

大正時代、力を持ってきた民間の動きを中心に、大正教養主義や社会運動、霊能者やジェンダー問題など新たな思想の流れを扱う。戦争に向かう前、最後の思想の輝き。（第2回配本）

第4巻　戦争の時代——昭和初期〜敗戦

天皇崇敬が強化され、著しく信教の自由が制限されるなかで、どのような宗教現象が発生したのか。戦争への宗教の協力と抵抗、そしてナショナリズムの思想への影響を考察する。（第3回配本）

第5巻　敗戦から高度成長へ——敗戦〜昭和中期

敗戦により新たな秩序が生まれ、焦土から都市や大衆メディアが立ち上がる。「神々のラッシュアワー」と表現されるほどの宗教熱の高まりとは何だったのか。新たな時代の宗教現象を扱う。（第4回配本）

第6巻　模索する現代——昭和後期〜平成期

現代の閉塞感のなかで、宗教もまた停滞するように思われる一方、合理主義の限界の向こうに新たなニーズを見いだす。スピリチュアリティや娯楽への宗教の関わりから、カルト、政治の問題まで。（第6回配本）